理性

人類最有效的認知工具，
讓我們做出更好的選擇，採取更正確的行動

Rationality

What It Is, Why It Seems Scarce, Why It Matters

By Steven Pinker

各界讚譽

在這個經常令人覺得暗黑與驚惶的不確定年代，史迪芬．平克是卓然的正向之聲。

——《紐約時報》*New York Times*

博學、條分縷晰、幽默又融匯各種迷人的材料……是過度樂觀主義的務實解藥，理性被描繪成個人與公民生活中一個容易被動搖但可達成的理想……將形式邏輯、賽局理論、統計和貝氏推理寫得生動討喜又切合實際實非易事。

——《華盛頓郵報》*The Washington Post*

熱切介紹理性思考的工具……有力、有趣又深具啟發性。

——《泰晤士報》*The Times*

對人類最崇高但或許（諷刺地）是最少被理解的能力做了一番引人入勝的剖析。

——《華爾街日報》*The Wall Street Journal*

假如你曾經想過吃什麼藥好讓自己變得更聰明，讀這本書會具有同樣效果。

——暢銷作家暨心理學家強納森・海德特 Jonathan Haidt

一本對讀者友善的作品，教我們如何做出更好的思考：鍛鍊「理性論證」這種珍稀的能力。

——《科克斯書評》*Kirkus Reviews*

平克以謹慎兼具閱讀樂趣的方式探討理性，不論是楊安澤的政策平臺、呆伯特卡通或意第緒諺語。結論是在慶賀人類有能力讓事情變得更好的同時，也要留意思考別讓自己糊里糊塗。

——《出版人週刊》*Publishers Weekly*

史迪芬・平克擁有純淨清澈的智慧，弘深的知識以及對人的關懷。

——理查・道金斯 Richard Dawkins

證明理性、知識與好奇心的價值，無出其左右。

——《波士頓環球報》*The Boston Globe*

CONTENTS

第三章 邏輯與批判性思維 103

第六章　風險與回報：理性選擇與預期效用　223

第七章　命中與誤警：信號檢測與統計決策理論　255

第八章　自我與他人：賽局理論　285

第九章　相關性與因果關係　307

一個人只知飽食酣睡無所事事，
這算是一個人嗎？
畜類而已。
上帝造人，使我們有這樣廣大的智力，
能夠瞻前顧後，
當然他絕不能賦與我們神聖的理性
而又霉著不用。

——哈姆雷特 *Hamlet*[1]

1 譯按：此處譯文引用刊載於網路的梁實秋譯本。

序言

理性應當是我們一切思想與行為的指標。（若不同意，請問您的「理」由是什麼？）現代人很幸運擁有大量資源，增進理性的機會之多前所未見，然而公領域內卻充斥假新聞、偽醫學、陰謀論，以及所謂「後真相」[1]這種說詞。

我們要如何理解理性是什麼？它的反面又是什麼？這是十分迫切的問題。新千禧邁入第三個十年，我們面對生命、民主以及環境的崩潰危機。前方難關重重，但並非無法跨越，人類的智能足以應對。意外的是，目前最大的阻礙不是找出解決方案，而是如何說服大眾接受。

成千上萬的論述都感慨大眾欠缺理性，「人類是不理性的」這種說法彷彿亙古不變的道理。社會科學研究和媒體報導將我們塑造為原始人，千萬年來少有長進，面對洪水猛獸的解決之道竟是充滿各種偏誤、謬誤、盲點和錯覺。（維基百科裡光是「認知偏誤」就列了兩百項左右。）

可是作為認知科學家，這種憤世嫉俗的觀點我無法接受。人類大腦裝的不只是妄

1 編按：post-truth 並非真相不存在，而是指「共同的客觀真理標準消失」。二〇一六年美國總統大選和英國脫歐公投前後，「後真相政治」這個詞廣獲使用，意味事實沒有個人政治傾向來得重要。

想。從古至今，人類即使狩獵採集也和全憑本能的兔子差異甚大，我們不是只會逃命，還會動腦筋解決問題。羅列人類的愚昧無法解釋人類的聰慧，我們明明就聰明得發現了自然定律、改造星球、延長和豐富生命，甚至說得出自己三不五時就揶揄的理性原則。

的確，包括我在內，許多人曾經主張：不去思考自然演化過程與現代社會之間的差異，便無法理解人類的本質為何。但同時別忘記，人類的心智具有適應力，而且不限於在更新世大草原上，任何非高度專業化與學術化的情境我們都能夠適應。人生中絕大多數場景不需要或無法運用統計和數據之類現代的理性工具，可是面對現實和日常生活的難題時大家可不傻，總是會想辦法找出路。當然，只停留在這個層次還不夠，既然有了更上一層樓的理性工具，好好理解並善加利用將能為個人及社會整體帶來更大福祉。

本書緣起於我在哈佛大學教授的一門課程，主題是探究理性的本質，以及理性為何看似稀缺。我和許多心理學家一樣，上課時愛講解廣為流傳、值得諾貝爾獎肯定的思考誤區。在我看來，這是科學給人類最珍貴的禮物。而我和許多研究者都認為，目前大眾經常未能達到的理性標竿，正是教育與科普的目標所在。社會對公民的要求不該只有讀寫識字、認識基礎歷史與科學，還要加上完備的理性思維才對，其中包含邏輯、批判性思維、機率、相關性與因果關係、證據不夠充分時如何調整信念採取行動，還有個人或群體應該以何種標準做出理性選擇。這些理性的工具可以管控風險、分辨真偽、識破悖論、領悟何謂無常，若想在個人生活與公眾政策上少走些冤枉路，理性不可或缺。然而我始終沒找到一本書，一次將所有重點整理出來。

寫書還有另一個動機：認知心理學有趣歸有趣，但每當別人聽說我開了一門講解理性的課，反應不外乎同樣幾個問題，而我發現自己其實無法好好完整回答。比方說，為什麼會有人相信希拉蕊．柯林頓在披薩店經營兒童色情行業，或飛機雲含有政府祕密摻入的洗腦藥物？課堂上做的都是「賭徒謬誤」、「基本比率謬誤」等等主題式討論，無法妥善解釋現代人不理性之謎，偏偏這才是當前大家最關切的重點。為了找出答案，我開始探索新領域，想要瞭解謠言、陰謀論、民間智慧的本質為何，個體理性與社群理性的對照，以及如何區隔現實思維模式與神話思維模式。

以理性分析理性看似矛盾，但促成本書問世的最後一個原因，正是時代氛圍。有些人追尋的目標與本書相反，引經據典（而且應該都是「合理」的論述，否則我們為何得接受？）試圖證明理性被過譽、講邏輯的人都是壓抑又無聊、分析思考終究是社會正義的附庸、創造幸福只需要良善和勇氣不需要邏輯和辯證。還有很多人對理性棄之如敝屣，將論辯醜化成鬥爭工具，而非讓集體的論述更站得住腳。這是理性遭受貶抑的時代，卻也是理性至關緊要的時代，追根究柢，這本「講理」的書就是要肯定理性。

本書想傳達的一個核心觀念是：無論是誰，一個人思考都不足夠理智，唯有群體一同思考，彼此指正、教學相長，才能發掘真正的理性。所以我也藉此機會感激參與思考，使本書更加理性的朋友們。Ken Binmore、Rebecca Newberger Goldstein、Gary King、Jason Nemirow、Roslyn Pinker、Keith Stanovich、Martina Wiese 對初稿提出鞭闢入裡的意見，Charleen Adams、Robert Aumann、Joshua Hartshorne、Louis Liebenberg、Colin McGinn、Barbara Mellers、Hugo Mercier、Judea Pearl、David Ropeik、Michael Shermer、Susanna Siegel、Barbara Spellman、Lawrence Summers、Philip Tetlock、Juliani Vidal 協助檢查了書中他們各自專精的領域。寫作過程中浮現很多疑問，Daniel

Dennett、Emily-Rose Eastop、Baruch Fischhoff、Reid Hastie、Nathan Kuncel、Ellen Langer、Jennifer Lerner、Beau Lotto、Daniel Loxton、Gary Marcus、Philip Maymin、Don Moore、David Myers、Robert Proctor、Fred Shapiro、Mattie Toma、Jeffrey Watumull、Jeremy Wolfe、Steven Zipperstein 為我解惑不少。轉錄、查核與收集文獻則仰仗 Mila Bertolo、Martina Wiese、Kai Sandbrink，原始資料分析則有勞 Bertolo、Toma、Julian De Freitas。同時感謝通識一〇六六「理性探討班」的學生與教學團隊提出各種問題與建議，特別是 Mattie Toma、Jason Nemirow。

還要感激聰慧體貼的編輯 Wendy Wolf，這是我們的第六本書。然後是 Katya Rice，第九次為我審稿。經紀人 John Brockman 也是九度合作，期間給我很多鼓勵和忠告。英國 Penguin 出版社 Thomas Penn、Pen Vogler、Stefan McGrath 多年照顧我銘記在心。這回又是 Ilavenil Subbiah 為本書做圖像設計，謝謝她不辭辛勞還為我打氣。

本書發想過程中，Rebecca Newberger Goldstein 扮演十分重要的角色。她提醒了我：現實主義和理性應當分開討論並為其辯護。最後感激我的親人：Yael、Solly、Danielle、Rob、Jack、David、Susan、Martin、Eva、Carl、Eric。還有我的母親 Roslyn，這本書獻給妳。

第一章

動物能有多理性？

人是理性的動物，至少社會一直這麼告訴我們。漫漫人生中我尋尋覓覓，想找到人類理性的證據，可惜至今沒有那樣的好運。

——伯特蘭．羅素 Bertrand Russell（原注1）

能伶俐尖銳指出人類心靈弱點者，在旁人眼中即可謂超凡入聖。

——史賓諾沙 Baruch de Spinoza（原注2）

智人（*Homo sapiens*）顧名思義是指有智能的人，我們確實也在多方面證實自己配得上這個二名法的種加詞[1]。人類測量出宇宙起源於何時、探究物質與能量的特性、解鎖生命密碼與意識迴路，並且記錄歷史及多元文化。知識造就繁榮，克服世世代代侵擾先祖的各種災禍。如今我們的預期壽命已經從三十歲延長到超過七十歲（已開發國家則高達八十歲），赤貧人口從占全人類九成降到低於百分之九，因戰爭死亡的機率降低二十倍，因饑荒而死亡的機率降低一百倍。（原注3）二十一世紀出現新的傳染病，但我們只花幾天便找到病原、幾週內成功分析基因組，不到一年就開發出疫

1　譯按：二名法是由卡爾．林奈（Carl Linnaeus）提出的生物學命名規則，物種學名由「屬名」和「種加詞」組成，*Homo sapiens* 分別代表「人」與「有智慧的」。

苗，總死亡人數遠低於歷史上任何一次大瘟疫。

我們透過認知能力瞭解世界，並將其改造以滿足自身需求。這並非西方文明所獨有，而是全人類共同的特徵。非洲南部喀拉哈里沙漠（Kalahari Desert）的桑人（San）[2]是地球上最古老的民族之一，生活形態直到近年才逐漸轉變，讓我們得以窺見人類社會最初幾千幾萬年的實際狀況。（原注4）狩獵採集不是朝著路過的動物揮長矛、收集周圍的水果堅果這麼單純。（原注5）研究追蹤技術的科學家路易斯·利本堡（Louis Liebenberg）與桑人相處幾十年，他在敘述他們的生存之道時，描繪出來的是一種科學態度。（原注6）桑人藉由片段資料和過往結論理解世界，但過程中直覺地運用了邏輯、批判性思維、統計分析以及賽局理論。

桑人採取耐力狩獵法（persistence hunting）[3]，因為人類身上有三個顯著特徵：首先我們兩腿站立，長跑效率提升；再者我們體毛少，利於在炎熱氣候下散熱；最後是我們腦容量大，具有理性。桑人將理性運用在追蹤獵物，從足跡、排洩物和其他線索找出動物逃跑方向，追趕至目標精疲力盡熱衰竭倒下。（原注7）此外，桑人會掌握動物習慣的移動路線，若找不到目標則以最後目擊地點為中心，擴大進行圓形搜索，但最主要的手段還是推理。

2 譯按：曾被稱為布希曼人（Bushman，即「居於林地的人」），後來認為此稱呼帶有貶意。桑人直到一九五〇年代才開始現代化。

3 譯按：指獵人移動速度比獵物慢，透過追蹤技巧消耗到獵物疲勞或熱衰竭時加以捕獲。

透過腳印形狀與間距，桑人獵戶可以辨識數十個物種，這項能力象徵人類理解了因果關係。跳羚為了移動速度而生出抓地力強的蹄子，所以腳印又尖又深；扭角羚身體沉重需要支撐，所以腳印又大又平。他們還會觀察足跡的排列模式、屎尿相對於後腳的位置，藉此判斷目標是公是母。劃分類別後，桑人採取三段論邏輯制訂策略：雨季地面泥濘，小岩羚與麂羚奔跑時得撐開蹄子、收緊關節；旱季沙土鬆散，扭角羚和巨羚跑起來特別費力而容易疲累。如果時間是旱季，發現扭角羚的腳印，代表值得追下去。

桑人不僅會分類，還發揮邏輯能力做出進一步的細緻辨別，比方從蹄印形狀與裂口差異區分同物種的不同個體，也知道物種和性別是永久特徵，拖蹄子行走、找地方歇息則是暫時性行為。曾有一派謬論說人類進入現代才理解何謂時間，但桑人會靠腳印的面積和輪廓推測獵物年齡，根據痕跡新舊、唾沫和糞便濕潤度、太陽與陰涼休息地的夾角、有無與其他動物腳印重疊等因素判斷獵物離去多久。縝密邏輯是耐力狩獵的關鍵，沙漠到處都是劍羚足跡，無法鎖定一隻加以耗盡體力就沒有收穫。

再來是批判性思維。桑人明白不要輕信第一印象，以及偏見會導致危機。他們並不盲從權威，初出茅廬的年輕人也可以提出質疑或發表意見，眾人辯論後自會形成共識。狩獵隊以男性為主，但女性也學習追蹤。在利本堡的紀錄中，族內叫做娜希（!Nasi）[4]的年輕女性「令男人相形失色」。（原注8）

桑人根據證據強度調整假設，他們明白假設只是條件成立時的事件發生機率。舉例而言，豪豬的腳掌分為兩塊肉墊，蜜獾則只有一塊，不過地面堅硬時肉墊不一定能留下清楚痕跡。也就是說：蜜獾留下只有一個肉墊痕的腳印機率極高，但不能認定只有一個肉墊痕的腳印就是蜜獾（因為有可能是豪豬留下不清晰的腳印）。桑人對不同條件下的機率有清楚認知，由於只有豪豬腳掌是兩塊肉墊，看到腳印是兩個肉墊痕時就心裡有數。

他們也會參考過往事件的概率來調整假設。足跡模糊時，先假設是常見物種，若出現更進一步的證據再將罕見動物納入考慮。（原注9）這種思維的本質就是貝氏推論（Bayesian reasoning）。

桑人展現的另一種重要能力是區辨因果關係和相關性。利本堡在記述中說道：「一位叫做孛羅肖（Boroh//xao）[5]的追獵手認為鳥（雲雀）的叫聲能使土地乾燥，讓草根變得更好吃。但後來奈特（!Nate）和瓦西（//Uase）卻說他錯了，不是**鳥**能把泥土叫乾，而是**太陽**能曬乾泥土，鳥叫聲只是**提醒**大家接下來幾個月土地乾燥，可以開

4　譯按：驚嘆號在此為標註「搭嘴音」（click consonant）之用，為當地語系特徵之一。

5　譯按：雙斜線表示詞法音位學的變化（語素結合時互相影響發音）。

始挖草根了。」（原注10）

桑人在環境中尋找因果脈絡，不只用以理解事物之間的關係，還能想像未來如何演變。他們會進行心智模擬，算出熟悉的獵物接下來可能怎麼行動，所以能設計出複雜的裝置加以捕捉。有種陷阱是利用樹枝的彈性，樹根固定於地面，莖幹彎曲之後繫上繩索，繩索另一端在地面綁好繩圈，放置於木條製作的觸發機關，鋪上小樹枝與沙土偽裝就完成了。使用方式之一是在羚羊棲息地周圍設置路障，然後驅趕羚羊朝著設了陷阱之路前進。另一種則是觀察駱駝刺槐（camelthorn）樹下是否有鴕鳥足跡（鴕鳥喜歡吃花苞），找到之後擺三塊骨頭，第一塊明顯大到鴕鳥吞不下去，於是牠們就會去找旁邊吞得下的第二塊，接著又看見更小的第三塊，可惜最後這塊就是誘餌。

儘管桑人的狩獵技術如此高超，他們在環境嚴苛的沙漠裡生存了超過十萬年，卻沒有造成任何他們仰賴的物種滅絕。旱季時他們預想到耗盡特定種類的草木或動物會有什麼後果，於是決定放過那些瀕危的生物。（原注11）桑人會針對物種特性制訂保育計畫，例如植物不會遷徙，但是開始下雨後就能蓬勃生長，動物自有能力度過乾旱，可是數量回復較緩慢。他們知道盜採盜獵稀有生物的吸引力有多強（先搶先贏，慢了就沒了），所以推崇相互監督、集體福祉的觀念，共同分享所有資源。對桑人獵戶來說，讓夥伴空手而回、將苦於乾旱的相鄰部落拒於門外是難以想像的事情，畢竟風水輪流轉，自己有一天也可能需要別人幫忙。

人類有能力將目光放得更高更遠

桑人展現的智能與人類的理性之謎成了鮮明對照。明明我們從古至今都有理性，現在卻出現各種跡象告訴大家：人類的思考充滿謬誤和盲點。很多人投入穩賠不賺的賭博或彩票，更有不少人放棄穩賺不賠的退休金規畫。四分之三的美國人相信至少一種違反科學定理的現象，包括靈能治療（百分之五十五）、超感應力（百分之四十一）、房子鬧鬼（百分之三十七），以及鬼魂本身（百分之三十二）——從數據來看，有少部分人不相信這個世界上有鬼，卻認為房子會鬧鬼。（原注12）社群媒體上充斥各種假新聞（例如「拜登說川普支持者是『人渣』」和「佛州男子因在沼澤迷姦鱷魚被捕」），假新聞傳遞的速度和廣度都勝過真相，而且並非程式自動播送，而是活生生的人在轉貼。（原注13）

大眾形成共識：人類就是不理性。我們不是史巴克而是辛普森爸爸，不是約翰·

馮．紐曼而是牛阿福．紐曼。[6]評論者乘勝追擊，主張人類祖先只會狩獵採集，遇上猛獸除了逃還是逃，身為後裔的我們能聰明到哪裡去？可是演化心理學家觀察到採集為主的民族仍舊充滿創造力，認為人類在演化過程中取得了「認知能力的優勢」，我們以語言、社會性、知識技術戰勝自然。（原注14）現代人表現不出理性是現代人的問題，別栽贓到狩獵採集的先人們頭上。

理性看似與生俱來、人皆有之，卻又頻頻受人冷嘲熱諷，我們該如何理解這種現象？首先必須認清一點：理性和超人的透視能力不一樣，並非有就是有、沒有就是沒有。理性是一套認知工具，可以在特定環境中達成特定目標。想要明白理性為何物、理性為何稀缺又為何重要，必須從理性的本質切入——理性是「智能主體」針對「所處世界」以及「行為目的」應該採取的理解方式，是來自邏輯學、哲學、數學以及人工智慧研究的「規範模型」，是分析問題與判斷「正確」解答的最佳途徑。這套理解方式指引出理性，而理性應當是全人類追求的目標。本書很大篇幅將用於解釋最泛用的理性規範模型，詳情請見第三章到第九章。

規範模型還有一個功能：反過來對照不理性的人是**如何**理解各種事物。這是許多心理學與行為科學研究的重點主題，例如諾貝爾獎得主丹尼爾．康納曼（Daniel

6 譯按：史巴克為影集《星艦迷航記》角色，以邏輯嚴謹著名。辛普森爸爸為卡通角色，粗魯笨拙、心胸狹窄。約翰．馮．紐曼（John von Neumann）在數理和電腦科技方面貢獻卓著，最有名的是賽局理論。牛阿福．紐曼（Alfred E. Neuman）為惡搞的《瘋狂雜誌》（*MAD magazine*）封面角色，缺顆門牙並總是傻笑。

Kahneman）、阿摩司・特沃斯基（Amos Tversky）與其他許多心理學家、行為經濟學家的研究都指出，一般人在生活許多層面上未能達到規範模型設立的標準。（原注15）人類的判斷力為何常常偏離規範模型值得深究，個中原因有時指向人類真的理性不足，無法處理過度複雜的問題，也有時指向痼習難改，反覆做出錯誤的選擇。

然而多數案例顯示人類的瘋狂並非無藥可救。如果呈現問題的形式造成誤導，將之修改為對人類心智更友善的版本時，多數人就能順利解決。又或者規範模型只在特定條件下生效，人類要先準確評估條件是否成立，再決定是否採用模型。還有一種情況是，模型只能達成特定目標，但種種因素導致人類追求另一種目標。本書各章節都會敘述這類情有可原的案例，倒數第二章則嘗試分析當前社會的非理性風潮，成因很可能其實是理性運作的結果；有些人的動機並非從客觀的角度去理解世界。

非理性背後有合理解釋或許能證明人類不是愚昧無知，但理解不代表應該容許。我們應該試著對自己有更高的要求，人類可以學會識破事物的表象和偽裝、看見更深層的癥結，也可以養成跳出思考舒適圈的好習慣。更重要的是，人類有能力將目光放得更高更遠，無需停留在自我毀滅或集體毀滅的窠臼內。上述幾點也是本書希望促成的結果。

針對判斷與決策的研究發現：資訊內容清晰且切身相關時，人類處理的態度會更為理性。這裡也可以舉一些例子，雖然是數學、邏輯、機率以及預測方面的考古題，卻曝露出一般人理解世界時的習氣，也算是為後面幾章要介紹的理性規範標準（以及大眾如何偏離標準）做個暖身。

三個簡單的數學題

中學代數應該是很多人的噩夢：一列火車從東站往西出發，時速七十英里，另一列火車從西站往東出發，時速六十英里，東站與西站相距兩百六十英里，然後要大家計算兩列火車什麼時間能會合。下面三題相較之下簡單多了，心算就能算出來。

- 手機加上手機殼總共一百一十美元，手機本體比殼貴一百元，請問殼的售價多少？
- 八臺印表機花八分鐘印出八本手冊，請問二十四臺印表機印製二十四本手冊需要多久？

• 荒地上有一片雜草，面積每天增加一倍，三十天後荒地正好完全被雜草覆蓋，請問雜草占據荒地一半面積是第幾天？

第一題答案是五美元。很多人會猜十元，但如果手機殼十元，手機本體就會是一百一十元，總價將變成一百二十元。

第二題答案是八分鐘。一臺印表機印一本手冊就是八分鐘，不會因為同時進行的印表機從八臺變成二十四臺而增加或減少。

第三題答案是第二十九天。既然草叢面積每天多一倍，倒過來算就會發現占滿荒地的前一天正好占一半。

經濟學家謝恩·弗雷德里克（Shane Frederick）以這三道題目（內容不同但原理相同）對數千名美國大學生做測試，結果六分之五的受試者至少答錯一題，全錯比率高達三分之一。（原注16）其實每一題換個方式陳述就變得很簡單，可是人類大腦會受到表面特徵影響，誤以為與答案相關。第一題因為一百和十都是整數，第二題則因為印表機數量和時間數字雷同。

題目出自弗雷德里克設計的「認知反射測驗」（Cognitive Reflection Test），沒有什麼高科技元素，卻成功解析了人類心智存在兩種認知系統。後來丹尼爾・康納曼（與弗雷德里克多次合作）加以發揚光大，二〇一一年出版了暢銷巨作《快思慢想》（*Thinking, Fast and Slow*），書中提到心智的「系統一」運作快速不費力，但容易引導出錯誤答案；「系統二」需要專注、動機、運用後天學習的規則，更能掌握正確答案。這裡需留意分類根據並非大腦解剖結構，無論系統一或二都會啟動腦內許多區塊。簡單來說，系統一是直覺本能，系統二是慎思明辨。

認知反射測驗帶給我們的啟示是：理性的障礙很可能並非腦袋不好，而是思慮不周。（原注17）以麻省理工學院而言，學生個個數學好，但平均之後的作答正確率僅三分之二。很多人直覺認為測驗表現和數學能力有關，但其實也與耐性有關。自陳性格不衝動，願意等一個月以獲得更大收益的人，在測驗中比較不會落入陷阱。相對起來，急著當下得到回報的人則容易中計。（原注18）

前兩題從形式來看有詐欺成分，題目敘述故意摻入看似有關、實則無關的數字細節。（比方說，若改成手機比殼貴七十三元，兩者總價八十九元，答對的人會變多。）（原注19）然而現實世界中也有許多利用包裝或利益來誘惑大眾的騙局，抗拒誘惑就是理性的一種展現。在認知反射測驗裡，中計答錯的人在其他方面也有不理性的傾向，例如會拒絕高報酬但需要等待或有些許風險的提案。

關於雜草面積的第三題沒有陷阱，而是考驗真正的認知盲點。人類的直覺並不擅長處理指數（幾何）成長，也就是不僅增加，增加的幅度還會隨著既有的部分越來越高，例子包括複利、經濟成長率、疾病傳播等等。（原注20）一開始人們常以為斜率固定或僅僅稍微上揚，無法想像一直翻倍會造成什麼結果。一個月拿四百美元存進退休金帳戶，每年利息十個百分點，四十年之後戶頭裡有多少錢？很多人第一反應認為大約二十萬，但那是400×12×110%×40得出的答案。有些人察覺這個計算方式有問題，於是向上調整，但通常調整得不夠多。這題能做對的人屈指可數：正確答案來到七位數，是**兩百五十萬**。研究發現，不瞭解指數成長的觀念會導致退休金存得少、信用卡債背得多，可謂雪上加霜。（原注21）

即使學者專家也未必不會落入指數成長的圈套，畢竟認知偏誤人皆有之。二〇二〇年二月，新冠病毒襲捲美歐各地，好幾位社會科學家（本書提到兩位，但不包括康納曼）呼籲民眾不要喪失理智，他們說新聞報導只是幾個特別慘烈的案例，心理恐慌源於「現成偏誤」（availability bias）和「輕忽機率偏誤」（probability neglect）[7]。他們判斷客觀風險比流感或咽喉炎還低，民眾聽了之後逐漸冷靜下來。（原注22）然而指出

7 譯按：現成偏誤是指人類傾向以已經得到或較易得到的資訊（而非完整資訊）判斷事件未來發展。輕忽機率偏誤是指放大特定結果的機率而忽略客觀數字，通常與情緒有關（正面情緒時過度樂觀，負面情緒時過度悲觀）。

認知偏誤的人自己也犯了認知偏誤：這種疾病的傳播者不會只有一個，每個新的感染者都同時成為新的傳播者，因此新冠病毒的傳染力被嚴重低估。美國的平均單日死亡人數節節攀升，三月一日那週才一人，隔週變成兩人，再來是六、四十、兩百六十四、九百零一、一千七百二十九。到了六月一日，累計死亡人數超過十萬，成為全國死因排行榜的冠軍。（原注23）當然，發表那些觀點的作者並非疫情蔓延的罪魁禍首，全球太多國家政府和民眾都掉以輕心疏於防範，此處提起只是要大家注意認知偏誤始終深植人心。

如果讓前美國總統小布希來評論，想必會說是社會「誤低估」（misunderestimate）[8]了疫情。可是為什麼會發生這種事？就像莫里哀（Molière）劇作中那位名醫說鴉片讓人想睡覺是因為它具有催眠功效，社會科學家也說誤判指數成長是因為我們有「指數成長偏誤」。但其實我們也可以說大自然裡指數成長極其短暫（經濟成長率或複利都是人類後來發明的），不朽並不存在，有機體增殖到一定程度就會衰敗凋零或在環境內飽和，指數曲線呈S形。流行病也一樣，會被感染的宿主都死亡、其餘個體發展出免疫力以後，疫情就會緩和。

8 譯按：由「誤解」和「低估」結合而成（misunderstand與underestimate）。雖然文獻記載一八九七年便曾有人用過，但美國社會多數人是因為小布希才留下印象（小布希的「非典型」英語文法和用詞一直是媒體話題）。

簡單的邏輯題

如果理性有個核心，想必是邏輯。邏輯推理的原型為三段論：「若P則Q。P成立，所以Q成立。」在此給個簡單範例。

假設某國的鑄幣規範是一面為歷史明君頭像，另一面為當地標誌性動物，並符合簡單的前提規則：「若硬幣一面是國王，另一面必是鳥類。」現在桌上有四個硬幣，朝上的圖案分別為國王、女王、駝鹿、鴨子。請問必須翻哪些硬幣確認，可以保證前提規則沒有錯？

多數人會回答「國王」或「國王和鴨子」。然而正確答案是「國王和駝鹿」。為什麼？大家都知道國王一定得翻，要是背面並非鳥類，很明顯違反了前提。多數人明白沒必要翻女王，因為規則指定「若國王則鳥類」，從未提及女王。很多人會以為鴨子也必翻，但仔細思考就會察覺這枚硬幣與問題根本無關：規則說的是「若國王則鳥類」，不是「若鳥類則國王」，如果鴨子的另一面是女王也不算違反前提。回頭想想駝鹿，萬一翻面後竟然看見國王，「若國王則鳥類」這個前提就不成立了。因此答案是國王和駝鹿，測試中平均只有一成人選對。

用於測試「若P則Q」邏輯的「華生選擇任務」（Wason selection task，提出者為認知心理學家彼得．華生〔Peter Wason〕）已有六十五年歷史。（最原始版本使用卡片，一面是羅馬字母，另一面是數字，規則類似「若一面為D，另一面則為三」。）然而迄今為止，多數受試者仍舊選擇P、P和Q，卻不會選擇非Q。（原注24）做錯的人並非腦力不足以理解正確答案，就如同認知反射測驗的結果，他們聽完解釋後常常拍一下額頭認栽。（原注25）癥結點出在放任直覺而放棄思考，同時也就放掉了邏輯。

邏輯測驗呈現出人類理性的什麼特徵？常見理論是「確認偏誤」（confirmation bias），也就是我們有個壞習慣，喜歡找證據證明自己既有的想法，卻對反證缺乏好奇心。（原注26）譬如有些人認為自己做過預知夢，夢到親戚出意外後來成真，問題是他們夢到親戚出意外結果沒成真的次數更多，只是忘記了。又或者有些人看到移民搶劫商家的新聞報導，心裡直接認定了移民犯罪率比較高，但他們從未關心過實際上更多搶匪是土生土長的本地人。

確認偏誤是極其常見的思考誤區，也是增進理智的主要改善目標之一。許多人認為法蘭西斯．培根（Francis Bacon）奠定了科學方法的基礎，他在著作中講過一個故事：一名男子被帶到教堂看畫，主題是幾個水手遇上船難，他們因為曾經誓言信神而得救。「喔，」男子看完之後問：「那發誓之後溺死的人，在哪幅畫裡？」(原注27) 培根進而解釋：「所有迷信都是如此，星象、解夢、占卜、預言等等都一樣。人類因為虛榮心，說中了就沾沾自喜，沒說中的次數明明比較多，大家卻若無其事避而不談。」(原注28) 現在多數科學家都認同哲學家卡爾・波普（Karl Popper）提出的原則，也就是科學和偽科學之間有一條清楚界線：支持某種假設的人應當主動嘗試證偽，通過證偽的說法才保留。(原注29)

人類連基礎的邏輯規則都有問題了，怎麼活到今天的？一部分原因在於「華生選擇任務」本身性質特殊。(原注30) 測驗並沒有要受試者利用邏輯做出具實用意義的推論（「硬幣這一面是國王，另一面呢？」），或者對前提進行全面考核（「該國所有硬幣都符合規則嗎？」），而是針對眼前幾個特定的物品下判斷。另一部分原因牽涉到人在生活中何時會運用邏輯，情境多半是關於自己該做什麼與不該做什麼，對象不會是意義空泛的物體和符號。

舉個例子：假如郵寄平信的郵資是五毛，快捷要十元，按照規定就是「若郵件標示為快捷，則應貼上十元郵票」。碰上標示和郵票金額不符的情況，郵差才會翻面確

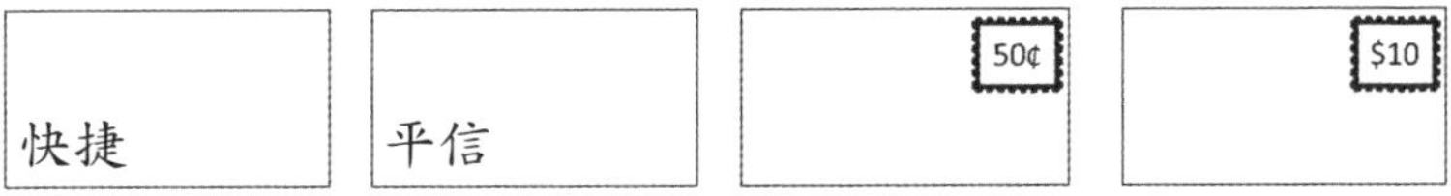

認寄件人是否遵守規定。下面有四個郵件，想像你自己是郵差的話會翻哪幾個？

答案一樣是P和非Q，也就是標示為快捷的信封和只貼了五毛郵票的信封。雖然和前面的硬幣測驗相同邏輯，不過這個問題幾乎所有人都會答對；換句話說，主題內容會影響邏輯判斷。（原注31）這種「若如何則如何」的規定也出現在涉及授權和責任的合約中，例如「若你享受權益，則需付出代價」，破壞規定（享受權益卻不付出代價）就是違約。而人們憑直覺就知道要找誰索賠，根本不必管誰沒享受權益或已經付錢，這兩組人顯然不可能弄錯。

認知心理學家嘗試判斷什麼主題能啟動人腦的邏輯開關。可想而知，具體情境不會是唯一條件，應該會是我們從小到大，甚至是演化成智人的過程中反覆遭遇的困境。啟動邏輯的開關除了監督權責，還有防範危險：為了避免意外而規定「若騎自行車，就戴安全帽」，大家自然會留意自行車上的小孩是否戴好安全帽，也會阻止沒戴安全帽的小孩上自行車。

我們可以分辨條件是否成立，進而察覺欺詐或危險，但這不等同於人類心智具有強大的邏輯能力。就定義而言，邏輯的關鍵不是內容而是形式，也就是P和Q本身是什麼並不重要，重要的是P與Q之間以**若**、**則**、**或**、**且**、**部分**、**全部**連結的關係。邏輯是人類知識的極致成就，能在陌生抽象的主題中理出頭緒，否則沒人看得懂法規和科學。將邏輯置入矽（silicon），沒有生命的物質也能變成會思考的機器。可是未受訓練的人類心智無法掌握通用的、不受限於主題的邏輯工具，例如：「『若P則Q』亦即『若非Q則非P』」這樣的公式裡，P和Q應該要能隨意代換為任何事物。我們自然而然學會的是一套專門應付特定情境的邏輯工具（其中仍包含邏輯規則，否則工具會失去作用），卻很難將邏輯提煉出來運用在新穎、抽象、表面看似無意義的問題上。人類與生俱來和成長過程中習得的趨吉避凶、臨機應變等等能力稱作**生態理性**（ecological rationality），教育和其他增進理性的體制則是彌補生態理性的不足，以幾千年來優秀思想家彙整出的進階工具擴展邏輯廣度及深度。（原注32）

簡單的機率題

一九五〇到八〇年代益智節目如日中天，《換不換》（*Let's Make a Deal*）收視率很高，主持人在遊戲中常提出的機率抉擇跟著紅起來，便被學界以其為名稱作蒙提．霍爾（Monty Hall）悖論。（原注33）舞臺上有三扇門，其中一扇後面是全新跑車，另外兩扇後面是山羊，玩家選出一扇，比方說是一號門。為了吊觀眾胃口，主持人會先打開沒被選中的其中之一，假設是三號門，後面一定是山羊。為了進一步炒熱氣氛，主持人這時候會給玩家機會：可以堅持同一扇門，或者換成剩下那一扇。假如你是玩家，會怎麼選擇？

幾乎所有人都不換。（原注34）理由是既然車子在三扇門其中之一，主持人出面排除三號門，那一號門和二號門各有百分之五十機率。換沒壞處，但似乎也沒好處，出於惰性就別換了，尤其換錯比起沒換更叫人懊惱。

一九九〇年，許多美國報紙週日附贈的《漫步》（*Parade*）雜誌裡有個專欄叫「請問瑪麗蓮」（Ask Marilyn），針對換不換這個問題撰文。（原注35）專欄作者為瑪麗蓮．沃斯．莎凡特（Marilyn vos Savant），外號是「世界上最聰明的女人」，因為金氏世界紀錄曾經將她列為智商最高的人類[9]。莎凡特的回答是：該換，因為車在二號門後面的機率是三分之二，在一號門後面的機率僅三分之一。文章刊出後收到上萬封來信，其中一成還是數學與統計學博士寫過去的。他們認為莎凡特算錯了，下面選出幾個例子：

> 妳算錯了，而且錯得離譜！不懂為什麼的話，我解釋給妳看：主持人已經選出一個有山羊的門，剩下來的正確機會就是二分之一，這跟妳換或不換沒有關係。美國已經夠多數學盲，別連智商最高的人也瞎起鬨丟人現眼！
>
> ——史考特．史密斯（Scott Smith），佛羅里達州大學博士

> 想必妳會收到很多關於這次主題的信，而且大部分是高中生和大學生寄的。或許妳該考慮留幾個當聯絡人，免得專欄以後又出錯。
>
> ——勞勃．史密斯（W. Robert Smith），喬治亞州立大學博士

> 可能女性處理數學問題的角度與男性不同。

9　譯按：一九五六年，十歲的莎凡特接受智力測驗，智商高達兩百二十八，便被寫進金氏世界紀錄。但智商計算方式後來有許多爭議，一九九〇年金氏世界紀錄直接取消了這個項目。不過一九八五年她接受另一版本的智力測驗，智商依舊高達一百八十六。

——董恩．艾德華（Don Edwards），奧勒岡州日河鎮（原注36）

提出質疑的人還包括保羅．艾狄胥（Paul Erdös），他是頗負盛名的數學家，著述等身，不少學者還會計算自己合作過的人，看看攀親帶故下來最短幾條線能連到大師，「艾狄胥親等」可說是種榮譽。（原注37）

可惜男性為主流的數學界輸了，世界最聰明的女性沒算錯。確實該換，而且沒有那麼難理解。跑車必定在某扇門後面，只要將三種組合列出來，分別計算換與不換兩個選擇導致的結果就好。剛才例子是玩家選擇一號門，編號只是為了方便解釋，實際上只要主持人遵守「打開一扇沒被選擇且後面是山羊的門，如果沒被選的都是山羊就隨便開一扇」這條規則，選幾號門都不會影響計算結果。

如果玩家選擇「不換」（如圖左側）：假設車子在一號門（左上），玩家贏。（因為玩家不換，主持人開哪一扇門都不影響結果。）假設車子在二號門（左中），玩家輸。假設車子在三號門（左下），玩家輸。所以「不換」的情況，勝率是三分之一。

如果玩家選擇「換」（如圖右側）：假設車子在一號門，玩家輸。假設車子在二號門，主持人只能開三號門，玩家也只有二號門可以選，所以玩家贏。假設車子在三

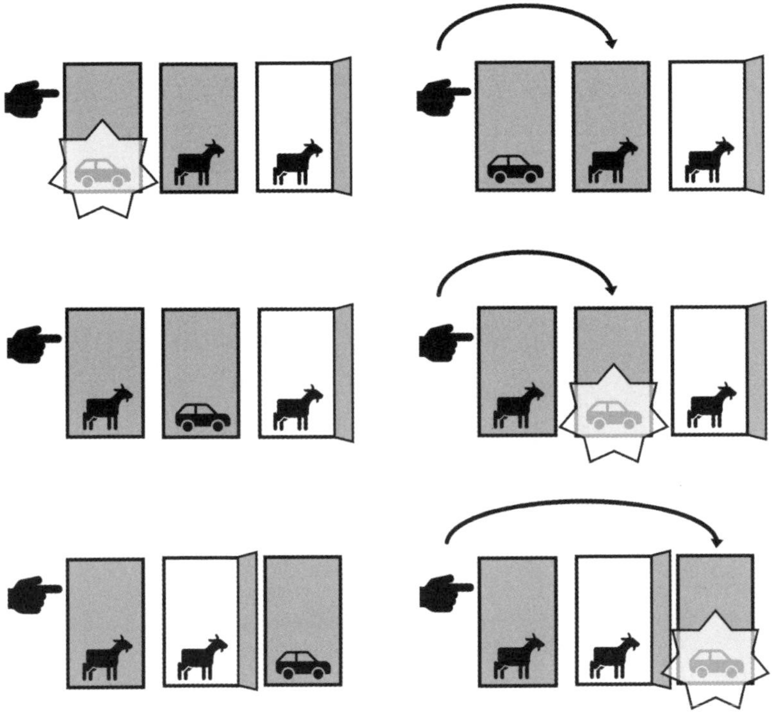

號門，主持人只能開二號門，玩家只有三號門可以選，玩家贏。選擇「換」的情況，勝率是三分之二，跟不換相比是兩倍。

其實道理沒有想像的複雜。（原注38）10即使沒辦法在心中列出所有邏輯可能性，自己找些玩具模擬一下，測試幾輪之後，也能得到大概的結論。事後曾有質疑的記者採訪主持人，霍爾透過現場實驗證明莎凡特的答案沒錯。（現在還有線上版遊戲可以玩。）（原注39）再不然，

10 譯按：還有一種合乎「邏輯」的解法是逆向思考：玩家最初選到山羊的機率為三分之二，選到車子的機率為三分之一，因此選擇換門會得獎的機率是三分之二。

直覺其實應該是「主持人知道答案，給我提示了，不把握機會是笨蛋」。但為什麼那麼多數學家、教授等等大人物都錯了呢？

其中有些原因源於批判性思維不足，如性別歧視、人身攻擊、專業傲慢。莎凡特美麗時髦，沒有特殊職稱頭銜，寫過食譜與八卦雜誌，會上深夜脫口秀節目與人鬥嘴。（原注40）她各種表現與刻板印象的數學家相去甚遠，偏偏又是金氏世界紀錄的最高智商，自然成為許多人的攻訐目標。

撇開批判性思維，蒙提・霍爾選擇題本身並不容易，就像認知反射測驗和華生選擇任務一樣針對心智的系統一設下陷阱。糟糕的是系統二在這個情境下也不太管用，聽完解答仍然無法接受的比例很高，其中包括大師艾狄胥。儘管身為數學家，他也是親眼見證重複多次的實物模擬後才肯承認自己糊塗了。（原注41）還有人明明看了模擬依舊不信，甚至願意拿錢出來賭。人類的直覺與機率法則之間究竟哪個環節不協調？

從某些過度自信的說法可以瞥見端倪，他們犯錯而不自知，挪用不同類型的機率原則卻沒察覺條件差異。最常見的是許多人堅稱每個無法預測的選項（以本題而言就是沒打開的門）機率都相同，然而這項原則要成立有兩個前提：首先只適用於硬幣或者骰子這類對稱型的賭博工具；再者，每個選項都要從頭到尾徹底保持未知。它並非放諸四海皆準的定律。

還有人會在腦海中排列因果鏈：跑車和山羊在開門前就定位，開門這個行為不會造成車和羊的位置改變。指出因果關係不成立確實能破解一些常見的思考盲點，例如大部分人玩輪盤碰上連續幾次都出紅，會下意識認為該出黑了，但其實輪盤沒有記憶力，每次轉動都是獨立事件，這個叫做「賭徒謬誤」（gambler's fallacy）。莎凡特收到另一封男性讀者的說教信，內容是這樣的：「想像場地上有三匹賽馬，牠們勝率都一樣。三號馬跑到一半猝死了，剩下兩匹馬勝出的機率不會維持三分之一，而是變成二分之一。」顯而易見，這位讀者認為將賭注從一號馬換到二號馬毫無道理。可是題目不能這樣類比，要比喻的話應該是下注一號馬以後，天上傳來聲音說：「三號馬不會贏。」神也可以點名二號，只是祂沒有，然而如此一來換押別匹馬並不荒唐。以《換不換》這個節目而言，主持人蒙提．霍爾就是開尊口的神。（原注42）

主持人如神一般旁觀者清的地位，更凸顯蒙提．霍爾悖論為什麼很難：這不是正常人類的互動模式。日常生活中，答話者會直接提供問話者需要的資訊（以本題而言就是車子在哪扇門），但節目主持人明明知道答案還是得讓身為第三方的觀眾感受到懸疑刺激。（原注43）而且自然界不會刻意隱瞞資訊，主持人則是在知道答案的前提下依據玩家選擇來調整自己揭露的訊息。

主持人的提示對玩家有利，但玩家通常渾然不覺。這個現象點出一種認知缺陷：人類無法有效分辨**機率**（probability）和**傾向**（propensity）的差異。傾向是指特定客體容易發生特定現象；而辨識傾向是人類生存的重要心理機制，比方說我們知道樹枝大多有彈性、扭角羚體力不佳、豪豬腳印通常有兩個肉墊痕。雖然人類無法直接觀察到傾向（會彈的樹枝就會彈，不會的就不會），卻能分析客體的結構並套用因果關係加以推論，於是我們知道太乾燥的樹枝一彎曲可能就會折斷，扭角羚在雨季體力比較好，豪豬行經鬆軟地面會留下兩個肉墊痕、換作堅硬地面則未必。

機率是個不同的概念工具，直到十七世紀才問世。（原注44）這個詞有好幾種定義，其中最重要的是人在面對風險時對自己的抉擇有多少把握。無論多細微的證據，只要我們對預測的信心程度起了變化，代表機率也隨之改變，而理性的人會根據機率調整行動。蒙提．霍爾悖論之所以困難，在於無法仰賴具體事物，只能依靠抽象觀念。多數人直覺知道跑車必然在某一扇門後，也瞭解開門這個動作不會改變這種傾向，然而機率與我們看見的世界無關，反倒與我們對世界的**無知**程度有關——新資訊降低我們的無知程度，於是改變機率。如果還是覺得太玄看不懂，想像我擲硬幣之後人頭向上的機率。對各位讀者，機率是一半一半，但對我而言機率是百分之百（因為我可以偷看）。明明同一個事件，因為得到的資訊不同，機率也就不一樣。在蒙提・霍爾悖論裡，提供新資訊的人具有全知視角。

如果主持人協助降低無知程度的方法更具體，人類的直覺就會更敏銳。莎凡特在專欄中請讀者試想另一個版本的節目：如果有一千扇門呢？（原注45）玩家選一扇，主持人直接開了其餘九百九十八扇，問你換不換？這時得到的訊息忽然意義鮮明起來，因為蒙提・霍爾得一扇門一扇門慢慢看，他不開的門感覺就是藏著車。

簡單的預測題

人類給未知事件安上數字，就能量化自己對未來的判斷。預測是一門深奧的學問，影響政策、投資、風險管理，也涉及平日對生活的規畫。試想下面列出的事件，寫下你認為未來十年內成真的機率。其中許多事很難成真，所以我們的量尺末端刻度做精細一點，然後分出幾個等級：低於千分之一、千分之一、千分之五、百分之一、百分之二、百分之五、百分之十、百分之二十五、百分之五十以上。

- 沙烏地阿拉伯發展核武。
- 尼古拉斯．馬杜洛（Nicolas Maduro）辭去委內瑞拉總統職位。
- 俄羅斯出現女總統。
- 比新冠肺炎更致命的傳染病在全球大流行。
- 俄羅斯修憲，規定普丁不得再次參選總統，但他的妻子贏得大選，實際上大權仍掌握在他手中。
- 尼古拉斯．馬杜洛因為激烈的罷工和抗爭被迫辭去委內瑞拉總統。
- 中國境內呼吸道病毒從蝙蝠轉移到人類身上，於是引發比新冠肺炎更致命的流行病。
- 伊朗發展核武並進行地下試爆，沙烏地阿拉伯為自保也開始發展核武。

我在某次調查裡對數百位受試者提出類似問題，整理問卷之後發現有趣的現象：大家認為普丁妻子成為俄羅斯總統的機率比俄羅斯出現女總統的機率高，馬杜洛因為罷工抗爭下臺的機率比馬杜洛下臺的機率高，沙烏地阿拉伯因應伊朗威脅發展核武比沙烏地阿拉伯發展核武的機率高，中國蝙蝠造成新疫情的機率比地球出現新疫情的機

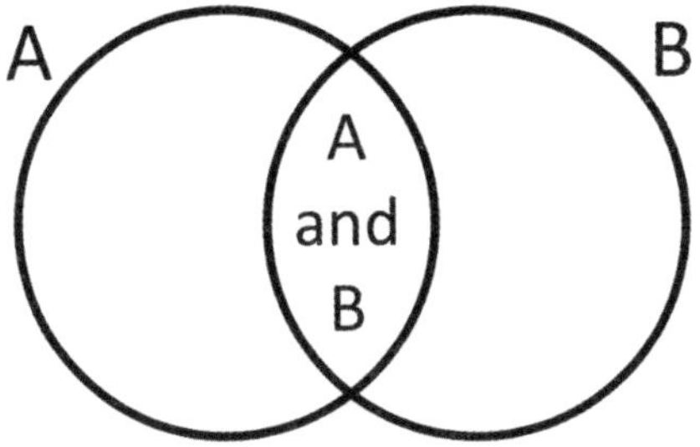

率高。（原注46）

現在讀著本書的你或許也同意其中至少一個對比句，因為問卷結果顯示，認同一句以上的人多達百分之八十六。如此一來你就違反了機率的基礎，也就是交集原則：複數事件（A及B）的交集機率必須小於或等於單一事件（A，或B）的機率。譬如從撲克牌中抽到偶數黑桃的機率一定比單純抽到黑桃的機率來得低，因為黑桃不只有偶數，還有奇數。

前面八個事件兩兩一組形成四句陳述，每句話的前半是交集，後半是被交集的事件。比方說「沙烏地阿拉伯因應伊朗威脅發展核武」是交集，「沙烏地阿拉伯發展核武」是被交集的事件，後者機率一定比前者高，因為沙烏地阿拉伯有可能基於別的理由發展核武（對抗以色列、想拿下波斯灣主導權等等）。同樣邏輯，罷工抗爭可以逼迫馬杜洛下臺，但他也可能因為別的理由下臺。

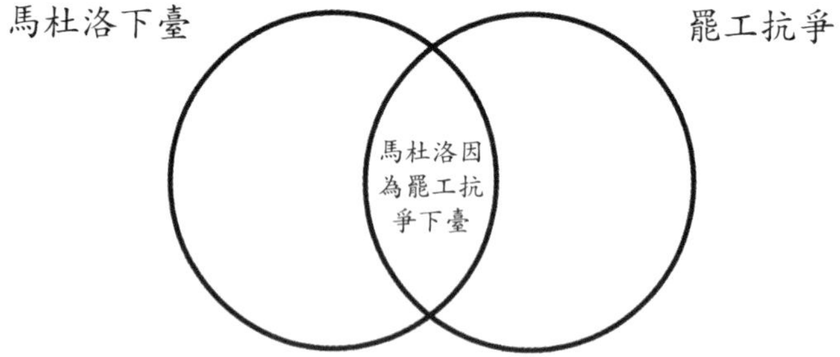

為什麼很多人弄反？因為每組裡的後半句話抽象空泛，人類心智較難掌握意義。作為交集的前半句話不僅脈絡明確，還拼湊得出故事劇情，大腦很容易轉換為具體畫面。如果交給直覺判斷，越容易想像的事情感覺機率越高，越清晰的畫面感覺越可能成真。換句話說，我們一不小心就會認為交集的發生機率大於被交集的元素，康納曼和特沃斯基稱之為「合取謬誤」（conjunction fallacy）[11]。

所謂的「名嘴」常以生動描述發表預測，才不管什麼機率問題。（原注47）《大西洋》月刊（*The Atlantic*）一九九四年採用記者羅伯特．卡普蘭（Robert Kaplan）的專文報導作為封面故事，標題為「即將到來的無政府狀態」（The Coming Anarchy）（原注48），他預測二十一世紀第一個十年人類會為了爭奪包括水在內的稀缺資源陷入戰亂，奈及利亞攻下尼日、貝南和喀麥隆，以非洲為起點的戰火襲捲世界，導致美國、加拿大、印度、中國、奈及利亞分崩離

11 譯按：或稱連言謬誤，「合取」與「交集」、「邏輯且」是相同概念。

析，拉丁美洲各國與墨西哥之間不再有國界，加拿大亞伯達省與美國蒙大拿州合併，美國大城市犯罪率節節飆升，愛滋病人口不減反增，同時還會遭遇十數種大型天災人禍。文章非常轟動（連當時的美國總統柯林頓都叫白宮官員仔細讀），但現實世界裡各國內戰逐漸減少，無法取得乾淨水源的人口下降，美國犯罪率屢創新低。（原注49）距離文章發表不到三年，新的愛滋病療法有效延長了患者壽命，各國疆界超過二十五年動也不動。

特沃斯基和康納曼解釋何謂合取謬誤時舉了一個例子，後來成為有名的「琳達問題」：（原注50）

> 琳達三十一歲，單身，說話直接，腦袋機伶。大學主修哲學，學生時代相當關注歧視和社會正義議題，曾經參與反核遊行。請分析下列陳述的可能性。
>
> - 琳達在小學任教
> - 琳達積極參與女權運動
> - 琳達是精神醫療社工
> - 琳達是銀行行員

- 琳達是保險業務員
- 琳達是積極參與女權運動的銀行行員

許多作答者認為琳達是女權主義者銀行行員的機率比起她只是單純銀行行員還要高。同樣地，A及B同時成立的機率被估得比只有A成立還要高。這個題目放到現在稍微過氣了，因為「琳達」是嬰兒潮世代常見的名字，「機伶」看似正面其實略帶挖苦，而那些抗議也是過去的事情，連提到的行業都已經不大流行，整體散發出濃濃的二十世紀風味。不過對心理學家來說同樣效果很容易複製，只要換成高智商的阿曼達曾經參與過「黑人的命也是命」運動，依舊很多人認為她比較有可能是關注女權的有照護理師，卻比較不可能是單純的有照護理師。

琳達問題從一個特別刁鑽的角度考驗人類直覺。先前提到的幾種選擇問題，大家做錯是因為題目太抽象（「若P則Q」），改成貼近真實生活的場景反而能答對。現在反過來了，抽象法則「（A及B同時成立的機率）小於或等於（A成立的機率）」是所有人的共識，然而具體描述情境之後很多人卻推翻了法則。生物學家兼科普作家史蒂芬・傑伊・古爾德（Stephen Jay Gould）代表很多人說出心聲：「我其實知道那句

（合取）陳述可能性比較低，但是好像有個小人兒在腦袋裡跳上跳下大吼大叫說：『她怎麼可能只是個普通銀行行員，前面都說了那麼多關於她的事情。』」（原注51）

高明的說客懂得如何喚醒別人腦袋裡那個小人兒。檢察官手邊證據只有沖上海岸的屍體，於是開始假設是丈夫悶死太太後棄屍，詐領保險理賠以後與外遇對象遠走高飛。辯方律師也會編故事，說死者很可能是深夜碰上搶匪，衝突中鬧出人命。其實根據機率原則，劇本加入越多細節可能性就越低，但同時又更能打動人。戲劇《天皇》（*The Mikado*）裡面普巴（Pooh-Bah）[12]的臺詞有一句是：「原本荒誕無稽的說法，只要加進活靈活現的描述，就能增加藝術上的可信度。」（原注52）

合取原則應該是計算機率時的數學基礎，而且不需要代入數字也能理解。正因如此，特沃斯基和康納曼對人類的機率直覺抱持悲觀態度，典型的刻板印象與可得的記憶左右了大腦，系統性評估反而被擠到思維之外。俗話說：「每個瘋子身體裡都有個清醒的人想逃出來。」但他們認為那個清醒的人根本不存在。（原注53）

其他心理學家沒這麼絕望。前面解釋蒙提．霍爾選擇時提到過，「機率」其實有好幾層意義，包括物理上的傾向、信念的證據強度、長時間內事件的發生頻率等等。《牛津英語辭典》裡提供了另一個釋義是，「一句陳述或一個事件按照現有證據為真或

12 譯按：十九世紀英國歌劇作品，曾改編為其他影視形式。雖然背景設定為日本，劇中人名都不是日文。故事中因為荒謬的事件發展導致某城鎮所有政府公務都由普巴一人包辦。

成真的可能性。」（原注54）碰上琳達問題的人知道，「長時間內事件的發生頻率」與主題無關，因為琳達是獨一無二的個體，重點在於她到底是不是一個女權主義者銀行行員。正常對話裡，講者提供生理特徵多半帶有動機，希望聽者得出有意義的結論。心理學家雷夫．赫維希（Ralph Hertwig）、格爾德．吉格亨澤（Gerd Gigerenzer）表示：或許人類在琳達問題的情境裡，自然而然察覺此處的「機率」不應著重在數學層面的合取原則，而是非數學的「現有證據強度」，並基於證據做出合理判斷。（原注55）

從這個角度出發，以特沃斯基和康納曼為首，學界做出新一波研究，結論發現只要**引導**受試者從相對頻率去思考問題，不放任心智困在何謂機率的思維泥沼，就比較容易重拾合取原則。想像世界上有一千個背景類似琳達的女性，請問其中銀行行員可能有幾位？投身女權運動的銀行行員又可能有幾位？這麼問的話，腦袋裡的小人沉默了，理智掙脫束縛，合取謬誤的比例大幅下降。（原注56）

那麼合取謬誤作為機率概念不清的具體展現，難道只是文字曖昧誤導的結果？特沃斯基和康納曼仍然不同意，他們指出：就算測試加入**賭注**，而且是金錢，許多人依舊犯下合取謬誤（事實證明，押在琳達是女權主義銀行行員的人多，押在琳達只是銀行員的人少）。此外，即使改變問題形式引導受試者思考頻率，明明可以在心中具體計算行員數量了，犯錯的比例還是不低。這個現象背後的成因是某些人會將兩個情境抽出來單獨看待，沒有擺在一起比較，無法意識到子集大於母集的荒謬之處。（原注57）

康納曼進而觀察到：人類維護既定觀念時特別不理性。所以他倡議解決科學議題的新方法，取代過去學界總是靠正反雙方你一言我一語、來來往往反反覆覆才論辯出少許進度。在「對抗式協作」（adversarial collaboration）中，兩邊事前約定透過一次實證檢驗解決爭端，並邀請公正第三方進行評判。（原注58）身先士卒，康納曼與赫維希聯手研究琳達問題，找了心理學家芭芭拉・梅勒斯（Barbara Mellers）當裁判，兩個研究團隊決定執行三次實驗，都採取頻率形式的提問（「假設有一百個琳達這樣的女性，請問其中有多少會是……？」），排除單獨個體造成的認知影響。最後三人共同撰寫論文指出：「我們原本就不認為這次實驗能徹底解決爭議，結果也的確沒發生奇蹟。」就結論而言，雙方達成的共識是——縱使以頻率形式呈現問題，人類還是傾向合取謬誤。然而若脈絡足夠清晰，也就是選項容易比較、用字遣詞不留灰色地帶，人類比較有機會擺脫思考誤區。

認知錯覺的啟示

從古至今，人類這個物種之所以能夠生存繁衍，憑藉的就是認知與智能。沒想到隨便測試一下我們就被擊垮了，確認偏誤、過度自信，還容易被具體細節和對話習慣給分散注意力。各種理性層面的典型錯誤通常被統稱為「認知錯覺」（cognitive illusions），與視錯覺很類似，大家應該在各種媒體和科學館裡都體驗過。視錯覺瞞得過眼睛，也就瞞得過心智，同樣道理可以解釋為什麼人類看似聰明卻又好騙。

以下是神經科學家波．絡托（Beau Lotto）舉出的兩個經典視錯覺範例。（原注59）第一幅圖片以光影造成錯覺，盒子頂端的深色條紋與前側的白色條紋其實是同一個色階的灰，但很多人

Used by permission of Beau Lotto

難以置信。第二幅圖則是形狀方面的錯覺，其實四個拐肘角度一模一樣，都是九十度。

由視錯覺的範例可以領悟兩點。首先，肉眼並非百分百可靠，更精確地說是大腦的視覺系統一沒有想像中可靠。再來，人類可以利用系統二察覺錯誤，例如找張空白卡片打兩個洞疊放在第一張圖，用卡片的四個直角比對第二張圖的四個拐肘。

然而因此聲稱人類視覺系統先天不良、錯誤百出可就大錯特錯。我們的視覺系統十分不可思議，精準到能夠偵測單一的光子、辨識數以萬計的不同形狀，在崎嶇顛簸的山路或高速行駛狀態下都能順利運作。執筆當下，人工視覺系統已經累積數十年研發歷史，但自動車仍然未獲普遍開放，因為它的表現還不如人類自己的眼睛。機器偵測裝置常常將大型貨櫃車辨識為廣告看板，將貼了很多標籤的交

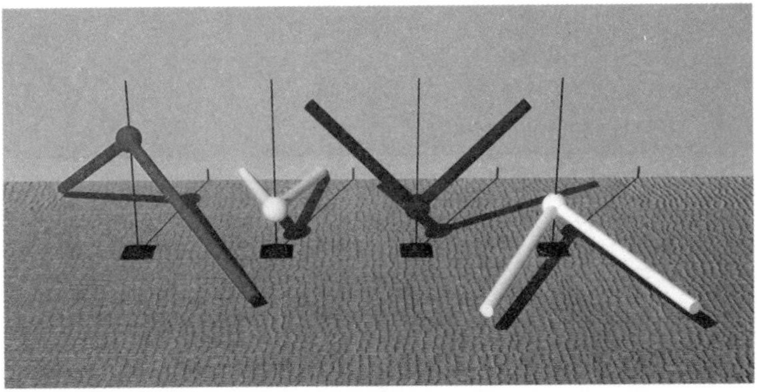

Used by permission of Beau Lotto

通號誌當作塞滿食物的冰箱。（原注60）

形狀和光影錯覺非但不是先天不良，反而還是先天優良。人體視覺系統存在的意義是建立精準的立體影像，判斷面前物體的結構組成。（原注61）說起來很容易，實際上視網膜傳遞給大腦的資訊無法直接反映現實，色塊的亮度並不單純由物體表面的顏色決定，還受到光源強度的影響，例如黑色表面在強光下像灰色，白色表面在昏暗中也像灰色。（二〇一五年網路爆紅的「藍黑白金裙」就是利用這個機制。）（原注62）視網膜得到的形狀資訊也未必就是真實結構，會受到觀察角度的影響，所以正面觀察小角度物體會覺得角度銳利，經過透視法收縮的直角物體看起來一樣角度銳利。人類視覺系統能夠修正這些誤差，分辨光線強弱與角度扭曲，如此一來大腦其餘系統才能正確判斷外界物體的真實狀態。大腦以視網膜建立的平面點陣圖為運算基礎，但這幅畫面只會對意識造成干擾，因此不直接浮現在我們的理解和規畫系統內。

這種設計導致人類大腦並不擅長測量亮度和角度，可是現實生活也不存在這種需求（除非正好是寫實主義派畫家）。視錯覺誕生是源於我們要求自己變成測量儀器，精確判定條紋的亮度、彎曲的角度——而這些特徵只出現在**特定圖片**內。這些圖片經過精挑細選，找到會被大腦埋進暫存區略過不管的相同亮度和角度，並刻意放在同一個畫面。如果將圖片裡的物體放在**真實世界**讓人類判斷，我們就會得到準確的認知：無論有沒有打光，灰條紋的顏色一定比白條紋深，拐肘不僅各有各的彎折角度，立體傾斜度也並不一致。

以此類推，如本章舉例的認知錯覺是相同道理。大腦碰上問題陳述，自動拋開字面意義，從正常社交的語境思考。針對很湊巧的數字做計算、用幾個沒見過的硬幣驗證規則、聽懂已經知道答案又狡詐的主持人究竟給了什麼暗示、將生動的人物特寫拆解為條件並判斷可能性，這些行為就像強迫自己從平面圖片測量出角度與色階一樣不自然。確實很多受試者答錯，可是他們回到現實世界中依然活得平安順利。事實上，理解對話脈絡的心智能力才更為複雜而高級，所以聽完預錄語音重複一串無用指令之後，我們會按捺滿腔怒火按下井字鍵叫客服專員接聽。人才聽得懂人的需求。

儘管我們能夠解釋非理性反應的起源，卻不該放縱自己深陷其中，就好比我們不該過度信賴肉眼。科技帶人類突破自然賦予的視覺限制，以顯微鏡看到至微，望遠鏡看到至遠，攝影留存過往，照明點亮黑暗，無形之物也有儀器能偵測到。文明已經跨出原始的演化環境，進入極快和極高的境界，繼續倚賴感官會危及性命。日常生活中判斷深度或方向時，人類大腦會自動修正投影幾何學造成的誤差，但需要有透視收斂線、材質層次變化、物體外圍輪廓，以及無所不在的地面當作參考點。駕駛飛機攀上數萬英呎高空後，與陸地之間只有一大片虛無，地平線被雲層、霧氣和山脈遮蔽，飛行員的視覺與現實環境脫節，僅憑直覺和本能無法分辨重力和引擎加速的差異，透過人力進行校正只是錯上加錯。只需短短幾分鐘，飛機就會開始所謂的「死亡螺旋」（graveyard spiral）[13]，一九九九年小約翰．甘迺迪飛行時就因為經驗不足但過分自信導致失事身亡。與生俱來的視覺系統是很好，但理性的駕駛員知道何時別再信任自己，重責大任交給儀器反而安全。（原注63）

認知系統也是如此。生活在現代，我們必須明白直覺在某些場合並不可靠，應當採用理性工具輔助判斷，藉由邏輯、機率、批判性思維擴展理智克服盲點。二十一世紀的世界裡，如果人類依舊選擇跟隨本能，每次校正同樣只是雪上加霜，等於親手將民主社會推進死亡螺旋。

13 譯按：「空間迷向」（spatial disorientation）或飛行錯覺的一種，指飛行員因缺乏參考點加上半規管慣性作用，機身旋轉結束後會有反方向旋轉的錯覺，若訓練不足或有其他心理因素便會試圖修正，造成飛機持續旋轉並墜毀。

第二章

理性與非理性

我可以說與地球人相處的經驗並不好嗎？他們違反邏輯的愚蠢情緒常常造成困擾。

——《星艦迷航記》史巴克

理性不酷。腦袋好的人常常被人叫做**書呆子**、**極客**[1]、**怪咖**等等，幾乎都是反時髦的象徵。數十年來，好萊塢電影或搖滾樂歌詞將逃離理性描寫與塑造為喜悅與自由。「人得有一點瘋狂，否則永遠不敢斬斷束縛迎向自由，」希臘人左巴（Zorba the Greek）[2]如是道。「放下理智，」臉部特寫樂團（Talking Heads）建議大家。「大家一起瘋吧！」曾經名為王子的藝人[3]要我們這麼做。學術潮流也一樣，後現代主義和批判理論（別和批判性思維混為一談）主張理性、事實、客觀都是社會建構出來的概念，目的是維繫統治階層的特權。這類潮流給人很有見地的感覺，直指西方哲學與科學視野狹隘、因循守舊，將古今中外多元文化排拒於門外。我住在波士頓市區，出門沒多遠處就有一塊綠松石鍍金鑲嵌的華麗馬賽克，上面寫著：「遵循理性。」只可惜它放在共濟會大會堂[4]外，而共濟會的角色形象是戴氈帽穿圍裙的老男人，完美詮釋

1 譯按：近年「極客」（geek）一詞有逆轉成為時尚潮流的趨勢。

2 譯按：同名電影《希臘左巴》的角色。

3 譯按：本名普林斯．羅傑．尼爾森（Prince Rogers Nelson），藝名「王子」（Prince），一九九三到兩千年間曾將藝名改為無法發音的符號，當時媒體習慣以「曾經名為王子的藝人」（Artist Formerly Known as Prince）稱之。

了「流行的反面」是什麼。

我個人對理性的態度是「支持」，但不會厚著臉皮說理性很炫很殺很炸什麼的。事實上我甚至不能合理化理性這件事，只是贊同馬賽克上那句話——人類應該**遵循**理性。

人要理性的理由

又得從頭說起：理性究竟**是**什麼？很多字詞都一樣，無論如何努力都無法清楚解釋其意義，辭典也只是帶著大家兜一圈。大部分的辭典裡，形容詞「**理性的**」（rational）意思是「具有理性（reason）」，可是名詞**理性**（reason）又來自拉丁文詞根 *ration-*，意思還是「理性」（reason）。

比較貼近日常用法的釋義是「以知識達成目標的能力」，而**知識**（knowledge）的標準定義則是「經過驗證為真的觀念」。（原注1）如果有人的觀念明明是錯的卻死守不放，例如明知道鑰匙不可能在某個位置卻一直朝那兒找，我們不會認為這個人是理性的。也有人堅持的事情根本無法驗證，比方說是吸毒之後產生的幻覺、精神疾病造成

4 譯按：共濟會歷史可追溯到十四世紀末英國的石匠工會，後來逐漸轉型為慈善性質組織，但許多傳聞和陰謀論指其為推動新世界秩序的祕密結社。

的幻聽，我們也不會覺得這個人理性。透過觀察世界得出結論，或根據已經證實的定律進行推論，才符合所謂的理性。

但只是符合事實還不夠，理性思考得有個目標。堅持算出圓周率在小數點後面有幾位，或者停留在命題的邏輯真偽（「一加一等於二，否則月亮就是乳酪做的」、「如果一加一等於三，豬都能飛了」），這類言行看不出目標是什麼。理性主體會有想要達成的**目標**：驗證有意義的論述能否成立稱之為「理論理性」（theoretical reason），或者能在世界造成改變稱之為「實踐理性」（practical reason）；前者是「判斷對錯」，後者是「如何行動」。人類構造也符合理性，例如視覺系統是為了真實判斷周遭環境而存在，但幻覺則不是。

再者，理性主體不會任由時空環境擺布，而是根據狀況運用知識。威廉・詹姆斯（William James）舉了一個例子描述有無理性的差別：

羅密歐受到茱麗葉吸引，就像鐵屑受到磁鐵吸引。如果沒有阻礙，羅密歐會直衝茱麗葉，鐵屑會直衝磁鐵。但如果出現阻礙，鐵屑被紙板擋住了就會傻傻停在原地不動，羅密歐卻會繞道、爬牆或使出其他手段，直到吻上茱麗葉的唇。鐵

屑的路徑固定，能否到達目標由環境決定。羅密歐的目標固定，但到達目標的路徑可以一再修改。（原注2）

從這個角度思考，理性的定義似乎再單純不過：人究竟想不想達成目標？想的話，就拿出理性才能做到。

然而這種定義還是會遭受挑戰。按照上述說法，理性的基礎是事實，根據事實做出合理推論、根據事實擬定並完成計畫。問題在於「事實」又是什麼？怎樣的推論稱得上「合理」？如何確認手段能夠達成目的？人類想追本溯源，賦予理性至高無上的存在理由，可惜一切都是枉然。就像三歲小孩，第一個「為什麼」得到了答案，就會追問「為什麼」是這個答案？知道了理性存在的理由，我們會追問這個理由為什麼存在，下個理由又為什麼存在，如此下去永遠看不見盡頭。我相信P→Q[5]，我接受了P，但為什麼應該接受Q？是因為[P→Q] = P→Q？但我又為什麼相信這個陳述？難道是因為{[P→Q] = P→Q} = P→Q？

這個無限往前追溯的邏輯出現在路易斯．卡羅（Lewis Carroll）一八九五年寫的小故事〈烏龜對阿基里斯說的話〉（What the Tortoise Said to Achilles）裡，內容想像

5 譯按：讀作「若P，則Q」。

「芝諾悖論」（Zeno's Paradox）中的希臘跑步健將好不容易追上（卻無法超越）烏龜之後，雙方展開對話。（按照芝諾悖論，烏龜先跑，阿基里斯後跑；阿基里斯必須先追到烏龜所在的坐標，但這段時間烏龜又移動了，所以阿基里斯得追到新坐標，然而烏龜已經移動到第三個坐標，於是他只能無窮逼近但永遠追不上烏龜。）卡羅不只是童書作家，也是個邏輯學家，這個故事刊載於專門討論哲學的《心智》（*Mind*）期刊。阿基里斯坐到烏龜背上回答牠的問題，卻發現自己陷入永無休止的前提迴圈中。[6]（原注3）故事的啟示是：追究規則得有底線，超過某個程度後必須承認邏輯內建在機器或大腦內，不需要其他理由。好比我們在電腦上寫程式，但中央處理器並非程式而是硬體，基礎的運算和比較法則直接刻在晶片上，一開始就設計好了（晶片電路是工程師設計的，大腦則是天擇設計的），邏輯與數學規則先天存在於抽象思維的領域。（原注4）

撇開史巴克不談，邏輯不等於理性，下一章會深入探討這個問題。現在先聚焦於兩者的密切關聯，以及為何邏輯本身不能以邏輯解釋（否則就進入無窮迴圈），亦即理性本身無需理由。追根究柢，答案是「我們只能這麼做」——當人類開始思考是否應該遵循理性，開始討論理性的好與不好，就已經以理性為出發點。我們並非以金錢賄賂或暴力脅迫對方同意我們的觀點，而是研究、辯論、評估、分析，而這些行為源

6 譯按：烏龜假借歐幾里得幾何的形式與阿基里斯達成共識：即使前提 A 和 B 成立，也不等同於若 AB 則 Z。牠要求阿基里斯說服自己，阿基里斯說「若 AB 則 Z」，烏龜同意 AB 但不同意可以導出 Z，主張要有「C：若 AB，則 Z」的前提。當阿基里斯說「若 ABC 則 Z」，烏龜則同意 ABC 但不同意 ABC 可以導出 Z，主張要有「D：若 ABC，則 Z」的前提。

於理性，以理性行為質疑理性豈不本末倒置，提出質疑的瞬間就默認了理性的價值。

因此反對理性是一種自打嘴巴的論述。譬如你主張說理性並非必要。這句陳述**本身**合理嗎？如果你自己都認為不合理，我為什麼要接受？然而如果你堅持我必須相信這句話，因為這個陳述是合理的，意思不就是我們正以理性在做判斷，那麼這句話必然是錯的。以此類推，有人主張沒有客觀只有主觀，那我問一句：這個論點**本身**是否主觀？如果是主觀，你可以相信，但我不用相信。再來，有人主張萬事萬物都是相對的，這個論點**本身**是不是相對的？如果是，代表只是此時此地的你如此認為，別人不一定，下一秒的你也不一定。同樣道理，最近很流行的名詞「後真相時代」也是自相矛盾，要後於真相代表有真相，既然有真相又何必後真相。

湯瑪斯．內格爾（Thomas Nagel）在《理性的權威》（*The Last Word*）[7]一書提出上面這段論述，乍看很像繞口令，但有關論述的論述就是如此。（原注5）他提出笛卡兒的「我思故我在」做比較：我們無法懷疑自己存在，因為如果我們不存在就無法懷疑。對理性提出質疑同樣沒有意義，因為質疑就是理性的表現。所以我們別無選擇，只能「相信」，甚至「信仰」理性。內格爾說那樣的質疑出於「想太多」，幾百年前的石匠（後來的共濟會）就已經得出結論：人類應該**遵循**理性。

7 譯按：上海譯文出版社採用之書名。

主張真相、客觀、理性的論述很容易招來不滿，給人一種高高在上的感覺，「你有什麼**資格**對真相下定義？」然而以理性而言，其實問題並不存在。心理學家大衛・麥爾斯（David Myers）指出一神教信仰的本質為：有一位真神，但真神不是我（卻也不是你）。（原注6）套用到世俗社會就變成：有客觀真相，但知道的人不是我（卻也不是你）。這種虛心求教的態度放在理性依舊成立，人類無法掌握絕對客觀的真相，也不具有完美無缺的理性，但我們必須先相信它們存在才能發展出共通規則。單打獨鬥做不到的事，攜手合作就有機會實現。

共通規則的意義在於排除理性道路上的障礙：先天的認知錯覺，後天的偏執、成見、憎惡，以及各式各樣的意識形態，影響範圍擴及各個種族、階級、性別、性傾向，以至於文明本身。規則包括批判性思維原則、符合邏輯的規範系統、機率，以及基於觀察的推理，這些後面幾章將會詳細介紹。理性規則早已融入人類社會，化作典章制度防止少數人的自我、偏見、妄想膨脹以後吞噬其他人。美國前總統詹姆斯・麥迪遜（James Madison）說「以野心對抗野心」，意思就是民主政府必須分散權力相互制衡。其他體系以同樣模式促使大眾放棄私見私慾，例如法律界有抗辯式訴訟制度，科學界有同儕審核，新聞界有編審與事實查核，大學保障學術自由，公領域亦保障言論自由。人非聖賢，所以異議有其意義，有句話非常實在：不同的意見越多，至少一個人說中的機率就越高。

訴求理性

雖然無法**證明**自己擁有完善的理性或真相可得見（得先有完善的理性，才可能看到真相），我們還是可以對自己多點信心。以理性分析理性，會發現至少理性並非難以解釋的本能衝動，也並非不可言說的天啟神諭。理性找得到規則，經過提煉就能純化為邏輯與機率的規範模型。人類甚至可以將理性置入機器，機器不只複製理性，還發揮得更加強大。電腦實質上就是將邏輯加以機械化的成果展現，電路的最小單位就叫做邏輯閘（logic gate）。

理性值得信賴的另一個原因是它**有效**。生命不是一場夢，否則每次睜開眼睛都有可能是不同場景，人事物的出現沒有章法可言。羅密歐爬牆是因為真的能吻到茱麗葉，人類運用理性之後登上月球、發明智慧手機、消滅了天花。外在世界的現象呼應理性，由此可見理性能夠貼近客觀事實。

相對主義者否認客觀真相存在，堅稱所有主張都是文化敘事，然而說到底是他們不夠自信。儘管某些文化人類學家或文學學者認為科學只是特定文化下的敘事，但家裡孩子生病了還是找醫生拿抗生素，而不是請薩滿唱歌祈福。相對主義常散發道德光環，但相對主義者的道德理念還是建立在客觀真相的基礎上。難道奴隸制度是虛構的？種族滅絕只是無數敘事版本之一？氣候變遷是社會建構？又或者，邏輯、證據、客觀研究已經證明了人類社會確實得面對苦難和危機？觸及這些議題時，相對主義者忽然就不相對了。

同樣道理，理性不會在社會正義或其他道德與政治領域缺席。尋求社會正義是因為某些族群遭到壓迫、某些族群享受特權，這種事實陳述句不是說出口就自動成立（例如社會正義倡議者就認為異性戀白人男子自認受到壓迫的主張並不成立），需要以理性和證據加以證實，證實之後進而採取行動匡正：打造所有人公平的立足點就夠了嗎？還是有些族群的劣勢過大，必須以政策補償？某些措施是否實際上無助於弱勢群體，只是施惠者的自我滿足？某些措施也許有害無益？倡議社會正義時必須認真思考這些問題，而理性是解決問題的唯一途徑。

不可否認，以論述探究理性總會有破綻。比如我先前提到「當人類開始思考是否應該遵循理性……」麻煩來了，抗拒理性的人可以選擇放棄思考，回說：「我沒有必要說服你，要理由、要證據的人本身就是問題的一環。」他們覺得討論辯論沒有意義，堅持自己的觀點並以暴力逼迫別人接受。於是神權與獨裁政體會對思想和言論進行審查，異議者遭到囚禁、放逐，甚至燒死。在民主政體下，手段不會這麼激烈，但還是有辦法封鎖特定立場。現代大學本該肩負分析各方意見的責任，但打壓不同聲音的現象越來越多，有爭議的講者遭拒邀或被噓下臺，有爭議的學者被解聘、不得開課也得不到行政奧援，有爭議的文章直接被下架消失，有爭議的論述被貼上騷擾或歧視的標籤。(原注7)種種作為就像作家瑞因・拉德納（Ring Lardner）回憶起小時候問爸爸問題時，他爸爸給的答案是：「閉嘴。」

如果一個人知道自己是對的，為什麼還是應該經由理性說服他人？直接在同溫層取暖、集結夥伴進行抗爭不就好？原因之一是，這麼做必然要面對質疑：你們絕對不會犯錯嗎？你們**百分之百**肯定自己**每個**主張都毫無瑕疵嗎？如此一來，與對手有何不同，對手不也主張自己才是正確的一方？古今中外，多少掌權者聲稱自己立場正當，後來卻證明事實不然。以消音方式排除異己，是否代表你們根本說不出對方的謬誤？這些問題殺傷力很強，無法妥善回應會造成中立或搖擺陣營投向另一邊，尤其價值觀尚未定型的年輕世代。

訴求理性的另一個理由是：如果自己放棄理性，對手將別無選擇，為了**反擊**只能採取同樣的暴力模式。如果對方現在就強的話，我方會輸；就算對方現在弱，不代表未來不會占上風，等他們有辦法壓制你，屆時再來說別人不願意聽你說也來不及了。

別再講道理？

我們**時時刻刻**都得遵循理性嗎？戀愛的時候，陪孩子的時候，享受人生美好的時候，也要理性辯證嗎？偶爾瘋狂、犯傻、不講道理，真的不行嗎？如果理性那麼棒，為什麼大家還會把它聯想到單調無趣？湯姆．史塔佩（Tom Stoppard）的劇本《跳》（*Jumpers*）以哲學教授為主角，有人問：「教堂是非理性的象徵嗎？」教授是這麼回答的：

國家美術館是非理性的象徵！音樂廳是非理性的象徵！整理好的花園、愛人的寵溺、流浪狗收容所都是非理性的象徵……如果以理性為基準決定什麼東西能

存在，所有人去種豆子就得了！（原注8）

本章接下來將針對這位教授的論點做些辯駁。我們來看看為什麼愛、美、善這些概念既非理性，又並非反理性。事實上人類可以將理性運用在情緒與道德，甚至有更高層次的理性告訴人類在正確的時間點可以放下理性。

史塔佩筆下的教授或許誤解了大衛·休謨（David Hume）一個非常有名的句子：「理性是、也只應當是激情的奴隸，除了服務與服從激情，別無選擇。」（原注9）可是休謨本人是西方思想體系中極為理智的代表人物，那句話並非建議大家只看當下、無視後果，遇上錯的人也奮不顧身。（原注10）他反而是從邏輯的角度出發，強調理性只是手段，不是目標，目標本身有沒有追求的價值可能都並非理性所能回答。休謨所謂「激情」（passions）是指目標的根源：好惡、需求、慾望、情緒、感受；這些元素先天就存在心智中，少了它們的話，理性就沒有意義。思想有別於欲求，相信一件事不同於想要得到一件事。將休謨那句話詮釋為「心動不如行動」不大準確，「各有所好」比較貼近原意。（原注11）喜歡大理石巧克力蛋糕很好，喜歡楓糖核桃也沒什麼不好，沒有誰比較理性或不理性。所以整理花園、談戀愛、照顧流浪狗、開懷舊派對、

在星空下手舞足蹈都不是非理性的行為。（原注12）

但大眾的印象就是理性相對於情緒，這種觀點其來有自，不會只是邏輯謬誤。我們會與太魯莽的人保持距離，也會要求別人講道理，還會後悔自己亂發脾氣或思慮不周等等。如果休謨沒錯，為什麼那句話反過來說——激情也常常是理性的奴隸——同樣沒錯？

說穿了不複雜，人的目標不只一個，彼此扞格很常見，而且不同時空環境造就不同需求，不同人之間更難免有所矛盾。複數目標產生衝突時，人類只知道服務和服從激情沒有用，總有某一方得讓步，而出面仲裁的正是理性。我們以「智慧」化解個人的目標衝突，以「道德」化解群體的目標衝突。下面將進行更深入的探討。

目標衝突

人要的不會只有一樣東西。我們要享受卻也要健康，要孩子過得好，要得到同儕敬重，還對自己的人生懷抱期許。這些目標未必相輔相成，例如蛋糕好吃但會胖；照顧孩子很麻煩，不照顧會惹麻煩；為了出人頭地不擇手段只會為人所不齒。面面俱到近乎不可能，總得分出輕重緩急，所以人會追求更深層的滿足、更長久的喜樂、更遠大的夢想。我們以理智排出優先順序，無力顧及的部分只能放棄。

有些目標甚至不真的是我們自己的目標，而是經由基因繼承而來。演化與天擇篩選出適應環境的基因，這些基因的具體表現是飢餓、愛、恐懼、舒適、性、權力、地位。演化心理學家將這些動機稱作「近因」（proximate cause），它們反映在意識和體驗裡，人類會自覺地追求。與其相對的動機是「遠因」（ultimate cause），包括生存與繁衍，也可以說是基因的存在意義，如果基因會說話就直接下命令了。（原注13）

生活中，近因和遠因時常相互牴觸，不同近因也未必相容。想找到具有性吸引力的伴侶是近因，與對方生孩子則是遠因。我們承襲這種模式，因為平均而言性吸引力高的人類祖先擁有較多子嗣。但生小孩或許不在我們近期的目標清單上，於是我們發揮理性，以避孕繞過遠因。有了適合對象之後，不出軌是不想遭人唾棄，所以理智會嘗試說服身體不夠理智的部分別輕舉妄動。同樣地，維持健康和體態是近因，甜點帶來的滿足感也是近因，只不過食慾背後有個遠因是生物預防饑荒、囤積熱量的機制。

語言中形容人情緒化、不理性通常是貶意，認為對方在權衡下做了錯誤決定。譬如一言不合就發飆，當下或許爽快，冷靜了可能後悔莫及，有時忍耐才是長久之計，能因此得到別人的讚賞和信賴。

時程衝突

事情不會全擠在一塊兒，目標衝突常常是因為背景不同，有時不免覺得現在的我與未來的我吵了起來。（原注14）

心理學家沃爾特．米歇爾（Walter Mischel）在一九七二年的著名實驗中，精準捕捉到人性的矛盾與煎熬：他請四歲小朋友自己決定要現在吃一顆棉花糖，還是等十五分鐘以後可以吃兩顆。（原注15）其實人生就像是漫長的棉花糖測試，我們一直在「快但少」與「慢但多」的回報之間做抉擇。現在先看電影，還是乖乖念書不被當？花錢買名牌，還是存錢付房租？享受五分鐘的口交快感，還是在史書留一個清白形象？[8]

棉花糖測試有很多更抽象的說法，例如自制力、延遲滿足、時間偏好、未來折現等等。（原注16）這個概念就理性分析而言十分重要，因為它能夠破除常見的思迷，也就是理性過度會不會造成人生忙碌卻枯燥。經濟學家研究了人類自制力的規範性基礎，

8　譯按：指美國前總統柯林頓與白宮助理陸文斯基的醜聞案。

也就是我們何時**應該**把握當下、何時**應該**未雨綢繆——其實這個概念就是利率，現在放棄資金流動，未來就能得到利息。研究結果顯示，事實上很多時候把握當下才是理性決策，關鍵在於時間長短與回報多寡，而且道理早就透過諺語和笑話進入民智中。

首先，俗話說：「兩鳥在林，不如一鳥在手。」我們如何肯定研究人員會信守承諾，時間到了拿出兩顆棉花糖獎勵自己的耐心？我們又如何確保繳了幾十年的勞退基金在自己退休後真正需要的時刻付得出錢？很多時候不只是交易對象不可信，專家的才學也未必可靠。有個笑話說：「醫生叫你別吃的，吃進肚子就對了。」蛋、蝦、堅果對身體不好的說法流傳幾十年，新研究卻加以推翻，過去忍住的口腹之慾換來一場空。

再者，眼光放長遠的話，人生自古誰無死？明天出門被雷劈也不是不可能，原本計畫隔週、明年、老個十歲再做的事情全化作泡影，所以有些汽車保險桿貼紙寫的是：「生命充滿未知，點心記得先吃。」

然後，無論是誰，歲月只有一次。三十幾歲開始背貸款，算起來或許不如八十歲一筆付清，問題是房子你現在就可以入住，中間這麼多年不只是數字，也是生活。有一次我做完聽力檢查，醫生語重心長地說：「人生就是個悲劇。買得起高級音響的年

你知道嗎，壽命延長錯在不能只延長老年啊！

紀，耳朵根本聽不出差異。」上面這則漫畫有異曲同工之妙。

上述這些觀點還可以濃縮成一個故事：有人惹怒蘇丹，[9]被判處絞刑，審判時卻開了個條件——給他一年時間，如果他教會蘇丹的馬唱歌，就饒他一命。這人先被送回監牢，同房獄友說：「你瘋了嗎？早死晚死都是死，到時候死更慘！」他回答：「一年時間會有很多變數。也許現任蘇丹會死，新蘇丹會赦免我。也許我會死，那我也沒損失。也許馬會死，那就不關我的事。何況，搞不好我真的能教會馬兒唱歌呢！」

所以，直接吃掉軟糖是有道理的？倒也未必，關鍵是需要等待多久、等待

9　譯按：此處的蘇丹是指伊斯蘭世界的貴族或首長。

之後可以得到多少顆軟糖。先不考慮年齡及其他變因，假設個人條件永遠一致以簡化問題。假如每年被雷劈死的機率是百分之一，也就是你多活一年的機率為百分之九十九，那你活兩年的機率是多少？意思就是連續兩年都得避開雷擊，機率為 0.99×0.99，或者說 0.99^2，答案是百分之九十八（第四章會複習一下數學）。連續三年的話就是三次方，0.99×0.99×0.99，變成百分之九十七。連續十年，十次方，機率為百分之九十。二十年，二十次方，機率為百分之八十二。這麼計算就知道是指數型下降，將自己無法等到報酬的可能性以具體方式呈現：現在到手的話是一顆軟糖，過十年才到手的話可能性要打九折。其他風險如實驗人員不守誠信、過了十年自己不喜歡軟糖之類都可以納入計算，改數字不必改邏輯。換言之，未來折現是指數下跌，而等越久報酬越多是因為利息，那麼利息也得是指數成長才能抵消折現的損耗。

從這個出發點思考，只關注當下有兩個不理性層面。首先有可能將未來折現折得太低了，低估實現的可能性以及實現時帶來的滿足。缺乏耐性的程度可以量化。上一章提到認知反射測驗，發明者謝恩·弗雷德里克重新設計棉花糖實驗，以成人為測試對象，發現多數人（特別是認知反射測驗中被題目誤導的人）選擇現場拿走三千四百美元，放棄一個月後領走三千八百美元的機會。換算過來，他們放棄高達百分之兩百八十的年收益。（原注17）現實生活中，約半數美國人接近退休年齡時**完全沒有**儲蓄，在他們想像中自己退休當下就死亡（不過古人確實如此）。（原注18）《辛普森家庭》裡，媽媽美枝針對這件事情警告過爸爸荷馬，但他居然回答：「那是未來的荷馬要擔心的，他真的好可憐。」

未來折現最佳化的計算不只是個人問題，也是社會整體面臨的挑戰。我們必須評估公共資產有多少比例用於我們自己與後代，決策過程得將折現考慮進去；萬一小行星來襲，人類或許會如恐龍般滅亡，現在的犧牲付出將毫無意義。撇開極端案例，包含科技進展在內的未來演變難以預料，未知造成的風險隨計畫延伸也呈指數成長。（搞不好我們真的能教會馬兒唱歌呢？）舉例而言，祖先們不知道小兒麻痺症在下一個世紀會成為疫情，怎麼可能將造橋鋪路的經費挪過來準備大量鐵肺？何況後來人類財富成長為六倍，很多社會問題得到解決，卻遭遇了前幾個世代做夢也想不到的新難關。但我們也該正視急功好利造成的惡果，譬如環境污染、物種滅絕、以汽車為核心的都市計畫等等。

為了緩和氣候變遷，碳稅應該訂多高？這是現代社會需要做出的公共選擇之一，判斷時要顧及未來折現率，也可以稱為社會折現率。（原注19）比方說，折現率只反映人類滅亡機率，設定成百分之零點一，代表在我們眼中未來世代與自己同等重要，現有經費應該大量投資在後代福祉上。但若考慮技術與財富的成長，折現率設定為百分之三，則代表現在別犧牲太多，因為後代自有應對的本錢。事涉現存與尚未出生的雙方，如何權衡還有道德成分在內，所以沒有標準答案。(原注20)然而許多人意識到政治圈考量的是選票而非長期利益，從經驗來看社會對於颶風或瘟疫這類預期內的災禍也缺乏足夠準備，種種跡象足以證明我們設定的社會折現率高得不合乎理性。(原注21)大家將問題留給未來的自己，還感慨他們真的好可憐。

只關注當下的另一個不理性之處，稱作「短視折現」(myopic discounting)。(原注22)如果是犧牲未來的自己以滿足更未來的自己，人類通常能夠接受滿足延遲。譬如大會主辦單位事前提供晚宴菜單，比較多人願意放棄千層麵與乳酪蛋糕，選擇蔬食與水果，畢竟大會是一百天以後的事，一餐也就那麼一點點愉悅，哪有一百零一天以後的苗條體態重要？這個抉擇毫無難度！但若等到大會當天由侍者過來點餐，十五分鐘後美味會上桌，身材走樣則是明天的事——這時候很多人會投入美食懷抱。

類似情況就是所謂沒有遠見、短視近利。近在眼前的誘惑我們看得過分仔細，時間放遠之後因為感受朦朧反而能客觀看待。單純以理性層面的指數折現很難解釋態度不變，一方面折現率陡峭得不合理，另一方面邏輯不完整：即時可得的小獎勵比需要等待的大獎勵更誘人，兩個獎勵都推遲到未來應該不改其誘人程度。（喜歡千層麵勝過青菜的人，想像幾個月後那一餐時仍舊覺得千層麵比青菜可口才對。）社會科學家從這種態度變化的現象得到新結論——人類心智採用的是**雙曲折現**（Hyperbolic discounting），此處雙曲是指雙曲線（hyperbola），相較於指數曲線更近似L形，前面變動的幅度很大，後來變得平穩。不同高度的兩條指數曲線不會相交（現在比較誘人，就永遠比較誘人），但兩條雙曲線則可以相交，如下面兩張圖所示。（注意這裡的時間軸是絕對時間，例如時鐘或月曆上的某一點，而不是單純相對於此時此刻。也就是具有感受的自我在橫軸上由左向右移動，而折現則反映在曲線由右往左下滑。）

不可諱言的是：以雙曲折現解釋人的意志力問題，就好比說唑吡坦（Ambien）其實就是安眠藥，有點拐彎抹角。然而值得留意的是，形如手肘的雙曲線顧名思義是兩條曲線合而為一，一邊是難以擺脫的慾望（甜點的香味、性感的外形、展示櫃裡的精品），另一邊是對假設性未來冷靜估算成本與利益。成人版的棉花糖測驗以儀器掃描受試者腦部，發現人類思考近期和遠期利益時啟動的區塊不同。（原注23）

儘管雙曲折現不如指數折現來得理性且精準（雙曲折現沒有反映出未來不確定性

指數折現

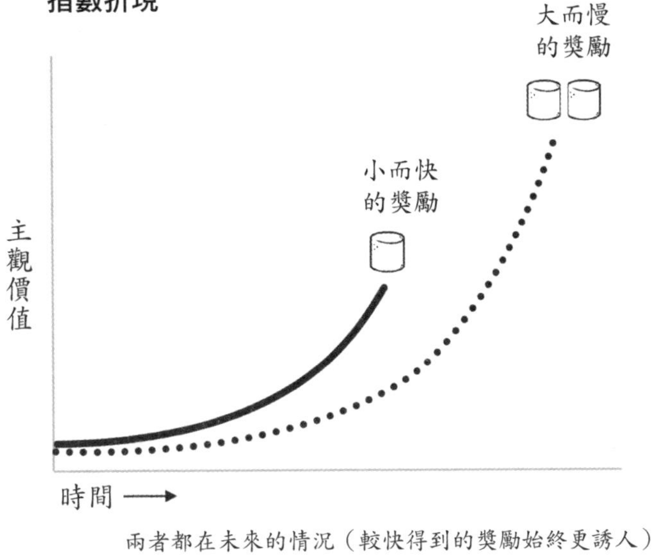
大而慢
的獎勵
小而快
的獎勵
主觀價值
時間
兩者都在未來的情況（較快得到的獎勵始終更誘人）

雙曲折現

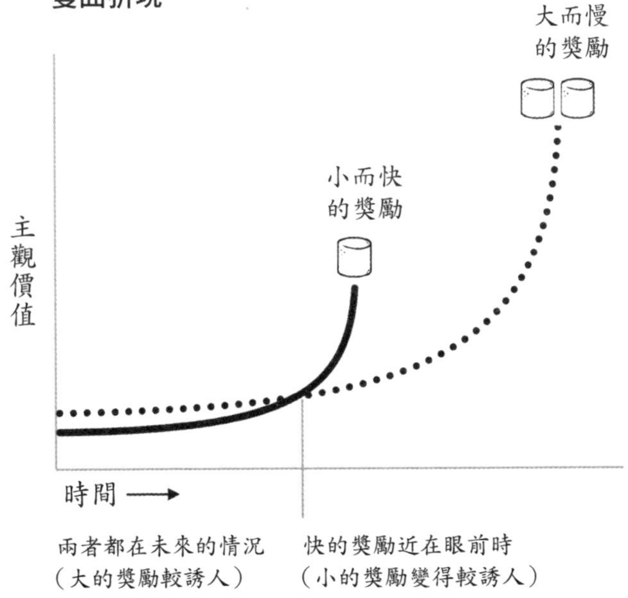
大而慢
的獎勵
小而快
的獎勵
主觀價值
時間
兩者都在未來的情況
（大的獎勵較誘人）
快的獎勵近在眼前時
（小的獎勵變得較誘人）

持續疊加的特性），依舊製造出理性自我能夠戰勝衝動自我的空隙。空隙就在雙曲線最左側，當兩種獎勵對自我而言都很遙遠的時候，主觀感受上大的獎勵就是大、小的獎勵就是小（符合理性的判斷）。人類在還冷靜的時候可以趁早截斷曲線，避免自己陷入誘惑。瑟希對奧德修斯[10]解釋過同樣道理：（原注24）

首先遇到賽蓮女妖，
她們迷惑所有凡人；
若是不加防範，聽了歌聲，
此生永無返航之日，
徒留妻小在家空等。
女妖棲身青翠草地，
天籟之音引人入迷，
然而身周滿是屍體。
森森白骨、腐肉生蛆，
爛皮皺縮，怵目驚心。
行船途經，以白蠟封耳，
裝聾作啞，默默前行。
若是執意要聽，
命部下捆手綁腳、立於桅杆，
方可保你性命無虞。

故事描寫的技巧叫做奧德修斯式自制法，比起單純仰仗意志力可靠得多。（原注25）

10 譯按：出自古希臘史詩《奧德賽》。瑟希（Circe）是一位善於幻術及變形的女神。

實際面對誘惑時，人的意志力非常容易崩潰，所以要趁女妖歌聲傳進耳朵之前，透過理性預測到一時衝動的可能性，先拿繩子把自己綁起來，這樣就不會屈服於慾望。餓的時候看見蛋糕和餅乾會無法克制，但先吃飽再去逛街就不會動心。基於同樣道理，現在可以請僱主直接從薪水裡扣除一部分轉入退休金帳戶，免得錢一拿到手就花光光。

奧德修斯式自制法還可以升級，不留選擇餘地，或至少讓選擇特別艱難。薪水如果不東扣西扣會多很多，所以對某些人而言，同意自動扣款簡直像是要他們的命。這種時候（以及其他長期利多的選項）不妨交給別人代勞，譬如所有員工都預設為同意參加退休基金，想要退出得特別辦手續。以此為出發點衍生的管理哲學名稱很妙，叫做「自由家長制」（libertarian paternalism），這個概念是法學家凱斯・桑斯坦（Cass Sunstein）和行為經濟學家理察・塞勒（Richard Thaler）的共同著作《推出你的影響力》（*Nudge*）內容主軸。兩人認為如果依循理性，大眾應該授權政府與企業將大家綁在桅杆上，不過不必綁太緊。專家學者可以根據人類判斷力的實證研究設計「選擇架構」（choice architecture），將環境中誘人但有害的行為如消費、浪費、竊盜等等塑造成比較辛苦的選擇。社會制度與組織扮演大家長的角色，指引子民往正確的方向前進，然而若有人寧願麻煩也堅持己見，仍舊能夠脫離束縛（實際上很少人這樣做）。

自由家長制和認知科學發現的「行為洞察」（behavioral insight）在政策分析領域越來越是主流，因為代價小、不違反民主原則，卻非常有效。它們或許是認知偏誤與謬誤研究截至目前最重要的實務成果（不過也有認知科學家提出批評，他們認為該研究低估了人類的理智程度）。（原注26）

理性地放棄知識

奧德修斯讓自己被綁在桅杆上是理性地放棄了**行動**這個選擇，船員以白蠟塞住耳朵則是理性地放棄了**知道**這個選擇。乍看有點詭異，一般認為知識就是力量，知道越多越好，就像有錢總比沒錢好，嫌錢太多大不了給別人就是了。直覺上，知道比不知道好，知道一件事情才能選擇如何應對。但理性的悖論之一，在於知識未必永遠是好的，有時候理性的做法就是塞住耳朵不要聽。（原注27）無知可能是幸福，不知道就不會受傷害。

最明顯的例子是所謂劇透（spoiler，洩漏劇情或結局）。觀眾享受劇情峰迴路轉、懸疑刺激、高潮迭起以後精彩收尾，並不想提早知道故事如何發展。運動賽事也一樣，如果無法觀看現場轉播只能等錄影，有些人會選擇不看新聞，甚至暫時斷絕同好交流，免得對方在言談之間有意無意點破結果。還有不少父母會請醫生不要透露胎兒性別，這樣孩子生下來才有驚喜。上述情況中，人類以理性選擇無知，因為我們知道非自主的正向情緒如何運作，希望從中得到更多愉悅。

同樣邏輯，我們也瞭解負面情緒，能夠針對引發痛苦的資訊預做抉擇。譬如進行基因鑑定之前就該有心理準備，叫了一輩子爸爸的人或許與自己沒有血緣關係。也有人不想知道自己是否患有導致父母過世的遺傳疾病，比方說音樂家阿洛·蓋瑟瑞（Arlo Guthrie）的父親死於亨廷頓舞蹈症，患者可能年紀不大就受盡折騰，但他明白目前無藥可治，確認自己帶有問題基因也只是活在陰霾中。[11]即使真的有人能夠準確卜算出我們的死期，多數人思考之後可能會覺得別知道比較幸福。

有些資訊可能挑起認知偏誤，同樣能夠預先篩選。基於有名的「毒樹果實理論」，法院會阻止陪審團接收傳聞證據、強迫自白、沒有根據的研究報告等等，因為人類心智未必能夠擺脫這些不當訊息的影響。同理，負責任的科學家不會寄望自己客觀公正，而是採取雙盲實驗，連自己都不知道哪些病人用了新藥、哪些病人用了安慰

11 譯按：阿洛·蓋瑟瑞生於一九四七，目前沒有發病跡象。亨廷頓舞蹈症好發於三十至五十歲，但任何年齡都有可能，病程後期會失去運動與說話能力，心智衰退為失智狀態。

劑。同儕審查制度以不具名形式進行，以免負評挑起報復心態。有些科學期刊連研究者姓名都要經過修改，防止評閱者因恩怨情仇而立場偏頗。

從上面這些例子可以發現：具有理性的人會為了預防非理性偏見而選擇放棄資訊。然而還有一種情況是，放棄資訊是為了避免自己的理性遭到對手的理性操弄——對方很可能拋出我們無法回絕的訊息。於是無論黑道討債或檢警帶著傳票上門，不在家就不會出事。運鈔車貼紙表明「駕駛不知道保險箱密碼」，如此一來搶匪嚴刑拷打也毫無意義。人質最好別看見綁匪長相，否則就少了一個放人的理由。連小孩子也知道做錯事以後最好別和爸媽大眼瞪小眼。

理性地放棄能力，理性地放棄理性

政治學家湯瑪斯・謝林（Thomas Schelling）一九六〇年的重要之作《衝突的策略》（*The Strategy of Conflict*），描述了基於理性放棄知識這種曲折的心理現象。（原注28）生活中還有許多案例顯示放棄能力，甚至最詭異的是放棄理性，都是運用理性才會做出的選擇。

詹姆士．狄恩（James Dean）主演的經典電影《養子不教誰之過》（*Rebel Without a Cause*）裡有一種膽小鬼遊戲，也就是兩個青少年分別駕車朝對方疾馳而去，先轉向閃避的人比較丟臉（成了「膽小鬼」）。（原注29）雙方都料定對方不想死，所以打定主意筆直前進，等著對手先拐彎。兩個人都這麼「理智」的話，後果注定是悲劇（這個矛盾屬於賽局理論，第九章還會詳細說明）。膽小鬼遊戲有沒有必勝法？有——主動放棄控制能力，像是卡住方向盤、用磚頭壓住油門自己鑽到後座，如此一來對手別無選擇只能認輸。膽小鬼遊戲裡，失去能力的人會贏；更精準地說，先放棄控制能力的人必勝。只不過若兩人同時卡住方向盤……

或許有人覺得膽小鬼遊戲就只是年少輕狂的寫照，但金錢交易、以至於日常生活中都充斥著同樣現象。假設你買車最高預算是三萬美元，而你做過功課知道經銷商進貨價是兩萬。其實兩萬到三萬之間任何價格成交都是雙方可接受的數字，但理所當然買方覺得越低越好、賣方覺得越高越好。你暗忖經銷商不賣就沒得賺，所以壓低價格，可是經銷商也料定你想買，所以會哄抬價格。討價還價之後，商家說他覺得可以，但必須請示經理，一回頭就告訴你經理這人難相處，這個數字不答應。於是你假裝接受價錢，不過同樣要和銀行先談談，然後轉身就說信貸經理也拒絕，不肯放款這麼多。一來一往，通常先放棄講價的那方反而決定了價格。朋友與配偶之間亦是如此，雙方共識是出門玩，可是對地點意見相左，爭論到最後是迷信、牛脾氣、狠得下心掛電話的人取得主導權。

想要恫嚇別人，失控也會反過來成為武器。以動手、懲罰或報復作為威脅，問題在於行為有其代價，而對方可能不怕詐唬。於是為了取信於人，提出威脅者會透過失控展現行為決心，對手才不會有恃無恐。譬如搶匪在身上綁滿炸藥，輕微撞擊就能引發大爆炸，或者抗議民眾以鐵鏈將自己鎖在軌道上，阻擋列車載運燃料棒進入核電廠。這就是所謂寧為玉碎，不為瓦全。

恫嚇並不限於物理手段，也能運作在情感上。（原注30）嚴重自戀、邊緣人格、行事魯莽、戀愛中的公主病王子病，以及自尊過度膨脹者，容易因為小事覺得不受尊重而大動肝火，旁人也就會避免觸怒他們。

放棄控制與放棄理智可以結合，像是參與自殺攻擊的恐怖分子相信自己即將進入樂園，世俗生命已無意義。國際關係研究中有一套「狂人理論」（madman theory），指出看似衝動、瘋狂的國家領袖常常能夠脅迫對手屈服。（原注31）據傳一九六九年美國總統尼克森曾下令配備核彈的轟炸機不顧後果逼近蘇俄，用意是迫使蘇俄對北越施壓接受美越談判以終結越戰。二〇一七年，美國總統川普聲稱自己會按下按鈕，以核武將北韓化為火海，比較客氣的評論者將其詮釋為師法狂人理論。

狂人理論的問題顯而易見：這一招雙方都能用。放在膽小鬼遊戲，事態會朝最糟糕的路線發展。另一種情境中，受威脅那方認為和平共存已經無望，自己別無選擇，只能以暴力消滅狂人。日常生活裡，理智的人多半也會與狂人斷絕往來，找能講道理的人做朋友。考慮到後果，多數人並不傾向經常扮演狂人的角色（儘管某些人會在特定場合發作）。

承諾和威脅一樣，其可信度的問題會導致人可能放棄自制，或者理性地保護自身權益。與人簽約，如何確保對方會賠償損害？放款者如何肯定借款者會還錢？畢竟其中一方有各種誘因不履行約定，而解決辦法就是收取押金、抵押品，或賦予債權人沒收財產的權利。簽約者沒有後路，於是成為可靠的交易對象。私生活也一樣，明明隨時有可能遇見更心儀的對象，如何說服自己與某人此生不渝？我們可以說選擇伴侶本身就並非基於理智，因此也不可能透過理智找到更好的人——愛情不由自主、非理性，看上的是對方的獨特、殊異與不可取代。（原注32）我沒辦法控制自己為你瘋狂，我喜歡你走路的樣子，還有你說話的神情。

非理性情緒達成理性結果是戲劇歷久不衰的靈感主題，無論悲劇、西部片、戰爭片、黑幫片、諜報片，以至於冷戰經典《奇幻核子戰》（*Fail Safe*）和《奇愛博士》（*Dr. Strangelove*）都有著墨。不過違反邏輯的邏輯仍以一九四一年電影《梟巢喋血戰》（*The Maltese Falcon*）傳達得最簡單俐落，故事中警探山姆．史培德對卡斯帕．戈特曼的手下說有種就宰了他，因為對方需要留住他才找得到一尊鑲有寶石的梟鷹像。反派戈特曼回答：

> 先生算盤打得挺巧妙，但有把握我們也同樣精明嗎？要知道，人殺紅眼的時候，可就顧不得後果對自己好還是不好了。（原注33）

禁忌

是否有些想法不僅不能當作策略，只要起心動念就是罪過？這便是所謂禁忌，英語 taboo 的語源為玻里尼西亞語的「禁止」。心理學家菲利普．泰特洛克（Philip Tetlock）的研究顯示，禁忌並非專屬於南洋島國，世界各地皆有。（原注34）

泰特洛克分析出第一類禁忌是「禁用的基本比率」（forbidden base rate）。人類可以劃分為許多不同群體，譬如男性與女性、黑人與白人、新教徒和舊教徒、印度教徒和穆斯林、猶太人和非猶太人等等，每個群體在某項特徵上的平均值會有所不同。技術上而言，我們是可以將這些「基本比率」化為精算公式並用於預測與政策，然而背後藏著巨大的隱患。第五章探討貝氏推論時會連帶解釋禁止的基本比率涉及什麼道德議題。

第二類是「禁忌的交換」（taboo tradeoff）。這個世界資源有限，人類勢必得互通有無。由於每個人對每件事物賦予不同價值，鼓勵大眾拿出自己眼中價值較低的事物作為交換，最後所有人都會得到更有價值的回饋。儘管經濟學承認這一點，人類心理卻無法完全接受。許多人認為特定資源具有神聖性，以其交換俗物如金錢或勞務等等是種褻瀆，即使交易雙方都受惠也不行。

捐贈器官就是一個例子。（原注35）其實人不需要保有兩顆腎臟也能活得好好的，而光是美國就有十萬人需要進行腎臟移植。這股需求單靠死後捐贈（政府已將同意器官捐贈列為預設選項希望提高捐贈數）或無私的生者並無法滿足，如果身體健康的人可以販賣腎臟（受贈者無法負擔時由政府補貼），結果會是一方面很多人的財務壓力得到紓解，另一方面很多人也能免於殘廢或死亡，社會整體將變得更加幸福。可是多數人不單是反對，還把這個話題當成一種冒犯，所以無需提出反面論述，只要表達自尊受辱的情緒就夠了。將交換的回饋從金錢或俗物改成崇高抽象的目標（例如教育、健保、退休年金）可以降低負面感受，但無法完全消除。探討陪審員、軍職、兒童領養的補助時也會遭遇類似情況，而一些不聽話的自由意志主義經濟學家三不五時會拋出議題試試水溫。（原注36）

禁忌的交換並非只存在於抽象政策層面，也是社會預算開支的一環。設置天橋、清理有毒廢棄物這類公共衛生和安全事項每多用一塊錢，教育、公園、展館、長照就會少一塊錢。事實如此，但只要主題放在環保、兒童、醫療、藝術等等，社論作者就能夠大言不慚寫出「某某預算永遠不夠多」或「某某事物不可以金錢衡量」這種反邏輯言論，彷彿我們可以把教育經費省下來處理廢水，或不處理廢水把錢拿去辦教育。把生命換算成金錢令人作嘔卻無可避免，反其道而行只會導致立法單位盲從情感或政治分贓，虛耗國庫又沒有解決真正的公共危險。以安全而言，目前美國一條人命的價值在七百萬到一千萬美元之間（負責公共計畫的官員很樂意將這些數據埋沒在密密麻麻的技術文件內）；但若是針對醫療支出，金額隨各種條件變動太過巨大，這也是美國健保系統昂貴卻效率不彰的原因之一。

在大眾印象中，禁忌的交換這種事，光是去想就是一種道德淪喪。泰特洛克證實了這個現象：實驗情境是醫院主管必須做決策，一百萬美元的經費可以拯救一個病童，或用於改善醫院整體運作。結果只要主管花時間考慮而非當場拍板定案，就會引來許多譴責。如果將情境從交易換成悲劇，也就是在兩個病童之間做抉擇，受試者的反應會顛倒，認同主管應該理智高過情緒。

於是政治話術的精髓就在於如何隱藏、修飾或包裝原本屬於禁忌的交換。財政官員強調某一筆預算能幫助多少人，卻略過又有多少人可能因此受害。改革倡議者抽換某種交易模式的背景，例如主張設置紅燈區的人會說女性性工作者不是賣身，而是身體自主的展現。壽險（其實以前壽險是禁忌詞）在業務員口中成了支撐家庭的力量，而不是婚配雙方誰先死的賭注。（原注37）

泰特洛克提出的第三類禁忌是「異端反事實」（heretical counterfactual）。理性的能力之一是想像若某個情況**不成立**時會發生什麼事，人類藉此能理解超越此時此地的抽象法則，區分因果關係和關聯性的差別（詳見第九章）。我們知道不是雞鳴造成日出，雖然兩個現象通常一起發生，但如果公雞**沒有**啼叫，旭日依舊會東昇。然而人類時常認為任由心智漫遊在某些想像世界是違反道德的。例如泰特洛克詢問：「如果約瑟[12]在耶穌還小的時候拋棄了瑪利亞，他長大之後還會一樣充滿自信和魅力嗎？」虔誠教徒會拒絕回答這個問題。信仰深厚的穆斯林更敏感，薩爾曼．魯西迪（Salman Rushdie）在一九八八年發表作品《撒旦詩篇》（*The Satanic Verses*），小說內容的一部分描述了虛構時空中的穆罕默德，在那個世界裡阿拉的話語有部分其實出自撒旦。伊朗的大阿亞圖拉[13]何梅尼（Ayatollah Khomeini）得知後，竟對魯西迪下了全球追殺令。如果覺得這種心態太過原始或狂熱，下次與朋友聚餐可以試試看提個問題：「我們當然都沒打算出軌，但就想像一下，純粹假設而已，如果我們要外遇，理想對象會是誰？」還有另一題：「大家都沒有種族歧視，但就假裝我們是的話，你們會歧視哪個種族？」（我一個親戚曾經碰上這情況，然後就甩了她男友，因為對方居然回答「猶太人」[14]。）

只是想像就要受到譴責，這合乎理性嗎？腦海中的念頭豈能危害到真實世界？泰特洛克提出解釋：我們彼此評判時，不只看對方**做**了什麼，還會看他**是**怎樣的人。心中有某些假想的人，即使迄今相處愉快，一旦受到誘惑可能還是會加害或出賣我們。試想若有人問你：給你多少錢你願意賣掉孩子？或者，友誼、國籍、性行為多

12 譯按：Joseph，天主教譯為「若瑟」。
13 譯按：什葉派最高等級的宗教學者頭銜。
14 譯按：本書作者是猶太裔。

少錢願意賣？正確答案是拒絕回答，甚至表達憤怒。就像前面提到在某些交易、威脅、承諾之中，理性的選擇就是放棄理性；碰到這種問題，放棄思想自由比較妥當。我們只信任真正不會背叛自己或相同理念的夥伴，連想都不行想。

道德

另一個常被排除到理性之外的層面是道德。我們真的有能力分辨是非對錯嗎？有辦法以資料佐證嗎？乍看之下做不到。很多人認為「無法從**實然**推論出**應然**」，有時還主張這觀點來自休謨，就像他說過理性是激情的奴隸，他另一個很有名的句子是：「比起刮傷手指，寧可世界毀滅，這並不違反理性。」(原注38) 但休謨可不是什麼冷血殘酷的反社會分子，他後面還有進一步平衡解釋：「為了避免一個印度人或一個素昧謀面的人遭遇一丁點不適，選擇徹底毀滅自己，這也不違反理性。」道德信念似乎與其他激情一樣仰賴非理性偏好，從不同文化的道德差異可見一斑，如素食、瀆神、同性戀、婚前性行為、打屁股、離婚、多配偶在各地接受度都有不同；同社會不同時代也會有差異，早些年連女性絲襪都能引人側目。

道德陳述的確有別於邏輯或經驗，但如果道德不是來自邏輯推理和經驗事實，究竟是什麼意思？二十世紀前半，哲學家陷入苦思，深入探討休謨的論點。有些人的結論是「某事物為惡」的意思不過就是「某事物違反規則」，或者「我不喜歡某事物」，甚至可能只是「某事物就是爛！」（原注39）史塔佩在《跳》之中對這種想法開了個玩笑，警官調查槍擊案時聽主角喬治提起哲學家同行的觀點，認為不道德的言行「不是**罪惡**，只是違反社會規則」。訝異的警官反問：「所以他覺得殺人**沒錯**？」喬治回答：「呃，你這樣問的話，當然還是錯的啦……只是就**哲學**而言，他不覺得殺人的內在本質等同於錯誤。」（原注40）

多數人和警官一樣難以置信，無法接受道德只是社會慣例或個人好惡。比方說人類理性難道無法分辨「納粹大屠殺是不對的」與「我不喜歡大屠殺」、「我所屬的文化不贊成大屠殺」之間有何差異？蓄奴與穿戴頭巾、圓帽、面紗，兩種行為的理性程度一樣高？有個孩子生了重病即將死亡，有一種藥能挽回，開藥不開藥都一樣理性？

無法接受上述說法的人希望為道德尋得更高的地位。他們聲稱宗教即是因此存在，連科學家史蒂芬．傑伊．古爾德也抱持同樣觀點。（原注41）但柏拉圖早在兩千四百年前就透過《游敘弗倫篇》（*Euthyphro*）言簡意賅闡述過。（原注42）一件事情是因為神下了諭令才變得道德，還是因為它符合道德才成為神的旨意？如果是神決定何謂道德，但神的說法沒有任何理由，我們又為什麼會聽從？譬如神要人虐殺孩童，所以虐殺孩童就是對的？「神不會那樣做！」有些人激動辯駁，但這衍生出後續問題：如果神下命令是有道理的，我們為什麼不直接遵循那些道理，非得麻煩祂出面？（更何況舊約聖經的上帝好幾次要人屠殺孩童。）（原注43）

其實以理性作為道德依歸並不難。休謨說寧可人類滅亡也不要自己手指刮傷，這句話技術上正確，不過針對的情境極其狹隘。所以他**也**說了：希望自己身上出壞事而不是好事，例如寧可痛苦、生病、貧窮、孤獨也不要愉悅、健康、富足、有人相伴，同樣不違反理性。（原注44）**所以呢？**那我們退一步，姑且放棄理性，異想天開、鑽牛角尖、莫名其妙——就假設人類希望好事多過壞事。接著當作自己發瘋吧，可以做出第二個假設：人類是社會性動物，不像魯濱遜單獨住在孤島，而是與同伴共存，所以過得好不好與別人的行為有關，例如是否伸出援手或不分青紅皂白等等。

很多結論就反過來了。如果要求別人「你不可以傷害我，不可以讓我挨餓，不可以看我家孩子溺水還見死不救」，又怎麼同時主張「但我可以傷害你，可以讓你挨餓，可以看你家孩子溺水也不聞不問」，然後要對方接受？只要進入討論，也就開始運用理性，於是我無法聲稱因為我是我所以只有我的利益重要，你的利益無所謂；就像我無法證明我隨便一腳踩上去的位置之於宇宙有什麼獨特意義。**我**只是一個代名詞，不具邏輯重要性，指涉目標隨著參與對話的人改變。任何將我與他人切割開來並且獨厚我一人的主張都違反理性。

結合自我利益、社會性以及**公正性**，也就是認知到立場會因人而異，便形成了道德的核心。（原注45）道德核心又稱作黃金律（the Golden Rule）[15]，蕭伯納（George Bernard Shaw）換了一種詮釋：「己所欲勿強施於人，人家品味可能不同。」希勒爾長老（Rabbi Hillel）[16]則說是：「己所不欲勿施於人。」（一個只剩單腿的聽眾起身質疑時，他說其實整本《妥拉》的精神只是這麼一句話，其餘文字只是詳細闡述罷了。）不同版本的黃金律獨立出現在猶太教、基督教、印度教、祆教、佛教、伊斯蘭教、巴哈伊信仰、儒家思想及其他許多宗教或道德典章中。（原注46）另一個例子來自斯賓諾莎的觀察：「受到理性約束的人，自己不願承受的，也不會希望其他人類承受。」康德則以定言令式（categorical imperative）表達：「我們只依循放諸四海皆準的法則行動。」約翰·羅爾斯（John Rawls）的正義論也說：「正義的原則是在無知之幕

15 譯按：即「己所欲施於人，己所不欲勿施於人」的概念。
16 譯按：古代猶太宗教領袖，死於公元十年。《妥拉》是猶太教核心經典總稱。

後進行選擇。」（指選擇人的出身背景等條件。）其實這條道德原則我們也常掛在嘴邊拿來教育幼兒：「你喜歡**別人**這樣對**你**嗎？」

這些道理不會因為個人品味、社會風俗或宗教信仰而改變。雖然個人利益與社會性嚴格來說並非理性，卻也不獨立於理性之外。理性主體如何得以存在？除非討論對象是無形的天使，否則理性主體經歷演化，有脆弱又渴望能量的肉體和大腦；而且物種存續夠久才有辦法進入理性討論階段，代表他們曾經對抗傷病和饑荒，行為動力則是愉悅和痛苦。進一步來看，演化作用於整體而非個體，因此理性動物應當是群體中的一分子，社會連結促進成員彼此合作、保護、交配。現實中，具有理性的生物必然有軀體並且集體生活。換句話說，個人利益和社會性是理性主體的前提條件，而個人利益和社會性又衍生出我們所謂的道德。

公正性是道德的主要元素，它不僅僅是邏輯用詞、代名詞的可互換性。從實務層面來看，公正能使人類整體過得更好。生活中有許多幫助他人或克制自己傷害他人的機會，對自己而言代價很低（詳見第八章）。如果所有人都選擇幫助別人、不傷害別人，結局就是每個人都得到好處。（原注47）當然這並不代表現實中人人具備完美的道德觀，只是說出了大家應該追求道德的原因。

理性背後的理性

雖然理性不酷，但基於很多不那麼直觀的理由，人類還是應該遵從理性。畢竟質疑為何遵從理性的同時就已經運用了理性。達成目標和滿足慾望並非理性的反面，反而是人類擁有理性的意義所在。我們以理性達成目標，若無法一次完成所有目標，也會以理性決定先後次序。由於世界充滿不確定性，只要未來折現不是太過誇張、思考沒有太過短視，滿足當下的慾望就是符合理性的行為。即使未來折現率高或者陷入短視折現思考，此時此刻理智的自我仍會透過縮減選擇以控制往後較不理智的自我，所以無知、無力、衝動、禁忌看似非理性實則展現理性。道德不自外於理性而是源於理性，起點是社會性動物如何客觀處理成員之間相互衝突及重疊的慾望。

然而以理性詮釋各種非理性之後，不免有人會憂心是否**所有**偏差，甚至病態的行為都會變得有道理。這種印象並不正確，有些非理性就只是非理性，因為人類對於事實的理解和推論並非完美無瑕，未必能釐清目標的輕重緩急與實現手段。由於認知偏誤，或更常見的情況是目標錯誤，人類會想贏得論戰多過於得知真相，也會自廢武功、自斷後路、自掘墳墓，還會不知節制傾家蕩產，逃避現實不肯面對，有時候自己跟自己過不去，有時候為賭一口氣害人又害己，還有時候以為世界是以自己為中心。

但另一方面，理性主導人類行為並非毫無根據的說法。理性的特徵就在於能夠退到客觀位置，判斷理性是否得到運用、運用方式是否正確、結果成功或失敗、過程有何優缺點。語言學家諾姆．杭士基（Noam Chomsky）認為人類語言的精髓是遞迴（recursion），也就是單詞可以置入無限大的結構中。（原注48）狗可以是我自己養的狗，也可以是我媽的朋友的老公的阿姨的鄰居的狗。一件事情不只她知道，他也知道她知道，而她知道他也知道她知道……可以無窮無盡下去。遞迴句構不是為了炫耀而存在，人具有將概念置入概念的思考能力才說得出這種句子。

遞迴就是理性的力量：理性可以理解理性自身。一件事情看似瘋狂，我們就想辦法解決瘋狂。未來的自己不夠理性，現在的自己以理性加以克服。出於理性的論述犯了謬誤或者淪為詭辯，會有更理性的論述點出破綻。如果你不同意，認為上面這段話有漏洞，你同樣是運用理性做出了判斷。

第三章

邏輯與批判性思維

很多現代讀者有個特點，喜歡附和對話中模糊不清的陳述。譬如別人說黑色，他們搖搖頭不當一回事，但有人說這是黑又不那麼黑，他們反倒回答：「確實如此。」他們毫不猶豫……在公開場合表達自己的觀點，例如：某些時候、某些特定情況下，圓的兩個半徑傾向於相等。他們同時還認為幾何學原理似乎遭到濫用。

——喬治．艾略特 George Eliot（原注1）

上一章分析了為何人類會受到史巴克口中的「愚蠢情緒」驅使，這一章則要看看為何人類會「違反邏輯」而令他困擾。這裡所謂的邏輯並非泛指理性的廣義邏輯，而是技術意義上藉由真實陳述（前提）推理出另一個真實陳述（結論）的狹義邏輯。舉例而言，從「所有女人都是凡人」和「贊西佩[1]是女人」這兩句話可以推導出「贊西佩是凡人」。

邏輯演繹法雖然強而有力，但只能從包含在前提的資訊引導出結論（第五章要介紹的歸納法則可以從證據推測結論）。人類在很多前提上有共識，比如女人皆凡人、

1　譯按：Xanthippe，蘇格拉底的妻子。

八的平方是六十四、石頭往下掉落不是往上、殺人是不對的等等。演繹的目標就是從這些前提得出不那麼顯而易見，卻也能讓所有人接受的新結論。善用演繹法，人在家中坐也能知道很多事，許多爭辯也會因此解決。哲學家萊布尼茲（Gottfried Wilhelm Leibniz）想像邏輯能創造知識上的烏托邦：

> 矯正我們推理能力的辦法就是將推理規則變得和數學公式一樣具體，大家一眼就能看出錯誤。有爭議的時候，也可以直接說：別兜圈子了，直接算一算就知道誰對誰錯。（原注2）

不過應該有人意識到三百年後的今天，我們仍然沒辦法「算一算」就解決爭端，本章會解釋癥結所在。首先，邏輯很難，對邏輯學家亦然，容易因為誤用規則導致「形式謬誤」。再者，很多人甚至不照規則來，於是犯下「非形式謬誤」。察覺謬誤、說服大家摒棄謬誤是批判性思維的目標。不過人類無法算一算就知道對錯，主因在於邏輯如同其他理性的規範模型，掌握特定資訊並針對特定目標時有奇效，別的場合則派不上用場。

形式邏輯與形式謬誤

邏輯被冠以「形式」之名是因為它不針對陳述內容，只針對其形式。所謂形式，是指陳述由主詞、謂詞，以及邏輯概念如**且**[2]、**或**、**非**、**全部**、**部分**、**若則**所組成。（原注3）

通常我們會將邏輯運用在我們關切的內容，譬如「美國總統若因為犯下叛國或貪污或其他嚴重罪行和不檢行為，遭到定罪及彈劾，則解除其職位」。從這段話可以推導出總統下臺的條件不僅是遭國會彈劾，還得被定罪，罪名不需要叛國和貪污同時成立，其一即可。然而這套邏輯法則具有泛用性，無論內容主題是否明確，甚至根本莫名其妙都能夠成立。一八九六年，路易斯．卡羅撰寫的教科書《符號邏輯學》裡出現「三段謬論」[3]不是他心血來潮，而是刻意強調泛用性，其中很多例子在現代邏輯課堂上還會拿出來用。像是前提「借跳繩給小狗，小狗不會說『謝謝』」以及「你說要借跳繩給小狗」，由此別人就能推論出「小狗沒有說『謝謝』」。（原注4）

邏輯系統經過形式化而成為規則，人類加以運用便能從既有陳述推導出新的陳述，只要在其中加入邏輯演算符號即可。這個基礎步驟又稱為命題演算（propositional calculus）；*calculus* 來自拉丁文，原意是「算珠」（羅馬式算盤上的珠子），大家從

2 譯按：原文 and，中文有許多同義詞，且、和、及、與、又等字面差異，但不影響邏輯規則。

3 譯按：三段論原文 syllogism，路易斯．卡羅故意以相近音改為 sillygism（silly 為荒謬可笑之意）。

P	Q	P且Q
真	真	真
真	假	假
假	真	假
假	假	假

P	Q	P或Q
真	真	真
真	假	真
假	真	真
假	假	假

P	非P
真	假
假	真

這個用詞就能察覺形式邏輯主要是機械式地操作運算符號，並不介意陳述內容。簡單的句子可以簡化為P和Q這種變數代號，並賦予**真**或**假**的函數值。較複雜的句子則用**及**、**或**、**非**、**若則**這些邏輯聯結詞[4]串起來。

實際操作中，甚至不必真的理解聯結詞是什麼意思。聯結詞代表的只是規則，透過規則判斷個別的簡單句是否為真，進而判斷組合後的複雜句是否為真。規則可整理成真值表（如上表），左邊這張是**且**的情況，一行一行解釋就變成：P為真且Q為真時，「P且Q」亦為真；P真且Q假時，「P且Q」也是假；P為假……最後兩行應該不需多做解釋。

接著用實際例子來說明。一九七〇年愛情悲劇片《愛的故事》（*Love Story*）裡，女主角珍妮遇見同樣就讀哈佛的奧利佛，她諷刺男主角是預備生，以為對方還在預備學校[5]上課，理由是「你看起來又笨又有錢」。這裡我們以P代表

4　譯按：又稱為邏輯運算子。

5　譯按：美國富家子弟為了進入大學做預備的特殊學校。

「奧利佛笨」，以Q代表「奧利佛有錢」，對應到**且**的真值表第一行可以反推出珍妮的邏輯：男主角笨，且男主角有錢，所以她的猜想成立。奧利佛反駁（雖然不誠實）說：「其實我是又聰明又窮。」先假設窮就是沒錢、聰明就是不笨，代表奧利佛採取表格第四行的邏輯：他不笨，也不有錢，不符合又笨又有錢的前提。其實他的反駁也可以是「其實我聰明又有錢」（表格第三行）或者「其實我又笨又窮」（第二行），但這裡奧利佛就是想說謊，所以「聰明又有錢」對他自己而言是不合適的。

之後，珍妮誠實回應：「我才是又聰明又窮。」從臺詞笑點中我們可以推敲出隱含的意思是，「哈佛學生都有錢**或**聰明」。這不是演繹而是歸納，歸納是從觀察得出概括陳述，但有可能失誤。此處暫且不論如何得出陳述，先專注陳述本身何時成立。「哈佛學生都有錢**或**聰明」是邏輯選言（disjunction）[6]，重點在於**或**，由於觀眾知道即將談戀愛的兩人是什麼背景，所以能夠運用針對**或**的真值表（中間那張表）來驗證。以P代表有錢，以Q代表聰明：珍妮聰明，可是不有錢（第三行）；奧利佛有錢，無法確定聰明與否（第一或第二行）。所以有關哈佛學生的選言陳述，至少放在兩人身上能夠成立。

他們繼續打情罵俏：

6 譯按：與「析取」、「聯集」、「邏輯或」是相同概念。

奧利佛：妳聰明在哪兒？

珍妮：我不會答應跟你喝咖啡。

奧利佛：我又沒約妳。

珍妮：所以你笨啊。

把珍妮的回答寫完整就是：「如果你約我出去喝咖啡，我會拒絕。」根據前面得到的資訊，陳述是否為真？這是**條件命題**，由**若**（邏輯前件）和**則**（邏輯後件）組合而成，真值表怎麼看？回想之前（第一章）提過的華生選擇任務，「若P則Q」被證偽的條件是P為真但Q是假。（「郵件標示為快捷，就必須貼上十元郵票」，標示快捷但沒貼上十元郵票的郵件寄不出去。）所以真值表如下所示。

P	Q	若P則Q
真	真	真
真	假	假
假	真	真
假	假	真

以臺詞為準的話，奧利佛說自己不會約她，也就是P為假，而珍妮的**若則**陳述為真（第三欄的第三、第四行）。從真值表能發現珍妮對邀約的回應其實無關緊要，只要奧利佛不開口約，她說的就不會錯。當然隨著劇情進展，奧利佛終究約了

她（P從假變成真），而且珍妮還答應了（Q變成假），也就是說她的若P則Q條件命題也是假，儘管原本也是玩笑話。

不過我們可以從中留意到邏輯令人驚奇的地方——只要條件命題的前件為假，則整個陳述就維持成立（只要奧利佛永遠不開口約，珍妮的說法就不會錯）。然而現實生活中使用「若」、「則」的情境差別很大。一般而言，人們提出條件命題是依據可測試的因果法則推衍有把握的預測，像是「若喝咖啡，則能保持清醒」。永遠不測試的話我們對條件命題無法得出滿意結論，譬如「若喝蕪菁汁，則能保持清醒」對一輩子不喝蕪菁汁的人雖然邏輯正確但沒有意義。大家希望檢驗的是相反情況，也就是會不會若P為真（喝了蕪菁汁）Q卻不成立（還是睡著了）。前件恰巧不為真或根本不可能為真的條件命題會被形容為無效、無關、假想，甚至無意義，而不是陳述為真。可是從真值表推敲邏輯意義，「若P則Q」僅僅是「非P亦非Q」的同義詞，如此一來會出現很奇怪的結果，例如「若豬有翅膀，則二加二就等於五」也是真的，甚至「若二加二等於三，則二加二等於五」也可以是真的。因此邏輯學家描述真值表上的條件句採用一個專有名詞，叫做「實質條件句」（material conditional）。

這種分別的重要性可以透過實際例子來解釋。假如我們想對某些專家的預測精準度做評分，其中有人在二〇〇八年講了一個條件句：「如果莎拉．裴琳（Sarah Palin）當上總統，會修法禁止墮胎。」我們該如何看待這句話？難道邏輯形式正確，這句話就成立嗎？還是該反過來看才對？如果現實生活真有這種評分競賽，裁判當然會根據生活經驗認為這句預測不成立，而不會用邏輯學所謂的實質條件句的概念來處理。（原注5）

日常語言中的「若」和邏輯學的**若**有所不同，這個例子凸顯出形式邏輯採用的助憶符號（mnemonic symbol）聯結詞與平時對話的詞彙並非完全相等。其實大部分詞彙本來就會隨著情境脈絡改變而產生歧義。（原注6）比方說，「他坐下來並且和我講了自己的人生故事」，句子裡的「並且」一般會被詮釋為這個人做了第一件事情，然後再做第二件事情，但純粹的邏輯概念上可以是反過來的（有個老笑話是：他們兩個結婚、生子，只是順序顛倒了）。碰上搶匪問「要錢還是要命」[7]，技術上而言P或Q包括P成立Q也成立的組合，按照邏輯應該可以兩個都要，不過沒人會在這時候講道理。換言之，大家都能從上下文推論出搶匪使用的邏輯聯結詞其實是「互斥或」（xor, exclusive or），也就是P或Q且非（P且Q）。同理，餐館菜單寫著「附湯或沙拉」，不會有人跟店家吵說照邏輯來看可以兩個都有。以此類推，「男孩長大了還是男孩」、

7　譯按：此句雖然是「或」的概念，但中文習慣會以「還是」表達。

「說話算話」、「該怎麼辦就怎麼辦」、「有時候雪茄只是雪茄而已」這類句子前件與後件相同，形式層面必然為真卻沒有意義，但我們都能體會字面之外的深層含義。最後那個例子（出自佛洛伊德）的意思是：雪茄不一定永遠象徵陽具。

即使回歸文字最嚴謹的邏輯意義，如果只能判斷含有邏輯詞彙的陳述是否為真，邏輯的運用空間仍舊不夠大。邏輯真正的用處在於透過規則做出有效推理，也就是藉由簡單的演算法從真實的前提得出真實的結論。最有名的一條規則叫做「肯定前件」（affirming the antecedent, *modus ponens*）（前件在橫線之上，結論在橫線之下）：

若P則Q
P
———
Q

例如，「若某人是女人，則她是凡人。贊西佩是女人，因此贊西佩是凡人。」另一條推理規則叫做「否定後件」（denying the consequent, *modus tollens*）：

若 P 則 Q
非 Q
———
非 P

例如，「若某人是女人，則她是凡人。戈爾貢女妖[8]斯忒諾（Stheno）不是凡人，所以她不是女人。」

上述兩條規則最多人知道，除此之外還有其他推理可用。亞里斯多德將邏輯形式化，到了十九世紀又經過數學化，現在邏輯更像一種分類法，用於判斷許多前提集合之後是否可以得出結論。下面是一個有效（但基本上無用）的選言引入規則：

P
———
P 或 Q

例如，「巴黎在法國。因此巴黎在法國，否則獨角獸就真的存在。」

8　譯按：希臘神話中的蛇髮女妖（最著名的梅杜莎為三女妖之一）。

也有比較實用的選言三段論或消去法：

$$\frac{P\text{或}Q \qquad \text{非}P}{Q}$$

例如，「殺害死者的凶器是鉛管或燭臺，死者不是被鉛管殺害，因此死者是被燭臺殺害。」據說邏輯學家悉德尼．摩根貝塞（Sidney Morgenbesser）[9]與女友接受伴侶心理諮商時，過程中兩人吵得不可開交，諮商師受不了便對他們說：「你們總得有個人先改變。」摩根貝塞聽了回答：「可是我不想改，她也不想改，那只好**你**改了。」

更有趣的是爆炸原理（Principle of Explosion），也可以詮釋為「從矛盾中可得出一切」。

$$\frac{P \qquad \text{非}P}{Q}$$

9 譯按：美國猶太裔哲學家，著述不多但以大量哲學性風趣對話軼事而聞名。

假設你認同的P是「赫克斯特博地區（Hextable）位於英格蘭」，而你同時又認同非P「赫克斯特博地區不位於英格蘭」。根據附加律，從P可以得出P或Q，也就是「赫克斯特博地區位於英格蘭，否則獨角獸真的存在」。根據選言三段論，可以從P或Q和非P得出Q，於是「赫克斯特博地區不位於英格蘭，因此獨角獸真的存在」。恭喜！我們透過邏輯證明了獨角獸真的存在！很多人誤以為愛默生（Ralph Waldo Emerson）真的說過「心靈狹隘才害怕自相矛盾」，但實際上完整原文是愚蠢的自相矛盾，他認為「寬廣的靈魂」要跳脫愚蠢的矛盾，恐怕沒有鼓勵大家矛盾的意思。（原注7）如果一個人的信念體系自相矛盾，其實就等於什麼都能接受。（摩根貝塞提到一個自己不大欣賞的哲學家[10]時就說：「有個傢伙一下P一下非P，話都給他說就好了。」）（原注8）

正確的推理規則卻導出荒謬的結論是邏輯論證時的一個重點：**有效**論證（valid argument）會將推理規則正確用於前提，但**唯有**前提為真的情況結論才為真。換言之，邏輯規則沒有保證前提**為真**，因此也無法保證結論為真。相對於有效論證的是**可靠**論證（sound argument），也就是基於**真實**的前提正確運用邏輯規則，因此結論也必然為真。例如，「如果希拉蕊·柯林頓贏了二〇一六年美國總統大選，二〇一七年美

10 譯按：指喬治·桑塔亞那（George Santayana）。

國副總統就會是提姆・凱恩（Tim Kaine）。希拉蕊贏了二〇一六年大選，所以凱恩是二〇一七年的美國副總統」，這段話只是有效論證而不是可靠論證，因為事實上希拉蕊沒有勝選。然而，「如果唐納・川普贏得二〇一六年美國總統大選，二〇一七年美國副總統就會是麥克・彭斯。川普贏了二〇一六年大選，所以彭斯是二〇一七年的美國副總統，」這句話既是有效論證也是可靠論證。

將有效論證當作可靠論證是很常見的謬誤，譬如政治人物會承諾：「如果我們掃除官僚體系的貪污腐敗，就能降低稅率、提高福利、收支平衡。我上臺之後會致力打擊貪腐，投票給我就能創造美好未來。」所幸大眾對於論述可不可靠還是挺敏感的，碰上前提曖昧的漂亮話有很多經典回應，像「亂開空頭支票」、「說的比唱的好聽」、「假設牛是球體好不好」（這是個科學界的笑話，據說源自有位酪農請物理學家協助牛乳增產）。我個人最喜歡的是意第緒語 *As di bubbe volt gehat beytsim volt zi gevain mayn zaidah*，意思是「如果奶奶有睪丸，就會變成我爺爺」。

當然有很多論證甚至談不上有效。古典邏輯學家整理了一系列無效論證與形式謬誤，這些陳述的結論看似合於前提但事實不然，其中最廣為人知的就是**肯定後件**：「若P則Q。Q，所以P。」如果下了雨，路面就會濕。路面是濕的，所以下過雨？

這個論證根本無效，因為有可能是灑水車剛經過的緣故。類似的還有**否定前件**：「若Q則P。非P，所以非Q。」沒有下雨，所以路面一定不會濕？這也是無效論證，理由一樣，灑水車經過的話路面還是有可能濕。更進一步說，「若P則Q」並不代表反方向「若P則Q」以及否定意義的「非P則非Q」也同樣成立。

可是人類有肯定後件的傾向，也就是將「P則Q」視為「Q則P」。所以在華生選擇任務裡，前提是「卡片的一面是D，另一面必定是三」，要受試者找出不合規則的卡片時，許多人都會去翻寫著三的那張。保守派政治人物強調「社會主義者支持民主黨」，造成選民心中「民主黨參選者支持社會主義」的印象。瘋狂的人聲稱天才在所屬時代都會被譏諷，卻忘了「如果天才，則被嘲笑」並不代表「如果被嘲笑，就是天才」。好幾個科技龍頭品牌是大學輟學生創立的沒錯，但以此為由認定不必念書的話，建議還是三思而後行。

還好大家也能意識到謬誤。一九六〇年代長大的人常取笑當年的反毒鬥士，他們主張吸食海洛因的人都是從大麻開始，所以大麻是所謂的入門毒品。然後有個笑話是患有疑病症的爾文對醫師說：「我肯定有肝病。」醫生回答：「不可能，肝沒有痛覺神經，得肝病的人根本沒感覺。」爾文聽了叫道：「沒錯，我就是這種症狀！」

如果讀者仔細留意書中範例的敘述，可能會發現我並不過度講究P和Q的文字前後是否一致，主詞、時態、數字、助詞等等變來變去。像「某人是女人」變成「贊西佩是女人」，「某人問」變成「奧利佛問」，「戴安全帽」變成「小孩戴安全帽」。如果邏輯只是操作符號，似乎不該這樣做，然而這些更動呈現出另一個重點：以「戴安全帽」的例子來看，「小孩戴安全帽」與字面脈絡沒有矛盾。正因如此，邏輯學家才將邏輯發展得更加強大，能將命題演算中的P和Q切割得更精細，包括謂詞演算（predicate calculus）區分主詞和謂詞、**全部**和**部分**；模態邏輯（modal logic）區分在我們所處世界正好為真的敘述如「巴黎是法國首都」，以及在任何時空皆成立的道理如「二加二等於四」；時間邏輯（temporal logic）區分過去、現在、未來；道義邏輯（deontic logic）則探討許可、責任和義務。（原注9）

形式重構

判斷各種論證有效或無效究竟有何用處？將之代入日常生活情境，可以揪出有瑕疵的推理思維。理性論證會從所有人都接受為真的共識前提開始，再來是找出大家都能認同的條件，一個一個加上去之後，以有效推論規則引導出合乎邏輯的結論。結論一定要合乎邏輯，沒有例外。但現實中很多人的論證無法達到這個目標，可能納入了如肯定後件這種規則謬誤，或者建立在未能清楚陳述的前提而導致所謂省略三段論（enthymeme）[11]。人類壽命有限，論證過程中無法將時間精力用在窮盡所有可能的前提和蘊含，因此實務上幾乎所有論證都有省略。即便如此，論證依舊可以拆解為前提與條件，方便找出謬誤與有所缺失的假設。這個做法就叫做形式重構（formal reconstruction），有時候哲學系教授會把它當成作業，磨練學生的推理能力。

舉個例子。二〇二〇年美國民主黨總統初選，參選人楊安澤（Andrew Yang）成立了推廣全民基本收入（Universal Basic Income）[12]的平臺，以下摘述網站針對這項政策提出的理由（編號是我加的）：

1 世界上最聰明的一群人已經做出預測，接下來十二年內會有三分之一的美國人因為產業自動化而失業。

2 現有政策尚未對此危機做出因應。

3 如果美國人失去收入來源，未來處境將相當慘澹。

11 譯按：一般三段論的結構是大前提、小前提、結論，省略三段論則略過某個前提不談。省略並不一定代表論證錯誤，有時為求文字精簡會略去已成常識、普世觀點或某個專業領域的基礎知識（只是文字省略，實質上仍舊存在）。

12 譯按：又稱無條件基本收入（Unconditional Basic Income），指不做多餘條件和資格限制，只要身為國民或群體成員即可定期領取定額金錢保障基本生活。

4以增值稅為基金提供每月一千美元的全民基本收入，可保障所有美國人都從自動化受益。（原注10）

第一點和第二點都是事實前提，此處就直接設定為真。第三點雖是條件前提，尚且沒有爭議。從第三點進入第四點跳躍較多，不過可以經由兩個步驟連接。首先前面少了（但能夠理解）一個條件：「（2a）若美國人失業，就會失去收入來源。」再來針對第三點是（有效的）後件否定：「若不想要未來處境慘澹，美國人需要有收入來源。」然而更進一步推敲，會察覺（2a）也有沒明言的前件：「美國人會失業。」前面的根據只有（1）世界上最聰明的一群人預測很多人會失業，想從（1）推導到（2a）需要另一個條件（1a）：「若世界上最聰明的一群人做出預測，則預測會成真。」現在應該會發現問題癥結在於這個假設並不正確，譬如一九五二年愛因斯坦說過：只有創立世界政府（P），才能避免不久之後人類自我毀滅（Q）（這是一個「若非P則Q」）。但事實上人類沒有成立世界政府（非P），卻也沒有自我毀滅（非Q，如果「不久之後」代表「幾十年內」）。反過來說，有時候不需要世界上最聰明的人，只需要該主題的專家就可以做出準確預測，以本例脈絡而言是指自動化產業史。專家群體的觀點是，每當自動化奪走一個工作機會，就會有目前想像不到的另一個工作機會誕生，譬如堆高機操作員接受職訓後會轉行幫人除刺青、設計電玩角色的服裝、經營社交媒體、擔任寵物諮商師等等。從這個角度考量，未必真的有三分之一的美國人會失業，既然危機不一定存在，現在實行全民基本收入似乎言之過早。

上面這一大段論述的用意並非批評楊安澤的理念，其實他在平臺上闡述得十分清楚明白。而且我們恐怕無法針對每個論證都認真畫出邏輯樹狀圖，那樣做會活得非常辛苦。但如果養成形式重構的習慣，就算沒有每次都做得完整，還是常常能逮到論證裡有邏輯謬誤或隱瞞前提的情況，所以值得一試。

批判性思維與非形式謬誤

諸如否定前件這類形式謬誤，只要對論證進行形式重構就能發現。但推理時更常見的錯誤並不屬於形式謬誤，論者沒有明目張膽違反命題演算邏輯，而是鑽了人類心理的漏洞，我們需要動點腦筋才能避免上當。這種情況叫做非形式謬誤，追求理性的人蒐羅了數十種謬誤並整理取名，（與形式謬誤一起）放在網頁、海報、圖卡上，或

者融入大一新生的「批判性思維」課程大綱裡。（原注11）

認知科學家丹・斯珀伯（Dan Sperber）和胡戈・梅希爾（Hugo Mercier）指出：很多非形式謬誤深植於人類推理能力之中其實與演化過程的天擇壓力有關，我們生來就想在論戰中獲勝。（原注12）在理想的討論情境中，勝利屬於最有說服力的一方，但很少有人具備章句訓詁般的耐性，每個論述慢慢形式重構評估正確與否。日常對話建立在直覺連結上，即使前後文不像《塔木德》[13]那樣條理分明，也能自動串起每個點。老練的辯論者可以利用語言習慣營造假象，嘴裡說著虛無縹緲的事情，聽起來卻彷彿基礎穩固、邏輯嚴謹。

非形式謬誤之首就是「**稻草人**」（straw man），意思是扭曲對手論點，代換為較易攻擊的目標。例子包括「諾姆・杭士基說小孩一出生就會講話」、「康納曼和特沃斯基說人類都是白痴」。喜歡咄咄逼人的記者也常會採用稻草人戰術，只要一直搬出「所以你的意思是」這句話就好，比如受訪者說：「支配階層在動物界十分常見，連龍蝦這樣看似單純的物種也有。」訪問者便追問：「所以你的意思是，人類應該仿造龍蝦的社會結構？」（原注13）

有心人士不只能將對手論點偷天換日便於抨擊，也可以偷換自身立場鞏固防守。

13 譯按：猶太宗教文獻，記錄律法、條例和傳統。

譬如「**片面辯護**」（special pleading）常見於超能力研究，支持者會聲稱是現場有人心存懷疑導致感應失靈。也有人聲稱民主政體不會發動戰爭，古希臘例外是因為有奴隸制度，喬治時代的英國也例外是因為當時平民不能投票，十九世紀美國一樣例外是因為沒有賦予女性公民權，印度與巴基斯坦還是例外是因為建國歷史比較短。另一招是「**挪動球門**」（moving the goalposts），好比主張「刪除警察預算」卻又補充說意思只是希望多撥一點經費給急難救護隊。（講究理性的族群給這種作為的另一個稱呼是「**堅壁清野**」（motte-and-beiley）謬誤，淵源是中世紀守城軍隊會放棄空間開闊卻防禦困難的中庭，撤進狹窄但不好突破的塔樓內。）(原注14) 還有一個做法：先主張沒有蘇格蘭人會在麥片粥裡加糖，遇上會在粥裡加糖的安格斯就說這代表他不是真正的蘇格蘭人。「**不是真正的蘇格蘭人**」（no true Scotsman）謬誤[14]也被用於解釋真正的基督徒不會殺人、真正的共產國家不會壓迫人民、真正的川普支持者不會支持暴力。

上述幾種招數再進階就成了「**乞題**」（begging the question），哲學家常常拜託大家不要將之誤會成乞討別人發問。乞題是一個非形式謬誤，意思是將自己想證明的事情當作前提，因此循環論證也包含在內。前面提過莫里哀名句 *virtus dormitiva*（醫生說鴉片讓人想睡覺是因為它具有催眠功效），其他例子包括經典的預設立場：「你從

14 譯按：又稱為「訴諸純潔」謬誤。

什麼時候開始才不再動手打老婆？」有個猶太會堂的笑話是一個人炫耀自己歌聲優美，另一個人卻嗤之以鼻：「哼！如果我有他那副嗓子，唱得還不是一樣好聽？」

若是想堅持己見，無論什麼意見都行，只要強調「**舉證責任**」（burden of proof）在不同意者那方即可。有人質疑伯特蘭・羅素（Bertrand Russell）為何自稱無神論者，既然無法證明上帝不存在應該是不可知論者，針對這種謬誤他回答：「也沒人能證明地球和火星之間沒有一個沿著橢圓形軌道運轉的瓷器茶壺。」（原注15）雙方都採取同樣策略時被戲稱為網球辯論。（「舉證責任在**你**。」「錯，舉證責任在**你**才對。」）現實生活中，所有人的出發點都是不知道，舉證責任應該由想表達意見的人承擔。（第五章探討貝氏推論時會提供思考原則，可用於判斷知識累積之後究竟誰該負起責任。）

另一種轉移焦點的做法是「**訴諸偽善**」（*tu quoque*），原文為拉丁語，意思是「你也一樣」，也有人說是「那你呢」謬誤。二十世紀試圖為蘇維埃體制辯護的人很喜歡用這套方法，提及極權壓迫的問題時他們就會說：「美國對境內黑人又如何呢？」有個經典笑話是妻子提早下班回家，看見丈夫和自己的閨蜜躺在一塊兒，丈夫驚訝地問：「妳為什麼會這麼早回來？」她反問：「你才是為什麼會和我的好朋友躺在同一張床上？」丈夫氣急敗壞：「妳別轉移話題！」

之前提到楊安澤團隊以「世界上最聰明的一群人」為訴求，這是「**訴諸權威**」（argument from authority）裡比較無害的示範。相對而言，帶有宗教性質比較麻煩，例如教會歌曲或保險桿貼紙寫的是「上帝說了，我信了，就這麼定了」。政治與學術界也有同樣問題，知識分子的小圈圈會依附某位大人物並將他說的話當作聖旨，譬如不少論文一開頭就是：「如德希達所言……」名字換成傅柯、巴特勒、馬克思、佛洛伊德、杭士基都一樣。優秀的科學家本人或許不犯這種錯，卻無法阻止別人拿他們來當令箭。有不少人寫信問我要不要為人類造成氣候變遷的問題發聲，他們的憂慮源自某位厲害的物理學家、某位諾貝爾獎得主不認為背後成因是人類活動。可是想想看，一旦離開了自己的專業領域，連愛因斯坦說話也沒什麼分量。史考特・利廉菲爾德（Scott Lilienfeld）研究團隊發表過一篇論文，標題為《諾貝爾病：智能擋不住非理性》（*The Nobel Disease: When Intelligence Fails to Protect against Irrationality*），他們羅列出十幾位科學界大師的怪異觀點，涵蓋優生學、大劑量維生素治療、心電感應、順勢療法、占星學、草本醫學、共時性、關於人種的偽科學、冷核融合、自閉症偏方，或者不相信愛滋病是由 HIV 引起。（原注16）

與訴諸權威很相似的是「**訴諸群眾**」（bandwagon）[15]，利用了人類的社會性與階

15 譯按：原文直譯是「樂隊花車」謬誤。

級性。「我認識的人大都相信占星，所以應該不是假的。」我們不能說「多數方必然是錯的」，但顯然也不一定是對的。（原注17）歷史記載了太多風潮、獵巫、泡沫事件，各式各樣後世難以理解的群體錯覺與狂熱。

另一種動用社會力量干預理性思考的行為是不直接反駁意見，卻質疑對方的品格、動機、才能、價值觀、政治立場等等，通常稱作「**訴諸人身**」（*ad hominem*）或人身攻擊。《呆伯特》裡沃利這個角色直白地詮釋了這個謬誤（如上圖）。

有時候訴諸人身的做法以相對客氣但同樣謬誤的方式呈現，例如，「不必太在意史密斯怎麼想，他是在商學院教書的異性戀白人男性啊。」「瓊斯那麼關心氣候變遷，是因為她靠這個申請獎學金和研究費，還被 TED 邀請去演講。」另外有一種「**起源謬誤**」（genetic fallacy），看英文會以為和基因或 DNA 有關，但其實不然，它是指跳過意見本身的真偽去質疑背後的來源。「布朗的那些資料來自美國中情局的《世界概況》，中情局就是顛覆瓜地馬拉和伊朗民主政府的幕後黑手。」「強生引用了支持優生學的基金會所做的研究。」

有時候訴諸人身和起源謬誤還會組合起來，形成所謂的「**罪惡關聯**」（guilt by association）。「威廉的理論一定得壓下去，他之前在一場研討會發表演說，而主辦人編過的書裡某一章的作者曾經有過種族歧視的言論。」齊心協力對抗惡勢力或許大快人心，但訴諸人身和起源謬誤是真的有問題——好人可能有一兩個壞點子；反之亦然。舉個極端的例子：包含吸菸會致癌在內，很多挽救大眾性命的知識其實是納粹科學家發現的。如果社會因為「納粹科學」的標籤而將菸草與癌症的關聯拒之門外，最開心的人想必是菸草公司。（原注18）

某些論述直接挑動大腦邊緣系統而非皮質區[16]，其中包括「**訴諸情緒**」（appeal to emotion），例如「看看這張照片，失去孩子的父母多傷心，誰還敢說戰爭受害人數下降了呢？」以及近年越來越常見的「**感受謬誤**」（affective fallacy），也就是基於陳述會「傷人」、「有害」或造成「不適」而將其推翻。下面這張漫畫以孩童來諷刺感受謬誤。

16 譯按：大腦邊緣系統主管情緒和長期記憶；皮質則與五感、認知、抽象思維較有關。

「就算是錯的，但這是我的感受！」

David Sipressl / The New Yorker Collectionl / The Cartoon Bank

許多事實很傷人，像美國的種族歧視歷史、全球暖化、癌症確診、唐納・川普都是。但既然是事實，我們就該學習，唯有瞭解才能加以因應。

訴諸人身、起源謬誤、感受謬誤在過去是說話者自己尷尬，別人也覺得強詞奪理。高中指導辯論的教練、教授批評性思維的教師都會告訴學生如何辨識與反駁這些錯誤，諷刺的是來到學術發達的現代社會，這些邏輯問題反倒成了通行證。許多學術領域和媒體肆無忌憚採用謬誤思維，某些觀念遭受抨擊或貶抑的理由居然是支持者形象或理念不對，即便數百年前的人也被拖出來鞭屍。（原注19）這種現象反映出人們如何判斷理念的本質：是根據意見的對錯，還是根據發言者的道德和文化身分？這一點同時凸顯了學者與評論者對自身使命的認知，以前他們負責尋求知識，現在則負責推動社會正義或其他道德和政治目的。（原注20）

當然在某些情況下，一句陳述的脈絡和內容真偽確實有關，也因此才製造出非形式謬誤得到社會認可的空間。比方說因銷售藥物而得利者做研究說藥效很好，大家確實會起疑。但要注意的是：利益衝突和訴諸人身是兩回事。同樣地，駁斥來自天啟、古文註疏、羊腸卜卦的說法談不上起源謬誤，以多數科學家的共識來反對基於少數專家異議而堅持的不可知論也並非訴諸群眾。某些假設若成立，人類必須採取極端手段，這時對證據要求特別嚴格並非感受謬誤。合理的論證中，反對者能說明為何脈絡影響結論真偽，譬如背景含有影響證據可信度的因素。然而犯下謬誤者只能提出自己的感覺，無法解釋感覺和陳述成立與否存在什麼關係。

既然有這麼多形式與非形式謬誤困住我們的思考（維基百科列出超過一百種），為什麼我們不一次徹底解決，建立萊布尼茲所嚮往的邏輯世界，將理性具體化為數學公式，往後一眼就能看出對錯？都到了二十一世紀，怎麼還需要當面理論或上推特吵架，伴侶還得去諮商，總統大選居然要先辯論？不是大家說好「算一算」就能分出是非黑白嗎？很可惜人類並非活在萊布尼茲期盼的邏輯烏托邦，任何種類的烏托邦恐怕都永無實現之日，理由至少有三個。

邏輯相對於經驗

邏輯不可能統治世界，一個原因在於邏輯命題與經驗命題有根本的差異，休謨稱前者為「觀念的關係」（relations of ideas），後者則為「實際的真相」（matters of fact）；哲學界說一者是分析，一者是綜合。想知道「單身漢都沒結婚」這個命題是否正確，其實只需要理解字詞定義（將「單身漢」換成「男性**及**成年**及**未婚」）查看真值表即可。但想確認「天鵝都是白色」到底對不對，人類必須起身調查，等某一天抵達紐西蘭才能徹底否定命題，因為那裡的天鵝是黑色。

一個常見的說法認為十七世紀開始的科學革命，起於人類終於理解到物理世界的陳述來自實證經驗，獲得的途徑是觀察而非學術論證。傳聞法蘭西斯・培根講過一個有趣故事：

吾主之年一四三二，教會弟兄們對馬的嘴裡究竟幾顆牙起了莫大爭議，整整辯論十三天還看不到盡頭，為此翻遍古籍經典，搜羅前所未見的龐雜知識。第十四天清晨，出身良好的年輕修士請這些博學前輩聽他說句話。雖然他很敬重各位學者的見地，一開口卻叫大家紆尊降貴直接找一匹馬打開嘴巴看看就有答案。這說法聞所未聞，眾人莫不痛心疾首、怒不可遏，蜂擁而上將修士打得鼻青臉腫並逐出教會。他們說年輕人一定是遭到撒旦誘惑，才會背棄先賢流傳的智慧，以為褻瀆上帝又前所未見的方法能夠找到真理。

幾乎可以肯定歷史上沒有這個事件，故事大概也並非出自培根。（原注21）然而給我們的啟示是：有些未知和猶豫，不是坐在原地慢慢算就算得出答案。

形式理性相對於生態理性

萊布尼茲的夢想不會實現，第二個原因在於形式邏輯的本質——它是一種形式，理解時的重點只在於符號排列，不深究命題的內容，如符號意義、主題脈絡、背景知識都不在考慮範圍內。邏輯推理若就最嚴謹的定義而言，代表忘記自己所知的一切，好比教完歐幾里得幾何學以後隨堂考試，學生如果拿出尺直接測量等腰三角形兩邊是否相等也無法得分。明明日常生活中這才是最合乎理智的做法，但考試的時候就是得照步驟做證明。同樣道理，大家都知道狗不講人話，但卡羅在邏輯課本舉出的例子是要學生拋開與規則無關的前提，狗沒說謝謝是根據前件為真這個條件推導而來。

從這個角度思考，邏輯並非理性。我們在同一個世界演化生存了這麼久，沒道理拋棄既有的知識。（原注22）只有在邏輯課堂、心理測驗、程式語言、法律訴訟、常識無法解釋或容易誤導的科學或數學應用中，也就是非自然環境裡，才有拋棄既有知識的理由。一般情況下，人類結合邏輯能力與豐富知識就會有良好表現，第一章以桑人為例闡述了很多。即使是心理測驗，實驗也證明了只要情境模擬得更真實，受試者仍能活用理性不再犯錯：單純要證明「卡片一面寫著D，另一面就寫著三」的時候，很多人會去翻「三」而不是翻「七」；但如果要大家想像自己是酒吧圍事，負責確認「年滿二十一歲才可以飲酒」時，多數人都會先確認年輕客人的飲料，看到啤酒就會請對方出示證件。（原注23）

幫助人類在自然環境下生存繁衍的是生態理性，對形式系統設下標準的則是邏輯理性，兩者的差距是現代性的關鍵特徵之一。(原注24) 心理學家和人類學家針對不識字者進行研究，發現他們的思想深植於現實環境，對於西式教育體系所熟悉的抽象概念世界沒有太多耐心。下面對話是麥可．柯爾（Michael Cole）訪談賴比瑞亞的克佩列人（Kpelle）：

問：弗魯莫和亞克帕羅總是一起喝酒。弗魯莫正在喝酒，亞克帕羅也在喝嗎？

答：弗魯莫和亞克帕羅一起喝酒，但那天弗洛莫自己先喝，亞克帕羅沒到。

問：可是我剛剛說弗魯莫和亞克帕羅總是會一起喝酒。那天弗魯莫在喝酒，亞克帕羅有喝嗎？

答：那天弗魯莫喝酒，亞克帕羅沒去。

問：沒去的理由是？

答：那天亞克帕羅去農場，弗魯莫留在村子。(原注25)

從內容可以發現克佩列人不會將他的提問視為邏輯解謎，而是從現實情境去思考，答案就測驗角度或許是錯的，卻不是非理性的表現，而是以相關資訊拼湊出正確答案。接受西式教育長大的人學會了遊戲規則，知道如何拋開既有知識，專注於問題給予的前提，只是時不時仍然會無法切割事實知識與邏輯推理。比方說許多人堅持下面這段論述邏輯無效：「植物做成的東西都是健康的，香菸是植物做成的，所以香菸很健康。」（原注26）如果將香菸換成沙拉，他們卻又認為邏輯成立。哲學教授時常會設計一些思想實驗給學生練習，譬如應不應該將一個胖子推下橋阻止火車撞死軌道上五個工人，然而學生常會鑽漏洞詢問為什麼不大叫示警請工人快點躲開？雖然教授因此很頭疼，但現實中學生的做法才合乎理性。

運用形式邏輯與規則的環境包括法律、科學、數位裝置、官僚體系等等，隨著現代社會發展出更多強勢又不受內容拘束的公式及規則而逐步擴張，然而即便如此其廣度仍舊無法媲美具體實際的生活經驗。萊布尼茲的邏輯烏托邦的成立前提是大家自動拋棄背景知識，但這麼做不僅違反人類與生俱來的認知特性，也不適合現在這個世界——並非每個與命題相關的事實都可以拿來當作前提。

古典相似性分類相對於家族相似性分類

理性無法簡化為邏輯，第三個理由是大眾關心的概念與古典邏輯的謂詞之間有個關鍵差異。以「偶數」這個謂詞為例，可以用雙條件定義為「若為整數且可被二整除即為偶數，反之亦然」。放進命題「八可被二整除」，雙條件成立，前提為真故引導出「八是偶數」的真實結論。類似的還有「若一人為女性且其子女是家長，則她是祖母，反之亦然」、「若一人是男性且未婚，則他是單身漢，反之亦然」。乍看之下或許以為只要好好努力，所有概念都能用同樣方式加以定義，只要能夠找出成立的必要條件（雙條件的**若則**）和充分條件（反之亦然）。

這個天真的想法被哲學家維根斯坦（Ludwig Wittgenstein）擊碎了。（原注27）他說：大可試試看給所有生活中出現的概念找出必要與充分條件。人類稱之為遊戲[17]的消遣活動有什麼共同性質？身體活動？桌遊不算吧。熱鬧歡愉？下棋沒有吧。競爭？也有單人的紙牌和跳棋。拚輸贏？小孩子圍圈圈跳舞或對著牆壁丟球分不出勝負。技術性？賓果不需要。機率性？空格填字不存在機率問題。維根斯坦活得不夠久，否則還有綜合格鬥技、《精靈寶可夢 GO》、《換不換》這些例子可以放進去。（原注28）

17 譯按：原文 game，涵義包括體育活動及競賽。

癥結點並非找不到有共通點的遊戲。捉迷藏和比手畫腳都是追求趣味，《大富翁》和橄欖球都是追求勝利，棒球與套圈圈都要丟東西。維根斯坦強調的是「遊戲」作為概念無法一以貫之，找不到通用的必要與充分條件。然而在這個大概念下有許多小分類，就像家族裡每個成員都各自由不同的特徵組合而成。羅伯特・卡戴珊（Robert Kardashian）與克莉絲・詹納（Kristen Mary Jenner）[18]的小孩不會個個都有父親微翹的唇形和母親那頭黑髮，也不會每個都承襲爸爸的褐色肌膚與媽媽的翹臀。我們能夠在幾個女兒身上找到雙親的影子並因此認得，可是命題「如果一個人同時有甲、乙、丙三個特徵就是卡戴珊家族的人」並不成立。維根斯坦認為分類未必是依據必要條件和充分條件來定義，透過家族相似性也可以。

事實上人類社會的日常概念大部分是建立在家族相似性上，而不是「古典」或者「亞里斯多德式」分類。（原注29）家族相似性分類通常有個刻板印象，如同字典對「鳥」的釋義旁邊會放一張圖片，即使釋義本身無法囊括所有鳥類而只涵蓋常見範例。像「椅子」這個類別底下有沒椅腳的輪椅、沒椅背的板凳、沒坐墊的懶骨頭、好萊塢電影爆破場面中撐不住人的道具椅等等。連大學教授常常用來解釋古典分類的詞彙也有許多例外，「母親」是否包括養母、代理孕母、卵子捐贈者？「單身漢」指未婚男性，

18 譯按：卡戴珊為美國律師和商人，一九九五年為辛普森辯護而聞名（兩人為好友），詹納是電視名人與名媛。兩人育有五個女兒一個兒子。

是否包括教宗？如果一對戀人有夫妻之實只是沒去登記結婚，男方算不算是單身漢？然後這年頭聲稱「女人」有什麼必要條件與充分條件絕對是自討苦吃。

要是覺得普世邏輯這個夢境幻滅得還不夠慘烈，仔細想想會發覺更深的問題：既然不一定以必要條件與充分條件來定義概念，也可以採用家族相似性，代表命題根本無法斷定**真**或**假**。謂詞表述可能在某些主題較真，取決於該主題符合刻板印象的程度，換句話說就是它具備該家族的多少典型特徵。大家都會同意「橄欖球是一種運動」，卻有很多人對「水上芭蕾是一種運動」感到懷疑。類似的還有「香芹是蔬菜」、「違規停車是犯罪」、「中風是疾病」、「蠍子是蟲」都會讓人感到遲疑，日常生活的情境未必黑白分明。

但並不是**所有**概念都屬於家族相似性且曖昧不明。（原注30）人類還是能順利將物品收進小盒子，數字不是奇數就是偶數沒有模糊地帶，我們也會打趣地否定有點懷孕、有點結婚這種說法，法律更為了避免無止境的爭議而對「成年」、「公民」、「所有人」、「配偶」等重要概念畫下清楚界線。

過度強調非黑即白造成許多非形式謬誤。首先是假二分法，譬如「先天還是後天」、「不愛美國就滾出去」、「不支持我們就是支持恐怖分子」、「不能解決問題就是製造問題」。再來是「**滑坡謬誤**」（slippery slope fallacy），像「墮胎合法化之後很快殺嬰兒也合法了」、「允許非異性婚姻之後也會允許跨物種婚姻」。還有「**堆垛悖論**」（paradox of the heap）[19]，原始舉例是一堆穀子拿走一顆仍然是一堆，拿走兩顆仍然是一堆，但繼續拿下去遲早會不成堆。這個錯誤邏輯可以發展為不同版本，比方說工作拖一天無妨，最後還是會完成（明日謬誤）；多吃一份薯條也不會就胖了（節食者謬誤）。

維根斯坦對萊布尼茲和亞里斯多德的回應不只是哲學課題，還反映出許多重大社會爭議的本質，亦即模糊的家族相似性概念如何與邏輯和法規追求的古典分類取得平衡。是否將受精卵視為「人」？比爾和莫妮卡是否有過「性行為」？運動型多用途車（SUV）到底是「轎車」還是「貨車」？（如果判定為貨車，美國會有好幾千萬車輛適用較寬鬆的安全與廢氣標準。）不久前我收到民主黨發來的電子郵件：

> 本週共和黨議員想通過一項法案，將學校營養午餐中的披薩標示為「蔬菜」。為什麼？因為冷凍披薩產業對共和黨展開強勢遊說……
>
> 這就是國會現狀——共和黨占多數，只要遊說者夠厲害，什麼都能賣，連

19 譯按：又稱為連續體謬誤（continuum fallacy）、劃界謬誤（line drawing fallacy）、灰色地帶謬誤（fallacy of grey）等等。

「蔬菜」的定義也不例外。但同時，孩子們的健康也被出賣了。
懇請您參與連署，並告訴大家：披薩不是蔬菜。

邏輯計算相對於模式關聯

如果人類的許多判斷朦朧模糊，沒辦法進行邏輯分析，我們到底怎麼思考？少了必要條件與充分條件，怎麼知道橄欖球是一種運動、克莉絲．詹納是位母親、共和黨議員之外的人認為披薩不是蔬菜？倘若理性不是一連串內建於心智的命題和邏輯規則，又以什麼機制存在？

一系列認知模型或許能夠提供答案，包括模式關聯、感知器、連結主義式網路、分散式平行處理、人工神經網路、深度學習系統。（原注31）主軸在於智能系統並不只是操作規則中的符號，還可以累積成千上萬，甚至是以億為單位的分級信號，藉此判斷某個性質的強度。

例如「蔬菜」這個概念出乎意料地常有爭議，顯而易見要以家族相似度為出發點。生物學的林奈分類法沒有一個類別能囊括胡蘿蔔、蕨菜、蘑菇，單一植物器官名稱無法涵蓋綠花椰菜、菠菜、馬鈴薯、芹菜、豌豆、茄子，連味道、顏色或質地都無法明確說明蔬菜到底是什麼。但就和卡戴珊家族一樣，我們通常看到就知道，因為整個蔬菜家族有幾項特徵反覆出現：萵苣又綠又脆有葉子，菠菜綠色有葉子，芹菜綠色而且脆口，紫甘藍是紫紅色但也有葉子。像蔬菜的特徵越多且越明確，我們就越傾向認知為蔬菜，所以萵苣毫無疑問是蔬菜，相比之下香芹會有人懷疑，大蒜就距離更遠。反過來說，有其他特徵會使某樣東西不像蔬菜，雖然也有橡子南瓜這種偏甜的蔬菜，但太甜的植物如哈密瓜就會被稱為水果。洋菇多肉、金線瓜（spaghetti squash）像麵條，可是真的以肉類或麵粉製作的食物都不會列入蔬菜。（有緣再相會吧，披薩！）

這也代表人類可以透過複雜的統計公式捕捉到蔬菜這個概念究竟是什麼。一個東西的特徵（多綠、多脆、多甜、多像麵糊等等）可以量化，而每個特徵依照符合分類標準的程度還會得到權重：綠度是高度正比，脆度是低度正比，甜度是低度反比，麵糊度是高度反比。特徵分數乘以權重之後全部相加，總分超過門檻時稱為蔬菜，分數越高越具有代表性。

當然人類並非主動在腦袋裡加減乘除之後才做出判斷，這些算數經由類神經元單

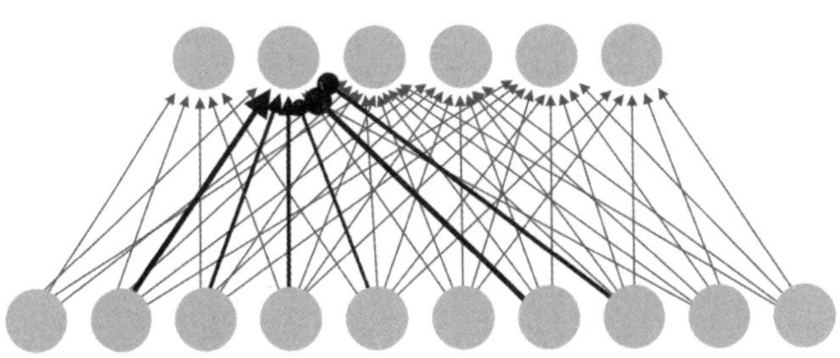

位構成的網路進行。每個單位以不同頻率「發訊」，頻率越高代表模糊認知裡的真值越高，可參考上面的示意圖。圖下方是一群輸入神經元，處理感知器官訊號並轉譯為單純的特徵，例如「綠」或者「脆」。圖上方是輸出神經元，代表認知網路對分類的猜測。每個輸入神經元都與每個輸出神經元透過不同強度的「突觸」連結，突觸分為興奮性（代表正向權重）與抑制性（代表負向權重）。輸入單位發送訊號，經過突觸時得到權重，輸出神經元根據訊號總分決定強度。興奮性連結的尾端為箭頭，抑制性連結的尾端為圓點，線條粗細代表突觸強度（為了畫面清晰，只呈現蔬菜部分）。

有人會問：是誰決定了網路中最關鍵的連結權重？答案不假外求，就是每個人透過自身經驗得來的。只要有各種不同食物作為範例，加上能夠正確指導的教師，這套網路就能經由**訓練**而成形。嬰兒時期腦部連結少、權重是亂數，所以只能亂猜。然而大腦具備漸進調整的學習機制，比對每個節點的訊號與指導教師提供的參數值之後上修或下修，最終得到正確答案。經過數十萬個案例訓練，連結權重會達到最佳狀態，神經網路的分類就變得精準。

可是這種網路結構從輸入到輸出太過線性，而且只能加總運算。分類標準是所有部分的總和時沒問題，但若標準包含了取捨、甜蜜點[20]、致勝組合、毒藥丸防禦[21]、破局風險、完美風暴[22]、過猶不及等狀況就會失靈。甚至簡單的邏輯聯結詞**互斥或**（xor），也就是「x或y取一，不可兩者同時」，都超過雙層神經網路的能力所及，因為這種時候參數x是正增強，參數y也是正增強，但兩者同時發訊卻應該是負增強。於是結構單純的網路能辨識蘿蔔和貓，卻無法精確掌握何謂「蔬菜」。同樣是紅色、偏球狀，脆而有梗的東西通常是水果（如蘋果），脆而有根的東西是蔬菜（如甜菜），口感似肉而有梗也是蔬菜（如番茄）。蘑菇、菠菜、白花椰菜、紅蘿蔔、牛排番茄這些東西又如何在顏色、形狀、質地找出共同組合？訊號錯綜複雜的時候，僅兩層的網路結構每次碰見新案例都要再調適，權重上上下下無法固定，很難區分類別成員和非成員。

這個問題只要在輸出和輸入之間加入一層「隱藏」神經元就能解決，左圖是一張

20 譯按：sweet spot，高爾夫球術語。打中桿頭的「甜蜜點」，球會飛得特別高特別遠。

21 譯按：poison pill，抵禦惡意收購的防禦措施。敵意方收購一定比例的股份便觸發該條款，公司原股東可以較低價格獲得大量股份，從而抬高收購方成本。

22 譯按：perfect storm，原意為多種氣象條件正好同時成立而形成的超強風暴，後來比喻多重不利事件同時發生營造的極度困境。

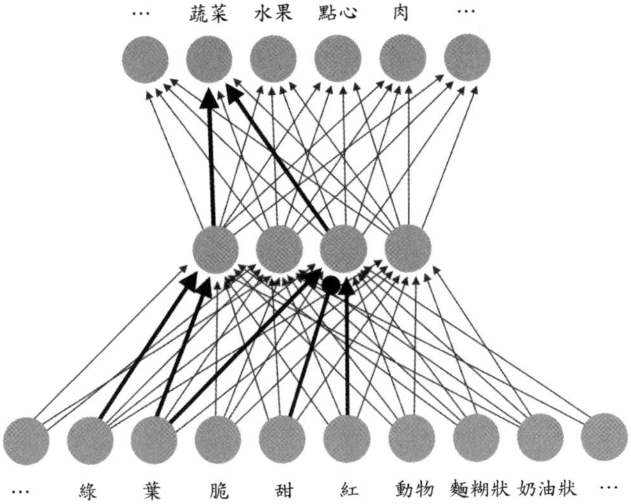

新的示意圖。經過改造，網路不再受限於刺激和反應模式，而是具有內在表徵的結構——說白話一點，就是能建立概念。被隱藏的神經元可能代表具整合性的中階分類，例如「像甘藍菜的東西」、「好吃的果實」、「瓜類」、「綠色食物」、「菌菇」、「塊莖與塊根」等等，也各自有一組輸入權重與對應的刻板印象，與外層「蔬菜」之間就有特別強的關聯性。

神經網路能否順利運作，關鍵在於如何訓練，而重點就是如何從輸入層進入隱藏層——既然中間的單元自環境隱藏，就無法和教師給予的「正確」值比對猜測正確與否。不過一九八〇年代的研究有了新突破，「誤差反向傳播」（error backpropagation）學習演算法可以解決這個問題。（原注32）首先，比對輸出層的猜測與正確答案，以得到的誤差校正隱藏層至輸出層的連結權重，並將結論置於頂層。再來，將誤差的總和往下傳播至各個隱藏單元，校正輸入層至隱藏層的連結權重，結論置於中層。乍看之下這個機制效率很差，但經過數百萬個案例訓練後，上下兩層連結的參數就能夠分辨山羊與綿羊的差異。同樣驚人的是，若能用於分析，隱藏單元可以主動找出如「菌菇」、「塊莖與塊根」這種抽象分類。但一般狀況下，隱藏單元並沒有我們能以語言命名的標籤，只是能完成驗算任務的公式集合，好比「這個特徵只要一點點就好，那個特徵不可以太多，除非另一個特徵真的很多很多」。

二十一世紀進入第二個十年之際，電腦運算能力隨圖形處理器技術發展越來越強大，數百萬使用者上傳文字與影像到網路也代表數據量暴增。舉例而言，若電腦專家現在針對大劑量維生素療法製作一個多層次網路，中間可以設置兩個、十五個，以至於上千個隱藏單位層，透過數十億到上兆的範例進行分析。由於輸入與輸出之間存在大量層次，這種架構稱作「深度學習系統」（並非指對於主題有深度理解）。深度學習為「人工智慧大覺醒」（the great AI awakening）揭開序幕，應運而生的產品包括語音和圖像辨識、機器問答、自動翻譯及其他很人性化的功能。（原注33）

深度學習網路的表現通常優於傳統的GOFAI（Good Old-Fashioned Artificial Intelligence，直譯為「有效的老式人工智慧」），因為GOFAI以類似邏輯演繹的方式處理以程式碼形式建立的命題和規則。（原注34）兩者差異十分明顯，人工神經網路和邏輯推理不同，內部處理無法判讀，數百萬的隱藏單元絕大多數不是可理解的連貫概念，就連訓練電腦的專家自己都無法解釋電腦怎麼得出目前的答案。因此許多科技評論感到憂慮，一旦人類將命運交給人工智慧，如果電腦決策有偏見也沒人能察覺和根除。（原注35）二〇一八年，美國前國務卿季辛吉（Henry Kissinger）提出警告：深度學習系統的基礎不是人類能夠檢視與論斷的命題，有可能為啟蒙劃下句點。（原注36）雖然話說得極端了些，但也強調了邏輯與類神經兩種運算的對比多強烈。

人腦只是一個巨大的深度學習網路嗎？當然沒這麼簡單，然而兩者相似處值得深思。大腦神經元數量在千億左右，彼此間的突觸更多達百兆。一個人到了十八歲，腦袋清醒的時間已超過三十億秒，每一秒鐘都從環境吸收案例進行比對。人類和深度學習系統一樣，不斷進行模式匹配與關聯，而深度學習網路正是針對定義模糊的家族相似性而生。家族相似性是人類建立概念的重要基準，神經網路研究結果呈現出人類認知很大一部分雖屬於理性，卻又不符合嚴謹定義的符號邏輯，同時還為直覺、本能、感應、下意識、第六感這些難以解釋卻很玄的心智能力掀去神祕面紗。

儘管 Siri 和 Google 翻譯等服務使生活更加便利，也別誤以為有了神經網路就再也不需要邏輯。這類系統背後建立在模糊的關聯性上，斷句或分辨規則的能力還很弱，有時會笨得很好笑。（原注37）比方說，要 Google 語音助理找「附近不是麥當勞的速食店」，得到的反而會是方圓五十里內的麥當勞分店名單。問 Siri：「喬治・華盛頓使用電腦嗎？」答案會是華盛頓總統的電腦面部重建圖，以及喬治・華盛頓大學的計算機中心網頁。目前自動駕駛採用的視覺辨識模組還是常常將路標看成冰箱，將翻倒的車輛當作拳擊訓練吊袋、消防艇或長雪橇。

人類的理性是一個混合系統。（原注38）大腦可以經由模式關聯找出家族相似性並累積大量統計資料，同時也能利用符號邏輯將概念組織為命題並做出推論。後者可以稱為系統二、遞迴認知、基於規則的理解力，而形式邏輯的功用是純化這種思維模式，除去因社會性和情緒產生的邏輯錯誤。

命題推理讓人類不會受困於相似性與刻板印象，催生出理性的最高成就，如科學、道德、律法。（原注39）若從家族相似性來看，鼠海豚應該是魚，但運用生物學林奈分類法（例如「**若**會哺乳餵養後代，**則**屬於哺乳類」）我們明白事實不然。經由一連串定言推理，我們知道了人類由猿演化而來，太陽是恆星，固態物體分子間有很多空隙。社交場合中，大家善用模式比對，自然而然分辨出人與人的差異：有些人富裕、有些人聰明、有的強壯、有的敏捷、有的好看，還有人與自己共同點特別多。可是回到人生而平等這個命題時（**若**X為人類，**則**X具有權利），我們也懂得在法律和道德層面摒除成見，公正對待每個人。

第四章

機率與隨機

成千上萬個故事在無知人群中口耳相傳，他們真的信了，可是一到學者那兒就會忽然失傳。

——山繆．約翰遜 Samuel Johnson（原注1）

雖然後人引用了很多愛因斯坦根本沒說過的話，但他的確以不同句子表達過好幾次相同概念：「我認為上帝不擲骰子。」（原注2）然而無論愛因斯坦對次原子層級的觀點是否正確，我們所處的世界看起來很像巨大的骰子遊戲，其中充滿無法預測的要素。賽跑未必最快的贏，打架未必最壯的贏，精明幹練的人未必有錢，才華出眾的人未必有名，每個人都受到時機和命運擺布。如何應對生活中的隨機和知識裡的不確定性，是理性的重要環節。

隨機是什麼？來自何方？

左頁的漫畫裡，呆伯特提出的問題提醒我們一件事：其實「隨機」在口語中由兩

計數之旅
這是我們的隨機亂數生成員
9、9、9、9、9、9
你確定是隨機亂數？
隨機的問題就是無法確定啊。
www.dilbert.com

種觀念組合而成，一個是數據資料缺乏規律；一個是過程缺乏可預測性。他質疑小妖怪說出一連串的九是否真的隨機，原因出在太有規律了。

呆伯特覺得數列有規律並非錯覺，好比很多人在墨跡裡能看見蝴蝶圖案。非隨機的規律能夠量化，規律的精髓則是簡化：一組數據的最短描述比數據本身來得短，就能說是非隨機。（原注3）譬如若以「6 9s」表示（將描述轉換為速記法）只要兩個符號，而數據組「999999」本身則有六個符號。其他感覺上非隨機的數列也能壓縮，比方「123456」可濃縮為「1-6」、「505050」是「3 50s」。而一般人覺得隨機的數列，如「634579」無法精簡，只能將數字全部唸出來。

漫畫裡小妖怪給呆伯特的解釋則是隨機的第二層含義。隨機也代表混亂、無法預期的生成過程。牠說得沒錯，隨機的過程也可以生出非隨機的規律，至少短期不成問題，像這兒才六個數字而已。既然亂數生成者不按照特定法則運作，只是隨便說出六個數字，偶爾連續六個九又有什麼不對？只要數列延長，隨機性就會重現，巧合的規律也會被打斷。

小妖怪的回答值得深思。將非隨機性的規律誤會為非隨機性的過程是人類很嚴重的思考盲點，分辨兩者的差異則是理性及教育給我們的珍貴禮物。

討論這個主題，要先回歸到隨機亂數的物理機制。愛因斯坦暫且不論，多數物理學家相信進入次原子領域，也就是量子力學，宇宙間確實有無法化約的隨機性，譬如原子核的衰變以及電子轉換能階釋放光子的現象。量子力學的不確定性經過放大可以對生活造成實質影響：以前我在動物行為實驗室當研究助理，當年所謂的迷你電腦（minicomputer）都是冰箱大小，而且還跑得很慢，生不出像樣的亂數表，主管決定自己開發新裝置，把放射性同位素裝進膠囊，加上小型蓋革計數器偵測間歇粒子噴射，就成了隨機觸發的鴿子餵食機。（原注4）然而在人類實際生活的一般領域內，量子效應微乎其微幾乎可以忽略。

倘若世界就像一局撞球，恪遵牛頓力學方程式運作，隨機性從何而來？一九七〇年代曾有過一則（諷刺速限標誌的）海報標語：「重力不只是個好主意，還是科學定律。」[1]（原注5）單純就理論來看，一八一四年拉普拉斯（Pierre-Simon Laplace）提

1　譯按：此句型常被挪用作為惡搞或宣傳：某某不只是個好主意，還是法律規定。（原文 law 有科學定律或法律規定兩種釋義。）

出思想實驗：如果有個惡魔[2]掌握了宇宙間每個粒子的確切位置與動量，只要放進物理方程式不就可以精準預測未來嗎？

現實世界雖然建立在許多法則之上，還是有兩個因素可以造成真正意義的隨機事件。首先是科普讀者很熟悉的「蝴蝶效應」，命名淵源為巴西一隻蝴蝶振翅引發一連串物理現象，最終導致美國德州出現龍捲風。就算是決定論的非線性動態系統也能產生蝴蝶效應，亦即「混沌」（chaos）：最初條件便存在細微得儀器無法測量的差距，滾雪球般越滾越大造成結果極端不同。

在決定論的系統內，人類能夠觀察到的另一種隨機性同樣有個耳熟能詳的名字，叫做「丟銅板」。嚴格來說，丟銅板並非隨機，高明的魔術師就能巧妙控制正反面。但如果結果取決於一連串細小且難以追蹤的變因，如發射硬幣的角度、力道、在半空會遭受氣流拍打等等，本質上等同於隨機。

「機率」是什麼意思？

電視新聞上，氣象專家說明天某地區有百分之三十的降雨機率。這句話究竟是什

2 譯按：雖然物理學界習慣稱這個譬喻是「拉普拉斯的惡魔」，其實拉普拉斯的原文是「智者」，妖魔為後人添加的詮釋。

麼意思？多數人腦袋裡對這件事情的想像很模糊。有些人以為是該地區有三成面積會下雨，有些人以為下雨時間占一整天的三成，還有少數人以為是三成氣象學者同意會下雨。有些人聽了則認為：預報降雨機率為百分之三十的所有日期裡，有三成日子在該區域的某些地方會下雨。（最後這個陳述最接近氣象學家的認知。）（原注6）

除了氣象預報，還有其他令人困惑之處。一九二九年，伯特蘭·羅素指出：「機率是現代科學最重要的概念，尤其因為沒人真的知道它是什麼意思。」（原注7）精確一點說，每個人對機率的認知不盡相同，第一章的蒙提·霍爾悖論與琳達問題已經呈現出這種現象。（原注8）

機率的**古典詮釋**是觀察機率遊戲得出的理論。將某個過程所有機會均等的結果列出來，再將符合標準的案例加總，除以可能結果的總數，便得到機率值。六面骰任一面朝上的可能性均等，「偶數」對應到兩點、四點、六點，也就是說六種可能結果裡三種符合「偶數」，因此古典理論認為骰子擲出「偶數」的機率為六分之三或百分之五十。（第一章也利用古典理論解釋蒙提·霍爾悖論的正確策略，可以看到許多專家因為過度自信沒有認真列出所有可能性於是掉入陷阱。）

但是為什麼我們一開始會認為骰子每面的機率均等？因為我們評估了骰子的**傾**

向（propensity），也就是骰子根據自然法則會如何運作，判斷因素包括六個面的對稱性、擲骰子的人有沒有作弊、骰子滾動的物理現象等等。

機率的第三種切入點是**主觀詮釋**。擲骰子之前，根據自己知道的一切，從零分到一百分，覺得結果是偶數的可能性有多高？這個計算方式有時稱作貝氏機率詮釋（其實不太正確，下一章會詳述）。

再來是**證據詮釋**，也就是我們認為現有資訊有多大程度保證了結論。想像法庭為了確認被告是否有罪，法官排除不可採納、帶有偏見的背景資訊，只考慮檢察官提出的證據。根據證據詮釋我們可以合理推論琳達的身分：既然她是社會正義鬥士，作為女性主義銀行行員的機會就大於沒有特徵的銀行行員。

最後是**頻率詮釋**：擲骰子很多很多次，假設一千次，將結果全部記錄下來，應該會發現偶數約五百次，也就是約為一半。

通常這五種詮釋可以串連起來。以丟銅板為例，硬幣也是兩面對稱，兩個可能結果裡有一個是人頭，直覺會覺得「人頭」和「數字」一半一半，分析起來兩邊差不多，實驗多次也會得到人頭占半數左右的結論。五種詮釋底下，人頭的機率都是百分之五十。即便如此，五種詮釋畢竟各自不同，也有分道揚鑣的場合，也就是詮釋不一致的情況導致人對機率感到錯亂、矛盾，甚至演變為慘劇。

極端的例子是將前四種詮釋放在機率難以釐清的單一事件上。你年過五十的機率是多少？波諾成為下任教宗的機率是多少？小甜甜布蘭妮和凱蒂．佩芮其實是同一個人的機率有多高？土衛二（土星的第二個衛星）上有生物的機率呢？有些人會覺得這些問題毫無意義，一個人的年齡是固定的，跟「機率」沒有關係。但是仔細想想：如果採取主觀詮釋，我可以給自己的無知打分數。有些統計學家聽了會跳腳，他們認為機率概念只能用在算得出次數或個數的具體事物上。還有些人說單一事件的機率這種東西不存在數學裡，只存在精神分析之中。（原注9）

外行人對於單一事件機率這個概念同樣執著。氣象預報說降雨機率百分之十，結果被淋得一身濕就忿忿不平；二〇一六年民調顯示希拉蕊．柯林頓勝選機率百分之六十成為笑話。預測者為自己提出的機率辯護時採取頻率詮釋：十個降雨機率百分之十的日子裡有一天會下雨，十次民調結果為六成勝率的大選裡該候選人能勝出六次。左頁這則漫畫裡，呆伯特的老闆示範了常見謬誤。

第一章提到琳達，下一章還會繼續探討相同主題：從單一事件發生與否到進入複數事件的頻率時，人類的直覺判斷有盲點。檢察官在法庭上說「被害人衣物採到的

DNA與嫌犯吻合而他又無辜的機率只有十萬分之一」較容易成功起訴，倘若選擇「每十萬個清白市民中就有一個人的檢驗結果會吻合」則難得多。前面那句話強調主觀懷疑機率接近零，後面那句則引導聽者想像被告只是芸芸眾生之一，誰都可能遭到誣告。

頻率和傾向也常常會被混淆。格爾德·吉格亨澤說過一個故事：他參觀太空船工廠，導覽員跟大家說亞利安火箭[3]的安全係數高達百分之九十九點六。（原注10）後來大家看到大海報，上面描繪了九十四支火箭的外形和歷史，其中八支爆炸或墜毀。他問導覽員為什麼安全係數是九十九點六，失事率卻接近百分之九？導覽員解釋安全係數是以各元件可靠度做綜合計算，但火箭失事是人為因素。可想而知，社會各界關心的是火箭飛出去和栽下來的整

3　譯按：Ariane，歐洲太空總署研製，供歐盟或其他國家進行太空任務的一次性運載系統。

體機率，原因並不那麼重要。反例則是很多人好奇為何某參選人勢如破竹，若投票前夕沒出大事則勝券在握，民調卻顯示當選機率才六成？原因很簡單，因為統計時將震撼彈事件也納入考慮了。

機率與可得性

儘管詮釋各有不同，機率與事件密不可分，機率代表所有機會中的一定比例；在古典和頻率詮釋中兩者直接相關，在其他詮釋中則是間接相關。我們認為某事件機率較其他事件高，意思就是我們相信只要機會夠多，這個事件發生的次數也會比較多。評估風險時，我們應當估計特定事件的總數，在心中除以可能發生的情境數。

但科學的重要發現之一是：人類心智計算機率時並不遵守這個規則。我們對機率的判斷，與事件容不容易出現在腦海有很大關聯。特沃斯基和康納曼將此現象稱作「可得性捷思法」（availability heuristic）[4]。（原注11）大腦就像一個搜尋引擎，針對題目跳出許多畫面、故事、體驗影片，這些內容的排序成為猜測機率的基礎。由於思考牽動記憶，記憶便影響了我們對頻率的判斷——自己越常經歷的事件在腦袋裡印象越深

4 譯按：heuristic 一詞意為面對不確定情況時，人類依據過去經驗或有限知識做出快速判斷的思考模式。

刻。在許多場合中，以記憶逆向推論頻率沒問題，譬如被問到都市裡什麼鳥最常見，大家並不需要實施鳥口普查，回想所見所聞就知道鴿子和麻雀比霸鶲或連雀來得多。

人類社會有很長一段時間只能依賴可得性與口耳相傳來評估頻率。雖然很久以前就有統計數據，卻被視作國家機密，只有官員和精英階級能夠接觸。直到十九世紀自由民主興起，數據資料總算成為公共財。(原注12)但儘管現在按幾下按鈕就能查到大量資料，懶得閱讀的人不在少數，大家還是習慣憑印象下論斷，一旦印象與現實世界的頻率有出入就會扭曲我們的理解。這樣的出入可能來自於自身經驗的偏狹，也可能印象是經過心理作用的增強或削減，時間遠近、情緒強弱和記憶完整程度都是影響因素。可得性捷思法對人類生活的影響十分廣泛。

跳脫自身經驗，現代人大都透過媒體認識世界，於是媒體報導的多寡決定了大眾對頻率和風險的認知。氣喘致死率是龍捲風的八十倍，但很多人覺得龍捲風造成的死亡比氣喘多，因為龍捲風在新聞裡有很多畫面可看。(原注13)同樣道理，某些族群在社會得到不符事實的代表性，例如每年全球有多少青春期少女懷孕生子？很多人以為達到兩成，其實高估了十倍。美國人口裡有多少比例是外來移民？民調得到的數據是百分之二十八，實際才百分之十二。同性戀者有多少？美國民眾認為兩成四，統計做出來僅僅百分之四點五。（原注14）美國有多少非裔？常見答案三分之一，是真實數字的二點五倍，答案為百分之十二點七。如果覺得上面這些很嚴重，更明顯少數的猶太人口，反而被高估九倍（民調數字百分之十八，統計數字百分之二）。（原注15）

可得性捷思法是世界局勢的推手，但通常是將之推往不理性的方向。撇開疾病，致死或致殘的最大風險是意外，每年約五百萬人因此喪命（總死亡數五千六百萬），其中四分之一屬於交通事故。（原注16）然而除非死者是具有影像價值的名人，否則車禍基本不會上新聞，社會也就不聞不問。相對而言，墜機會得到很大篇幅的報導，但實際上全球每年僅約兩百五十人死於航空意外，統計起來飛機的每乘客英里安全度是汽車的一千倍。（原注17）即便如此，飛航恐懼症遠多於乘車恐懼症，一次慘烈墜機之後的好幾個月裡會有大量乘客退機票改走公路，卻無視公路死亡率高出千倍。（原注18）網路漫畫SMBC（《星期六早晨的穀物早餐》）上的一則內容也諷刺了這點（見下圖）。

為什麼大家應該修統計學

Used by permission of Zach Weinersmith

具有視覺衝擊效果的淒厲死狀範本之一來自《三文錢歌劇》（*The Threepenny Opera*）之中的一段歌詞：「鯊魚狠狠咬下，天吶，殷紅開始蔓延。」（原注19）二〇一九年美國麻州鱈魚角（Cape Cod）有個衝浪玩家被鯊魚咬死，雖然距離上次鯊魚攻擊事件長達八十年，地方政府還是立刻在各海灘設置類似電影《大白鯊》的警告看板與急救箱，撥出經費研究如何以塔臺、無人機、飛機、氣球、聲納、音響浮標、電磁波或氣味藥劑驅趕鯊魚。明明每年鱈魚角因車禍死亡的人介於十五到二十之間，他們卻不太在意路標、柵欄、交通執法的改善，儘管所需經費與鯊魚防護相比微不足道。（原注20）

可得性偏誤或許會影響地球的命運。好幾位頂尖氣候科學家經過仔細計算之後都得出相同結論：「除了高度運用核能，沒有其他可靠辦法能穩定氣候。」（原注21）核能發電是人類有史以來最安全的能源，礦坑很危險，水壩會故障，天然氣會爆炸，鐵路油罐車會撞死人，而且一次死很多人。燒煤的廢氣更恐怖，每年害死不下五十萬人。但是好幾十年過去了，美國不敢蓋新的核電廠，歐洲更是打壓核電，通常是以又污染又致命的火力發電取代。恐懼背後是三樁歷史陳案：一九七九年美國三哩島事件，無人死亡。二〇一一年日本福島事件，一年後一名工作人員死亡（其餘死亡是海嘯和緊急疏散造成）。只有一九八六年蘇維埃拼裝的車諾比爾核電廠在事故中造成三十一人

死亡，後來幾千人可能因放射線罹癌，等同燃煤每天害死的人數。（原注22）

當然，扭曲風險評估的因素並非只有可得性。與特沃斯基和康納曼一起研究的保羅・斯洛維克（Paul Slovic）發現人類習慣高估陌生的（少見多怪與熟視無睹）、脫離自己掌控的（以為自己開車比機師開飛機安全）、人造的（不敢吃基因改造食品卻敢吃植物自然演化出的毒性物質）、不公平的（認為苦了自己便宜別人）風險類型。（原注23）有這幾種心魔存在，加上社會特別害怕短時間奪走大量人命的事件，加疊起來形成了**恐懼風險**（dread risk）現象，以墜機、核子反應爐熔毀、恐怖攻擊最為明顯。

惡意造成的喪生特別震撼人心，恐怖主義也不例外。研究死亡率的學者常感到困惑，實際傷亡數很低的暴力事件經過鋪天蓋地的報導便能徹底改造社會。史上最慘烈的恐怖攻擊是九一一事件，奪走三千多條人命。除此之外，即使情況較糟的年份，美國每年死於恐怖活動的人數不過幾十人，放在他殺與意外類別底下根本只是統計誤差的程度。（比較起來，死於雷擊、蜂螫、浴缸溺斃的人數都比恐怖攻擊多。）但美國因為九一一事件而在聯邦政府設置全新部門，對平民進行大規模監控，嚴加管制公共設施，還為此挑起兩場戰爭，戰死沙場的美國公民超過二〇〇一年美國總死亡人數兩倍，還有數十萬伊拉克和阿富汗人陪葬。（原注24）

校園槍擊是另一個低傷亡卻高恐懼的代表，每年平均死亡人數為三十五，相比因勤務死亡的一萬六千名警察實在是小數目。（原注25）可是各級學校花了數十億美元進行不知效果如何的安全措施，像是購置防彈白板、為教師配備胡椒彈槍[5]，還逼著學童們配合進行嚇人的槍擊事件演習。二〇二〇年，手無寸鐵的非裔美國公民喬治・佛洛伊德（George Floyd）遭白人警察殺害，引發大規模街頭抗議之外，還在大學、媒體和企業中衍生出批判性種族理論（Critical Race Theory）這門激進思想，理念基礎是美國黑人長期活在警方虐殺的威脅下。如同恐怖主義和校園槍擊，實際數字叫人傻眼——不分種族膚色，美國每年僅六十五位未持武器的平民被警察殺死，限定非裔更只有二十三位。但每年有七千五百個黑人死於他殺，兩相對比還不到千分之三。（原注26）

死亡事件經過媒體轟炸式報導後，社會的恐懼大幅膨脹，劇烈的心態轉折無法單從可得性偏誤切入剖析。與許多堂而皇之的非理性一樣，背後有人類心智的隱藏規則撐腰，講究達成目的而非精準機率。

純粹考量機率的話，社會對同類相殘反應過度並不理性，然而若放在賽局理論（詳見第八章）框架下卻又合理了起來。他殺有別於其餘類型的死亡威脅：颶風或鯊魚不在乎社會是否做出因應，但同為人類的殺人犯卻會顧忌。大眾表達出錯愕憤怒並

5 譯按：胡椒彈內含成分類似胡椒噴霧的催淚性化學粉末。

積極鞏固安全、司法，甚至採取報復手段，等於對預謀犯案者釋放嚇阻訊號，他們因此不敢輕舉妄動。

賽局理論還可以解釋一九六〇年湯瑪斯．謝林描述的瘋狂情境如何形成，這類事件稱作社群公憤（communal outrage）。（原注27）引發社群公憤的前提是群體的成員或是象徵標誌在眾目睽睽下遭受攻擊，眾人一怒之下進行動員和報復。經典案例是一八八九年美軍緬因號戰艦爆炸導致美國和西班牙之間的戰爭，一九一五年英國盧西塔尼亞號沉沒促使美國參與一次大戰，一九三三年德國國會縱火案成了納粹獨裁的契機，一九四一年珍珠港事變將美國推入二次大戰，二〇〇一年九一一事件成為美國進攻阿富汗和伊拉克的理由，二〇一〇年突尼西亞賣水果的小販自焚同時點燃茉莉花革命與阿拉伯之春。上述各個事件中，社會反應建立在**共識**（common knowledge）上：你知道，我知道，大家都知道，大家都知道。（原注28）共識是**協作**（coordination）的先決條件，所謂協作是指多股勢力各自展開行動並預期別人也會跟上。製造共識的途徑是**焦點**（focal points），也就是多數人共同目擊或經歷的公眾事件。某個問題民怨已深卻遲遲看不見盡頭，眾怒化為共識引爆集體行動；被慘案戳中痛處的人忍無可忍，不分你我自發性集結，凝聚為意志堅定的群體。事情到了這個地步，原始事件造成多少傷亡已經不是重點了。

不僅不是重點，還可能成為禁忌話題。心理學家羅伊．鮑邁斯特（Roy Baumeister）將社群公憤催化出的心態稱作**被害者敘事**（victim narrative），事件昇華為道德寓言，其過程具神聖地位不可撼動，造成的損害無法彌補，怨恨永遠不能化解。（原注29）被害者敘事的存在意義並非還原真相，而是鞏固組織，追究來龍去脈不但是吹毛求疵，甚至被視為不忠。（原注30）

社群公憤是對沉痾積弊的過度反動，例如喬治．佛洛伊德命案引發大眾對制度性種族歧視的抵抗。有遠見的領導階層會引導社會能量透過更具建設性的形式表達，所以才有「危機就是轉機」[6]這個說法。（原注31）不過縱觀歷史，社群公憤多數受到有心人士操弄，淪為群眾暴力並製造更多痛苦災難。正因如此，我個人認為保持冷靜，精準分析局勢、做出合乎比例的回應，對人類整體會更有幫助。（原注32）

憤怒透過媒體渲染才會在群眾間蔓延。緬因號爆炸事件後才興起「黃色新聞」（yellow journalism）[7]一詞，但即使記者不鼓動侵略主義，讀者還是可能有其他過激反應。我認為媒體從業人員始終沒有意識到新聞報導如何扭曲認知偏誤，許多評論者認為記者根本不在乎那些東西，他們要的只是點擊和聲量。可是就我個人所接觸，多

6 譯按：原文 Never let a crisis go to waste 直譯則是「絕不浪費危機」。

7 譯按：即腥羶色、未經查證、標題殺人、分化族群、以聳動和煽動情緒為主的新聞特徵。起於一八三三年美國《紐約太陽報》。一九〇一年，「黃色新聞大王」威廉．赫斯特（William Hearst）公然在《新聞報》上煽動民眾刺殺總統，結果美國總統麥金利（William McKinley）真的遇刺身亡。赫斯特遭輿論譴責，《新聞報》解散，黃色新聞在美國式微，形成大報與小報分工的新結構。

數記者其實是理想主義者，自認肩負重要使命，維護大眾知的權利。

媒體是可得性的巨大機器，建構民眾內心對常態的預期和印象，然而這個機制打從起點就注定會誤導思考。新聞只能呈現已發生和即將發生的事件，不會發生的事情被忽略是合情合理，但換句話說事件的真實機率——不僅僅是事件發生的機率，還包括事件不成立的機率——無法在報導中得到一席之地，事件在真實世界的頻率任由閱聽人自己想像。

機率認知的扭曲不是一朝一夕，將我們的思考推向病態深淵。突發事件多半是壞事，譬如戰爭、槍擊、饑荒、金融風暴等等。相對而言沒消息通常就是好消息，和平的國家很無聊，豐衣足食的地區從大家記憶中褪去。社會進步是一個持續的過程，以每年百分之幾的速度一點一滴累積。經濟學家麥斯・羅瑟（Max Roser）曾經解釋：如果新聞網站以「昨天十三萬七千人脫離赤貧」作為頭條，可以連續二十五年不必更換標題。（原注33）但由於這件事情並非某年十月某個週四忽然發生，於是媒體從來不報導，超過十二億五千萬人不再窮困雖是歷史里程碑，卻鮮少得到關注。

媒體造成的無知現象可以量化。民調反覆發現大眾對自身生活過度樂觀，對社會整體過於悲觀。比方說，一九九二到二〇一五年被犯罪學界稱作美國犯罪大蕭條，但多數年份裡美國民眾普遍認為犯罪率節節攀升。(原注34) 漢斯・羅斯林(Hans Rosling)以及其子歐拉・羅斯林(Ola Rosling)、兒媳安娜・羅斯林・朗倫德(Anna Rosling-Rönnlund)研究發現多數人明明受過教育，對全球趨勢的理解卻與事實相悖：許多人以為壽命、識字率、赤貧比例正在提高，但這些數字近年都大幅下降。(原注35)(由於新冠肺炎疫情而使比例有回升趨勢，但當然是暫時現象。)

源自可得性謬誤的無知會侵蝕人心。腦海中充斥天災人禍的畫面後，我們會忍不住嘲諷科學技術、自由民主以及全球合作對人類生活沒有助益，進而衍生出麻木心靈的宿命論或不計代價的激進思想，跟著高喊打倒體制、抽乾沼澤，並將權力授予自稱「只有我能解決問題」[8]的人。(原注36) 媒體熱中慘案，也等於為恐怖分子和大規模槍擊凶手提供舞臺，讓他們能夠輕而易舉吸引目光建立聲威。(原注37) 如果記者有專屬地獄，想必要騰一塊位置留給二〇二一年的疫情報導：好不容易出現保護率高達百分之九十五的疫苗，卻有人刻意對接種後仍感染死亡的案例大書特書。嚴格來說這根本談不上新聞(本來就一定會有這種狀況)，卻嚇得成千上萬人抗拒最有效的防疫措施。

我們如何找出真實存在的危險並調整自己的認知？首先需要意識到媒體內建的偏差，將呈現完整數據的資訊管道納入閱聽清單，譬如降低自己對 Facebook 動態消

8 譯按：此處敘述為川普的競選口號。

息的依賴度，多參考「數據看世界」（Our World in Data）的網站。（原注38）記者也該拋棄腥膻色的寫作陋習：報導命案、墜機、鯊魚咬人同時附上每年發生率，這樣大眾不只得知事件機率的分子，也看得到分母。聚焦一時的負面消息，但也介紹長期的演變趨勢。取材來源可以涵蓋各種國內外指標，好比他殺死亡率、二氧化碳排放量、戰爭死亡率、民主程度、仇恨犯罪、對女性的暴力侵害、貧窮程度等等，由閱聽人自己分析情勢，研判政策方向是否正確。曾經有編輯聲稱讀者討厭數學，數據丟進報導只會浪費題材與照片，我看了他們平臺發現事實不然——氣象、金融、體育版面滿滿的數字，大家看得可來勁了，其他新聞怎麼就不行呢？

連言、選言、條件機率

電視上氣象專家說星期六降雨機率百分之五十，星期日降雨機率也是百分之五十，所以週末百分之百會降雨。（原注39）有個老笑話，一名男子為了自保帶了炸彈上飛機，他暗忖一架飛機上有兩顆炸彈的機率微乎其微吧？有人認為教宗一定是外星生物：雖然地球上現有七十八億人口，但只能有一個教宗，隨便找個人正好是教宗的機

率才0.0000000013，然而方濟各就是教宗，這麼說來他應該不是地球人。（原注40）

人的機率認知常有偏差，上面描述的荒唐情節源自計算中第二個步驟混淆了不同的機率概念：連言、選言、互補、條件。如果覺得這四個詞有點眼熟，是因為運用於機率時其實就等於前章提到的**邏輯且**、**或**、**非**、**若則**。公式本身單純，卻都包夾陷阱，不小心中計就會得出可笑的結論。（原注41）

連言機率

兩個獨立事件的**連言機率**可以寫作**機率（A且B）**，是兩者機率相乘，也就是**機率（A）×機率（B）**。格林家有兩個小孩，都是女孩的機率多高？第一胎女生機率零點五，第二胎女生機率零點五，相乘得到零點二五。語言陳述也可以從單獨事件調整為頻率形式，也就是所有生兩胎的家庭裡，大約四分之一的機率會是兩個孩子都是女性。更本能的判斷方式則是回到機率的古典定義，將所有邏輯可能性列出：男男、男女、女男、女女，四種結果裡有一種是全部女性。

連言公式的陷阱在於但書是**獨立事件**。事件之間沒有連結，這件事情的機率不會影響到那件事情的機率，兩者才算各自獨立。想像有個或許不久就會實現的社會：大家可以選擇孩子性別。再想像若剛好那個社會流行性別沙文主義，一半父母只想要男孩，另一半父母只想要女孩。此時第一胎是女孩代表父母偏好女孩，第二胎他們還是會選擇女孩；反之亦然。於是第一胎和第二胎並非獨立事件，相乘計算的機率結果不成立。假設偏好確實極端、技術絕無失誤，這社會中每個家庭的後代不是全男就是全女，則兩胎都女孩的機率是零點五而非零點二五。

未能判斷事件是否獨立會導致機率大錯特錯。有些現象看似巧合，但必須考慮組成分子彼此間沒有隔絕，比如同一棟樓的人互相傳染感冒、同儕團體模仿彼此造型、同一個人回答問卷每題都有同樣偏見、連著幾天幾月幾年的測量要考慮慣性——這種時候其實不是一連串機緣湊巧，應該整體視為單一事件，機率也不是相乘。類似例子像是設置鄰里守望警告標誌，之後十二個月犯罪率都低於平均，有人會認為這代表標誌連續十二個月發揮作用，絕對不是巧合。然而事實上，犯罪率變動緩慢，上個月趨勢影響下個月，所以連續十二個月的走向不是擲十二次硬幣，反而比較接近擲一次的結果。法律訴訟中，誤用連言規則不僅是邏輯謬誤，還會造成司法不公，「梅多法則」（Meadow's Law）是一個經典案例。英國著名小兒科醫師梅多公開說：同一個家庭發生嬰兒猝死事件，「一次是悲劇，兩次是可疑，三次若沒有反證就可視為謀殺」。一九九九年，律師莎莉．克拉克（Sally Clark）痛失兩子，梅多醫師擔任檢方證人時又表示，富裕且不抽菸家庭的嬰兒猝死機率是八千五百分之一，所以兩次猝死機率是平方後的七千三百萬分之一。克拉克女士因謀殺被判處無期徒刑，但許多統計學家惶恐不已出面指正：同一個家庭內的嬰兒猝死機率並非獨立事件。孩子的基因來源相同，住處或許存在高風險因子，甚至父母有可能因為曾經喪子而矯枉過正，採取的預防措施實際上增加了次子猝死的機率。克拉克女士第二次上訴（基於不同理由[9]）後獲釋，之後數年裡好幾百個採用類似謬誤邏輯的案件再經複審。（原注42）

另一樁連言機率的鬧劇是二〇二〇年美國總統大選的插曲。川普和支持者聲稱選舉舞弊，意欲推翻開票結果，但遲遲提不出證據。一份送交最高法院的議案中，德州檢察長肯．派克斯頓（Ken Paxton）說：「考量二〇二〇年十一月四日凌晨三點，川普總統普選票數在遭指控的喬治亞、密西根、賓夕法尼亞、威斯康辛四個州都保持領先，前副總統拜登能在任何一州勝選的機率不到千兆分之一，也就是十的十五次方分之一。他要四個州全部拿下，機率比千兆分之一的四次方還低。」這套數學推論令人驚愕，派克斯頓的假設建立在開票累計完全是獨立事件，但市區選民、郊區選民、鄉村選民的投票行為模式各有不同，現場投票與郵寄投票也涇渭分明（尤其二〇二〇年

9　譯按：雖然梅多醫師的機率數據遭到各方質疑批評，案情逆轉關鍵在於發現檢方病理學家早已察覺遺體有金黃色葡萄球菌移生（亦即自然死亡可能性），卻始終未告知參與本案的其他醫學人員、警察和律師。

川普鼓吹支持者採取現場投票）。換言之，每個開票所的票數並非獨立事件，都有所謂基本盤。而且各選區收到票數回報才能公布，郵寄部分較晚開票，各種差距造成票數來回拉扯，最終結果本來就無法從前中期數字做推估。派克斯頓就單獨一州的機率估算就錯得離譜，還想相乘四次。這四州開票結果也不是獨立事件，能影響大湖州（賓夕法尼亞）選情的因素，自然也能衝擊美國乳製品重鎮（威斯康辛）。（原注43）

統計獨立

統計學上，事件是否彼此獨立與因果概念有關：若一個事件會影響到另一個，就不能說兩者為統計獨立（不過我們之後會看到，反之並不然：因果不相關的兩者，也可以是統計相關）。而賭徒謬誤也與此有關，輪盤的這一輪與下一輪無關，因為連著幾輪黑色就孤注一擲押紅色很容易賠光，每輪紅色和黑色的機率始終是略低於零點五（因為還有〇和〇〇是綠色）。有關統計獨立的謬誤是雙向：錯誤假設兩者無關（梅多醫師）和錯誤假設兩者有關（賭徒謬誤）都不行。

事件之間是否獨立有時不容易判斷。認知偏誤運用於日常生活研究，很有名的一篇分析來自特沃斯基與社會心理學家湯瑪斯·吉洛維奇（Tom Gilovich）的合作，主題是籃球比賽的「熱手」（hot hand）。（原注44）籃球迷常聽到一種說法：某某球員「手感正熱」、「進入狀態」、「全神貫注」。一九八〇年代，NBA球星文尼・強森（Vinnie Johnson）在底特律活塞當後衛，就是所謂的「手感性射手」，由於手感加熱速度快得到「微波爐」（The Microwave）這個外號。然而特沃斯基與吉洛維奇冒天下之大不諱，跟球迷、教練、球星與體育記者說：熱手只是認知錯覺，一種反向的賭徒謬誤。他們分析比賽數據，結論指向每次投籃都是獨立事件，和之前連續投幾次無關。

然而若先撇開研究報告，熱手現象並不像賭徒謬誤直接在因果關係上站不住腳。輪盤沒有記憶，球員的表現卻取決於身體和大腦，體能和自信在幾分鐘的時間內爆發聽來並非無稽之談。正因如此，其他學者重新審視數據後得出不同結論並未違反科學架構——這回恐怕頭腦不簡單的人錯了，四肢發達的人反而說得對，以籃球而言熱手現象是**真的**。經濟學家喬舒亞・米勒（Joshua Miller）和亞當・桑朱若（Adam Sanjurjo）重新分析，發現如果先從一連串投籃結果中篩選出連續進球和連續落空，隨後一次投籃結果則不是獨立事件：連續進球之後再進球是延長連續，既然成為連續的一部分就容易被排除在樣本外，唯有落空才會中斷連續，以「連續進球之後的投籃」為標準會放大落空的比例。從這個角度切入會發現結果並不隨機，也推翻籃球員沒有手感、與

輪盤機制相同的說法。（原注45）

熱手謬誤本身成了謬誤，我們從中可以理解三件事。首先，統計相依性不只出現在事件具有因果關係時，還包括篩選和比較標準受到影響的情況。再者，造成賭徒謬誤的認知機制未必那麼非理性：如果在一連串事件中鎖定連續部分，固定長度的連續確實是中斷的機率大於繼續。最後則不得不說機率真的很反直覺，專家學者也常常會栽跟斗。

選言機率

接著看看事件之間的**選言機率**，也就是**機率（A或B）**。計算時將A的機率加上B的機率，再扣掉A和B同時成立的機率。布朗家有兩個小孩，其中至少一個女生的機率為何？第一胎是女孩，或者第二胎是女兒，所以零點五加零點五減零點二五，答案是零點七五。同樣可以計算排列組合得到結論，全部共有男女、男男、女男、女女（四種可能性），其中男女、女女、女男符合（三種）。或者觀察長期頻率，兩胎家庭數量足夠時，會發現大約四分之三至少有一個女兒。

從**邏輯或**的計算可以看出前面氣象播報的案例有什麼問題。週六和週日各有百分之五十降雨機率，直接將兩天的降雨機率加起來並不等於週末降雨機率，因為這樣重複計算了一次**兩天都下雨**的可能性，所以應該減掉交集的百分之二十五。播報員採用的算式是**互斥或**，也就是A或B成立其一但不會兩者同時成立。互斥事件可以直接相加得到選言機率，總和為一，也就是百分之百。小孩一定是男孩（零點五）或女孩（零點五），機率總和為一，代表不是男就是女（此處僅為解釋數學原理，所以採用簡單的二分法，暫且不將雙性人納入考慮）。萬一忘記差異，將重疊和互斥混在一起討論，會得出非常誇張的結果，譬如氣象預報週六、週日、週一各有百分之五十的降雨率，三天連假的降雨機率豈不變成百分之一百五十。

互補機率就是某事件不會發生的情況，也就是百分之百減去該事件機率。這在計算「至少其一」的時候特別方便。還記得布朗家有女兒，不知道一個或兩個？至少一個女兒，代表不會全部是兒子，所以與其計算選言（第一胎是女孩**或**第二胎是女孩）不如計算連言的互補，也就是百分之百減去全男性（百分之二十五）的機率，同樣得到百分之七十五。目前舉例局限在兩個事件所以感受不到差異，一旦數據規模擴大，計算選言必須反覆加總再減去交集，此時計算「不是全部都**非A**」只要用百分之百減去一個數字，過程簡化很多。

假設每年有百分之十的機率會發生戰爭，十年內至少一場戰爭的機率為何？（姑且假設戰爭都是獨立事件不會蔓延，似乎還算吻合現況。）（原注46）原本的計算方式要先將第一年戰爭率加上第二年戰爭率再減掉兩年都戰爭的機率，而且每個年份組合都要這麼算一遍。但其實直接算出所有年份都沒有戰爭的機率，然後用百分之百去減就好：一年沒戰爭的機率是百分之九十，每年相乘（百分之九十自己連乘十次，也就是零點九的十次方，得出百分之三十五），再以一百減去，得到答案百分之六十五。

條件機率

最後來看看條件機率：B成立時，A的機率，可以寫作**機率（A｜B）**。條件機率的概念很簡單，就是**若則**之中**則**的機率。計算也很簡單，以**機率（A且B）**除以**機率**B就得到答案。即便如此，人類對條件機率的理解還是製造出無窮混亂、錯誤與悖論，首先看看左圖是《XKCD》[10]的一則漫畫。（原注47）這位仁兄的錯誤在於混淆了雷擊死亡的**基本率**和**條件機率**，前者就只是**機率（被雷擊中）**，但後者有個前提是在戶外遇上會落雷的暴風雨，所以是**機率（被雷擊中｜在戶外遇上雷暴）**。

條件機率計算公式不難，可是未經具體化、可視化就反直覺（這是常態）。看看

10 譯按：蘭德爾．門羅（Randall Munroe）創作的網路漫畫，部分為科學內容，臺灣中文版網站為 xkcd.tw。

知道上述雷擊死亡率的人，年死亡率是六分之一。xkcd.com

下頁的文氏圖（Venn diagram），一塊區域的面積對應結果的數量，長方形代表一，也就是包含所有可能性。圓圈A包含所有的A，左上圖顯示A的機率（深色部分）在全體長方形（淺色）中占多少，其實等同於前面說過的事件發生數量除以機會總數。右上圖深色部分呈現A**或**B的機率，也就是A的面積加上B的面積但不重複計算兩者重疊部分。重疊部分其實就是A**且**B的機率，也就是左下圖的楔形區域。

解釋條件機率的是右下圖，注意很大一部分變成了白色，意思是略過全體可能性部分，注意力放在

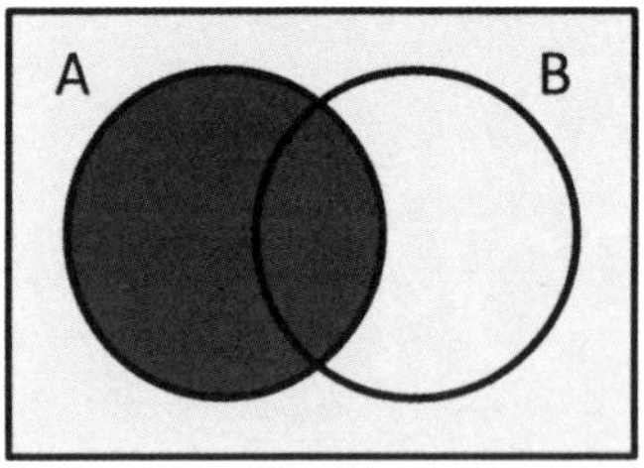

A

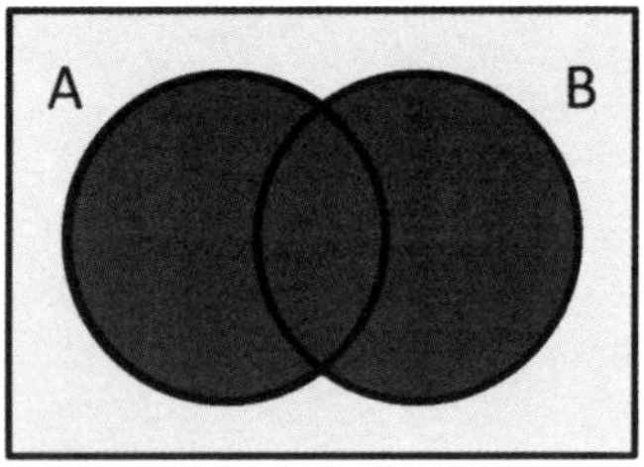

A或B

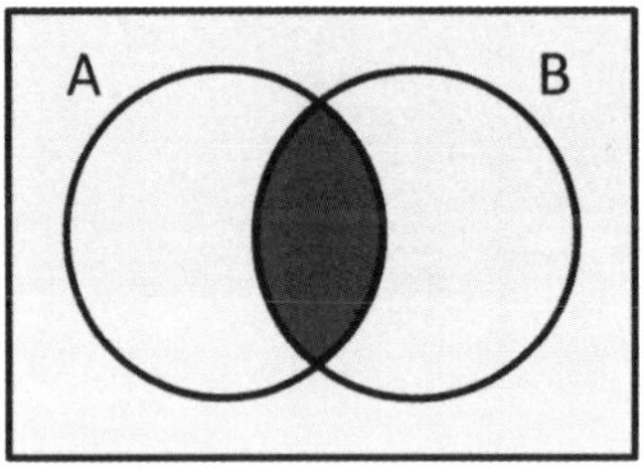

A且B

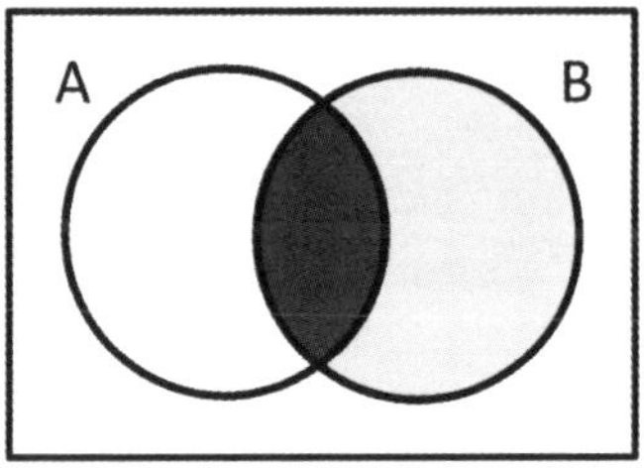

A｜B（B成立時A的機率）

淺色圓圈，也就是B發生的情況。接著看看在已經限定為B發生的情況下，A發生的部分又有多少，亦即A圈和B圈重疊的區域。人走在雷暴（B）的情況裡，有多少會被雷擊中（A且B）？經過圖像化應該就能明白為什麼以**交集機率（A且B）**除以**基本機率（B）**能得到**條件機率（A|B）**。

舉個例子：葛雷家生了兩胎，第一胎是女孩兒，以此為前提，試問兩胎皆女孩的機率為何？將題目轉換為條件機率：第一胎是女孩的條件下，第一胎和第二胎都是女孩的機率。或者轉換為數學形式則是**機率（第一胎為女且第二胎為女｜第一胎為女）**。按照公式，以我們知道是零點二五的連言部分除以第二胎為女孩的簡單機率零點五，便能得到答案也是零點五。或者古典而具體的思考方式是：女女（一種可能性）除以女女和女男（兩種可能性），於是知道機率是一半。

條件機率使統計獨立性這個概念更加準確。前面提起統計獨立性，但我們尚未解釋完畢，現在可以將其定義為：**若B則A的機率與A的全體機率相等，則A與B為獨立事件（反之亦然）**。還記得不是獨立事件時，直接將機率相乘是錯的吧？那究竟該怎麼處理才好？很簡單：A和B非獨立時的連言機率等於A的機率乘以若B則A的機率，也就是機率（A）×機率（B｜A）。

文字、邏輯、數學公式、文氏圖、排列組合——為何要不厭其煩以各種形式反覆講解同一個條件機率概念？因為條件機率真的造成許多誤會，說再多都嫌不夠。（原注48）

不信的話，來看下個例子。懷特家也生了兩胎，至少有一個是女孩兒，那麼兩個都是女孩的機率為何？也就是至少一個女孩兒為前提，兩個女孩兒的條件機率？或者直接寫作**機率（第一胎女且第二胎女｜第一胎女或第二胎女）**。能算對的人很少，所以統計學家將這題稱作「男孩女孩悖論」（Boy or Girl paradox）。多數人會回答零點五，但正確答案是零點三三。就這題而言，思考得太具體反而會被誤導：通常大家會想像第一胎是女兒，然後她會有個弟弟或妹妹，妹妹是兩個可能性其中之一。這樣思考的時候忽略了「至少一個女孩」的另一種詮釋：第二胎是女孩也成立。實際列出來是：女女（一種）除以「女女、女男、男女」（共三種），所以答案是三分之一。套公式則零點二五（女**且**女）除以零點七五（女**或**女）。

男孩女孩悖論不純粹是文字遊戲，還源自我們對可能性的想像不夠完整。如果換個包裝，男孩女孩悖論其實就是蒙提．霍爾悖論，下面是更簡單但概念一模一樣的問題：（原注49）騙子在路邊找人玩遊戲，共有三張卡片，分別是兩面紅色、兩面白色，以及一面紅一面白。他將卡片放進帽子洗牌，隨便抽一張出來，（假設）紅色朝上，然後和路人對賭另一面是不是紅色（是紅色路人給錢，是白色騙子給錢）。這賭局根本不公平，背面紅色的機率是三分之二。腦筋轉不過來的人思考會以卡為單位而非以面做單位，忽略了兩面皆紅的卡片紅色朝上機會有兩次。

然後還記得自己帶炸彈上飛機的笑話嗎？他只考慮一架飛機上有兩個炸彈的整體機率，但是自己帶一顆登機等於排除整體機率中最大一部分。應該考慮的是已有一顆炸彈的前提下，有兩顆炸彈的條件機率為何，而前提是他自己造成的（所以機率為百分之百）。真的要計算，會變成另一人帶炸彈的機率乘以一（他帶炸彈且另一人也帶）再除以一（他帶炸彈），結果自然等同於另一人帶炸彈的機率，他的行為完全不影響結果。

這個笑話在小說《蓋普眼中的世界》（*The World According to Garp*）發揮得很好。主角一家人目睹小型飛機墜落在建築物上，蓋普說：「去買那棟房子，一棟房子被飛機撞兩次的機率根本微乎其微。」（原注50）

在戶外遇上雷暴、自己帶了炸彈上飛機，明明是特殊情境卻未在基本比率加上條件，是相當常見的機率計算謬誤。一九九五年美國橄欖球星O．J．辛普森因涉嫌謀殺妻子妮可出庭受審，檢察官提出一項證據是他有過毆打妻子的前科。辛普森的辯護團隊被媒體稱作「夢幻組合」，其中一位律師做出回應：即便曾有家暴紀錄，演變為殺害妻子的比例也不高，約為兩千五百分之一。但一位英文文學教授伊蓮．史卡瑞（Elaine Scarry）指出這個論點有謬誤，因為妮可．辛普森並非單純受過家暴，還是遭割喉而死的家暴受害者，正確統計方式要將條件納入考慮——家暴過妻子且妻子遭到謀殺的前提下，丈夫是凶手的機率為何？根據文獻答案是九分之八。（原注51）

混淆條件機率

計算條件機率的另一個常見錯誤，是混淆「B條件下的A」與「A條件下的B」，亦即統計學上的肯定後件（從**若P則Q變成若Q則P**）。（原注52）前面提過另一個笑話是疑病症的爾文，他不就因為典型肝病沒有症狀而認定自己有肝病嗎？這代表他分不清楚高機率的有肝病無症狀與低機率的無症狀有肝病。罹患肝病本身的可能性（基礎比率）低，但身體沒有不適則是常態。

基礎比率不同時，條件機率不可混用。舉個實際生活例子，三分之一的致命意外發生在家中，於是媒體下了標題：「家是危險場所」。然而多數人在家時間長，即使居家環境並非特別危險，意外仍舊比較多——**任何事情**放到家裡都會顯得多。報導作者偷換了概念，數據計算的是「發生致命意外為條件，人在家中」，但他寫的是「人在家中為條件，發生致命意外」，因為這樣才能吸引讀者。透過左頁圖會更容易理解，每個圓圈的相對大小代表基礎比率高低（例如A是發生致命意外的天數，B是在家的天數）。

左圖是B成立時A的機率（即「人在家中為條件，發生致命意外」），深色部分

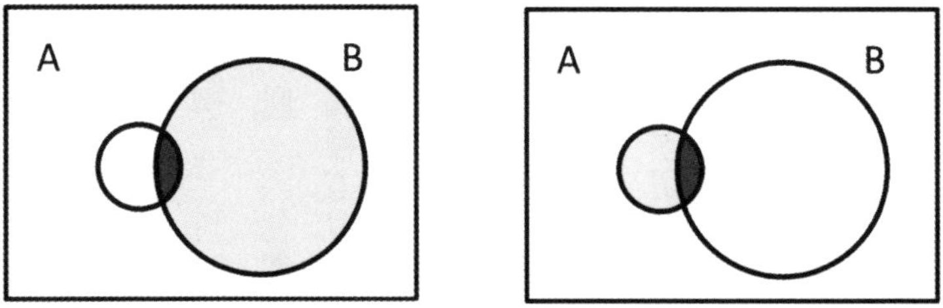

A|B　　　　B|A

（A且B）只占淺色部分（B，代表在家中）很小一塊。右圖則是A成立時B的機率（「發生致命意外為條件，人在家中」），淺色換成代表致命意外的小圈，雖然深色部分位置大小不變，占淺色部分的比例卻提高很多。

條件機率很容易顛倒的原因之一，是語言本身有曖昧空間。同樣一句「在家中發生意外的機率是百分之三十三」，機率可以詮釋為「占意外的比例」或者「占在家時間的比例」，若經過翻譯更容易模糊原意導致估計錯誤。多數自行車意外發生在男孩身上，於是新聞標題說「男孩騎自行車較危險」，大家乍看都以為是因為男孩子行為較莽撞，但真正理由是男孩子比較喜歡自行車，騎車次數比較多。統計學裡有個概念叫做「檢察官謬誤」，源於檢察官會聲稱：被害人血型與被告衣物上血跡相同的機率僅百分之三，因此被告有罪機率高達百分之九十七。這個說法混淆了「被告無罪前提下血型吻合機率」和「血型吻合前提下被告無罪機率」（且希望陪審團也跟著混淆）。（原注53）此情境下如何正確計算機率，在下一章探討貝氏推論時會詳細說明。

條件機率的歧義有時會掀起軒然大波。二〇一九年，兩位社會科學家在《美國國家科學院院刊》（*Proceedings of the National Academy of Sciences*）發表的研究引起輿論沸騰，因為他們引用了本書之前提過的類似數據，據此表示社會成見並不正確，遭到美國警方射殺的白人比黑人更多。評論者點出癥結：研究結論呈現的是「以被射殺為前提，目標為黑人」，這個機率確實比起白人來得低，但背後成因是美國黑人本來就較少；換言之，基本比率不同。假設警察有種族歧視，能夠反映的是「以黑人為前提，目標遭到射殺」，而數據顯示機率真的比較高。研究作者回應時表示不確定基礎比率何者較適當（應該採用總人口中的黑人比例，還是成為警方目標的黑人比例），但他們也明白自己的機率陳述引發莫大爭議，於是正式從期刊撤回論文。（原注54）

至於外星人教宗？就是搞混了「以人類為前提，正好是教宗」和「以教宗為前提，正好是人類」兩種機率。（原注55）

事前機率與事後機率

一位男士試穿訂製西裝後跟裁縫師說：「袖子要改短。」裁縫師回答：「不必，手肘彎一點就好了。你看，這樣袖口就上來啦。」男士又說：「這樣啊，可是我彎手肘的話，領口會被往上擠。」裁縫師又回答：「沒關係吧？把脖子伸長就好啦。」男士再問：「但左肩就比右肩低了三吋！」裁縫師告訴他：「不成問題，腰扭一下就平了。」男士穿好西裝，拐著右臂、拉長脖子、軀幹往左傾斜，一跛一跛走在路上。與他擦身而過的兩個路人聊著天，頭一個說：「你看見剛剛那個殘障嗎？好可憐，真同情他。」另一個回應：「是啊，但他的裁縫師是天才吧，連這種客人都能做出完全合身的衣服！」

這個笑話描寫的是另一類機率失誤：混淆了**事前**與**事後**（*prior* 和 *post hoc*，也可以稱作先驗 *a priori* 和後驗 *a posteriori*）的判斷。「事後歸因謬誤」也被稱作德州神槍手謬誤，故事是先開槍命中穀倉牆壁，然後以彈孔為中心畫上靶[11]。進行機率驗算時，分母與分子是否相互獨立會造成結果產生巨大差距。分母是指事件發生的總次數，分子則是符合標準的次數。第一章提到過確認偏誤，與這個概念相關：觀察者期

11 譯按：即中文俗語「先射箭再畫靶」。

待吻合標準的結果，於是只看見符合的案例，忽略了不符合的可能性更多。譬如根據已發生的事情回推通靈人士的預言，準確度想要多高就有多高，但如果用可印證的預言數除以無論正確與否的預言總數，答案或許非常不一樣。一六二〇年法蘭西斯．培根就說過所有迷信都是如此，星象、解夢、占卜、預言等等都一樣。

金融領域也有同樣現象。一個不要臉的投資顧問最初寄件名單有十萬人，他給一半人發送行情看漲、另一半人行情看跌的文章，每季結束後刪除收到錯誤預測的群體。相同流程持續進行兩年，剩下的一千五百六十二人會大感訝異：這位投顧竟連續八季對市場做出精準預測。（原注56）

這種做法若刻意為之是違法詐欺，無心插柳時可就成了金融產業的命脈。股票市場瞬息萬變，即使專業操盤手也很少有人能連戰皆捷。然而還是有例外，二〇〇六年《CNNMoney》報導稱比爾．米勒（Bill Miller）為「這個時代最高明的財富管理大師」，因為他連續十五年在標普五百市場上未嘗敗績。到底是多厲害？假設一位財富管理師每年賺或賠的機率相等，那麼連續十五年都賺的機率才三萬兩千七百六十八分之一（二的十五次方）。但問題是媒體在他已經完成十五連勝之後才發現這件事，物理學家雷納德．曼羅迪諾（Len Mlodinow）在《醉漢走路：機率如何左右你我的命運和機會》（*The Drunkard's Walk: How Randomness Rules Our Lives*）一書中分析過這個問題：美國有超過六千位基金經理人，共同基金在現代社會存在約四十年，計算下來某一個經理人在四十年內某一段連續十五年都預測成功是合理現象，機率高達四分之三。《CNNMoney》的報導標題應該改成「預測中連續十五年賺錢的案例出現了：恭喜幸運兒比爾・米勒」。而且報導過後他的好運也耗盡了，隨後兩年市場「輕而易舉擊潰了他」。（原注57）

除了確認偏誤，事後歸因謬誤另一個大宗，來自人類很難接受巧合就是這麼多。事後回顧並加以辨識，巧合沒有一開始想像得罕見，反而該說注定會發生。業餘數學家馬丁・加德納（Martin Gardner）在《科學人》（*Scientific American*）雜誌專欄對讀者提問：「前面那輛車車牌號碼倒過來就是你的手機，你會不會發現？除了生命靈數大師和文字遊戲大師，還有多少人察覺U、S、A三個字母在『路易斯安那州』〔Louisiana〕這個單字中整齊排列，也出現在『約翰・菲利普・蘇薩』〔John Philip Sousa〕這位偉大愛國作曲家名字最後面？只有腦袋奇葩的人會留意到牛頓出生那年伽利略死了，還有西洋棋冠軍鮑比・菲舍爾（Bobby Fischer）是雙魚座〔Fischer原意是漁夫〕。」（原注58）然而世界上就是有人鑽研生命靈數也有各種奇葩，經由事後歸因謬誤進行穿鑿附會便能講得煞有其事。心理學家卡爾・榮格（Carl Jung）提出名為共時性（synchronicity）的神祕力量[12]解釋本質上無需解釋的現象——這個世界充滿巧合。

現在大家所謂的「迷因」在我小時候透過漫畫書或熱門雜誌流傳，其中一個是美國總統林肯與甘迺迪之間的相似處多得驚人：兩人都在尾數為四六的年份選上議員、在尾數是六〇的年份選上總統、在週五當著妻子面前被人槍擊頭部；林肯總統有個祕書姓甘迺迪，甘迺迪總統有個祕書姓林肯；兩人的繼任者都姓詹森，且都出生於尾數〇八的年份；刺殺兩位總統的兇手都出生於尾數三九的年份，名字都由合計十五個字母的三個英文字構成，其中約翰・威爾克斯・布思（John Wilkes Booth）從劇場逃走在倉庫被捕，李・哈維・奧斯華（Lee Harvey Oswald）從倉庫逃走在劇場被捕。這麼多詭異巧合到底代表什麼？在此無意冒犯榮格，但真的什麼意義也沒有，只是證明了人類心智不適應統計概念才難以接受事實。此外，奇妙巧合被發現以後，通常就會有人加油添醋（林肯總統沒有姓甘迺迪的祕書），非巧合細節則遭到忽略（如兩人生辰和忌辰的日期、月份、年份有所不同）。

科學家也會犯下神槍手謬誤。自二〇一〇年代起，流行病學、社會心理學、人類遺傳學等等學術領域都遭遇再現性危機（replicability crisis），而神槍手謬誤是一種可

12 譯按：此處作者或許僅想強調巧合是自然現象。共時性在榮格理論中並非一種「神祕力量」，探討範圍也不局限在巧合本身，還包含詮釋巧合的心理機制及其功能。

能解釋。（原注59）想想是否很多食物以前大家都說好，但現在大家都說壞；是否一些神奇特效藥後來被證實與安慰劑並無二致；原本據傳與某個生理特徵有關的基因結果是DNA雜訊；也曾有趣味研究發現牆壁貼著眼睛圖片時大家會多捐一點共用飲料基金、人接收了關於高齡的詞彙之後走向電梯動作會變慢。研究人員沒有造假，但現在會認為是「有問題的研究行為」（questionable research practices）、「小徑分岔的花園」（the garden of forking paths）[13]、p值操縱（p-hacking）（所謂p值是一個機率門檻，用於判定「統計學上的相關性」）。（原注60）設想科學家經歷漫長實驗之後，得到的數據竟然一場空，這時候與其乾脆地承認研究假設不成立，是不是更傾向嘗試別種可能：或許假設只在男性或女性身上生效，或許排除太極端的受試者就好，或許川普在任這幾年太特別了，或許改採分級統計而非計算到小數點最後一位，再不然就是繼續進行測驗直到統計軟體跑出驚嘆號然後趕快停手。

上述更動在完成資料收集前屬於合理範圍，然而若在準備好資料後才動手就麻煩了，因為某個條件組合得出漂亮的研究結果可能只是巧合。陷阱存在於機率本質之中，幾十年前的學術界就已經明白，一九七四年我修統計學的時候教授就提醒學生避免資料窺探（data snooping），但這麼多年下來，很少有科學家強烈意識到資料窺探

13 譯按：原為阿根廷作家豪爾赫．路易斯．波赫士（Jorge Luis Borges）的小說，是故事中一部未完成小說的手稿，乍看之下支離破碎但經過解析發現原來記錄了角色每個選擇之後的生命分歧與隨之而來的更多選擇。後來這個書名被用於比喻科學家事後選擇數據以得到期待的研究結果。

會導出多少錯誤結論。當年教授半開玩笑說科學家應該在實驗前寫下研究假設鎖進保險櫃，等實驗結束再取出給同儕檢查。（原注61）他還指出科學家可以寫好幾份不同假設放進不同保險櫃，最後選擇成功「預測」數據的版本。網際網路發達解決了這個問題，目前學界提倡在公開機構「預先註冊」完整研究計畫，同儕和編輯們便能確定資料沒有經過事後篩選及操作。（原注62）

事後機率錯覺極為常見，所以有了自己專屬的名字叫做「集群錯覺」（cluster illusion）。（原注63）人類大腦對於密集發生的事物或事件很敏銳，因為通常彼此有關，例如連續吼叫不肯安靜的狗、造成都市淹水好幾天的氣象、一夜搶了好幾間店的盜匪等等。然而不是成為集群就必然有背後的根本原因，很多集群只是自然現象，事件數量足夠本來就有可能連接或重疊，反而會被分割才是非亂數操作的結果。但因為集群錯覺，大眾會將亂數過程視為非亂數，卻將非亂數當作亂數。特沃斯基和康納曼將擲銅板的真實結果列表給很多人看（包括統計學家），好比「反反正正反正反反反」，之所以會同一面連續就只是常態，但多數人都懷疑是那枚銅板有機關。換作「正反正反反正反正正反」時，大家會覺得「看起來」沒被動過手腳，但事實恰恰相反。（原注64）以前我在聽力實驗室工作也發現同樣狀況，測試機器會亂數發聲，避免受試者預測到時間，但會有人認為機器連續一直叫是因為亂數表壞掉了，他們不知道真正的亂數就長這個德行。

太空裡也有虛幻集群。構成白羊、獅子、巨蟹、處女、射手等等星座的行星並不屬於同一星系，只是從地球的角度望向夜空時感覺它們彼此靠近，喜歡尋找規律的人類大腦便做出了主觀詮釋。曆法也一樣，房間裡有二十三個人的時候，某兩人同天生日的機率超過一半，若有五十七人的話，機率高達百分之九十九。很多人得知以後非常訝異，但其實那句話不代表此時此刻這房裡一定有人和我同一天生日。統計機率不針對個體，是一個事後計算，有三百六十六種方式可以配對。

集群錯覺與其他事後機率謬誤一樣造成許多迷信：福無雙至禍不單行、帶著凶兆出生的孩子、歐美也有人相信所謂災厄年（*Annus horribilis*）會世界大亂。事實上，如果一連串災難侵襲人類，不代表背後有個懲罰罪孽、考驗信仰的神，反而代表沒有「神為操作」刻意將事件打散。

即使充分瞭解機率各種令人眼花繚亂的反直覺機制，運氣這玩意兒還是充滿想像空間。雖然我們算得出一個事件連續發生的平均機率，但好運究竟何時結束仍舊是不解之謎。我十分欣賞的古生物學家、科普作家與棒球迷史蒂芬・傑伊・古爾德寫過一篇文章探討這個主題。（原注65）

古爾德著眼於運動史的重大事件：喬・迪馬喬（Joe DiMaggio）自一九四一年起，連續五十六場比賽擊出安打。他認為即使考慮迪馬喬原本打擊率就漂亮，連續安打也並非史無前例，這個成績在統計學依舊算是難得一見。過程中迪馬喬有幾次真的走運，但不減其成就反而彰顯其珍貴，因為無論優勢多大，沒有一點運氣的話不可能一直連續安打下去。古爾德特別針對運氣這部分做出解釋：

認真理解球員的巔峰期和低谷期，會得到一個關於知識論或者說人生整體的重要啟示。無論物種歷史或自然現象，在混亂世界中要保持連續不變，其實與一連串不間斷的安打沒什麼分別。我們都是賭徒，荷包有限，一同面對資源無窮盡的莊家。賭徒輸光只是時間問題，所以目標就是撐越久越好，並在其間尋找樂趣。如果正好又具有道德觀念，就順便努力保持正道……

迪馬喬連續安打是貨真價實的傳奇，象徵人類生命奮鬥的本質。他實現了最偉大、最難以企及、古往今來智者巫師追逐的夢想——至少在那段時間內，迪馬喬成功躲過了死神的追殺。

第五章

信心與證據：貝氏推論

特別的主張要有特別的證據。

——卡爾．沙根 Carl Sagan

網路上充斥不屑理性的聲音，其中難得的清流是「理性社群」逐漸崛起，成員致力克服認知偏誤，擁抱批判性思維，對知識採取謙卑的態度，力求自己至少能「錯得越少越好」。（原注1）他們的線上課程有一段話很適合作為這章的開場白：（原注2）

貝氏定理（Bayes' rule 或 Bayes' theorem）根據機率判定證據效力，也就是得知新的事實與證據時應以多大程度修正目前認知的機率（或者說，改變主意）。適合貝氏定理者包括以下幾種背景：

- 工作需要用到統計學，如科學家或醫師。
- 研究機器學習的軟體工程師。
- 人類。

沒錯，就是人類。許多理性主義者感慨我們暴殄天物，貝氏定理淪為規範模型中遭到鄙棄的那一群，然而若能加以善用，明明可以大幅提升公眾理性。相反地，數十年來貝氏推論在各個科學領域蓬勃發展，就算外行人講不出術語也解釋不了概念，卻一定感受到「事前機率」（priors）這個詞彙越來越流行且影響力巨大，其實它就是貝氏定理的一個變數。

貝氏推論在醫學界得到廣泛運用。假設人口中女性罹患乳癌機率為百分之一，而某種乳癌檢測的靈敏度（真陽性比例）是百分之九十，偽陽性比例為百分之九，現在一位女士檢測結果為陽性，她確實患有乳癌的機率為何？

以醫生為樣本進行調查，發現最常見的答案從百分之八十到九十都有。（原注3）可是透過貝氏推論可以得出正確答案：百分之九。讀者請相信自己的眼睛，大眾託付性命的醫學專家不只連看懂檢測報告這項基礎工作都會錯，還錯得離譜。在他們的認知中，那位女士有九成機率罹癌，但事實是她有九成機率並未罹癌。想像一下如果自己是病人，聽見這兩種數字的情緒感受差距有多大，後續處理的重心又會多麼不同。所以身為人類，應該要好好理解貝氏定理。

面對風險，決策時要評估可能性（我是否罹患癌症？）並權衡各選擇的輕重（如羅癌卻不做治療可能會死，若沒有羅癌卻接受手術會承受沒意義的痛苦也嚴重影響外觀）。第六章和第七章會說明知道機率的前提下如何妥善做出抉擇，但出發點必然還是得到機率數字：根據現有證據，某個情境為真的可能性究竟多高？

儘管冠上「定理」兩個字聽起來挺嚇唬人，貝氏定理其實很簡單，本章末尾還會介紹如何將它導入我們的直覺判斷中。托馬斯・貝葉斯（Thomas Bayes）提出卓越洞見，也就是對於假設的信心程度可以量化為機率。（這也是本書最後一章探討主觀意義的「機率」時將採用的定義。）這個概念可以稱為機率（假設）、假設的可能性，抑或對假設為真的信任程度。（以醫學而言，假設就是檢驗目標確實生病。）想當然耳，我們對於任何意見的信心都應當基於證據，若以機率的角度來陳述，則信心以證據為條件，我們想知道的是一個假設按照數據有多大機率為真，亦即**機率（假設｜數據）**。也稱作事後機率，因為這是審核資料以後才產生的信心程度。

上述概念建立完整，就已經為貝氏定理打好基礎。其實它與前章提到的條件機率是同一個公式，只是對象換成信心和證據。應該還記得：以B為前提，A的機率等於**A且B**的機率除以B的機率。因此以數據資料為前提，假設成立（我們尋找的目標）機率就等於假設且數據正確（病人得病且檢驗為陽性）的機率除以數據本身機率（無論健康與否，檢驗後為陽性的總比例）。寫成方程式看來是這樣：**機率（假設｜數據）＝機率（假設且數據）／機率（數據）**。另一個延續自第四章的小提醒：A**且**B的機率等於A的機率乘以A為前提時B的機率，代換進貝氏定理會得到下面的式子：

$$\text{機率（假設｜數據）} = \frac{\text{機率（假設）} \times \text{機率（數據｜假設）}}{\text{機率（數據）}}$$

什麼意思呢？回憶一下，式子左邊的**機率（假設｜數據）**是事後機率，也就是審閱證據以後對假設的信心程度，譬如看過檢驗報告以後預估的確診機率。式子右邊的**機率（假設）**則是事前機率，亦即審閱資料之前對於假設的信心程度，取決於假設的內容是否合理完整，也是沒有數據又被迫做預測時的依據。放進疾病的例子，事前機率等於總人口中的盛行率，也就是基本比率。

機率（數據｜假設）可以稱為**可能性**（likelihood），貝氏推論中「可能性」非「機率」的同義詞，而特指**若**假設為真時數據顯示的機會有多大。（原注4）比方說，一個人真的生病了，有多少機會看到症狀、多少機會檢驗為陽性？

機率（數據）是整體而言數據出現的機會，與假設是否為真無關。有時稱作「邊際」機率（marginal probability），但注意邊際一詞在此不是「微弱」的意思，而是類似在表格每行（或每列）外圍加總——假設為真時取得數據的機率加上假設為假時取得數據的機率。將之詮釋為數據的普遍性或一般性可能更容易記憶。套用醫學範本，邊際機率代表無論是否真的生病，**所有**病人表現出症狀或檢測出陽性的比例。

以易懂的詞彙代換算式，貝氏定理變成下面這樣：

$$事後機率=\frac{事前機率\times 數據可能性}{數據普遍性}$$

翻譯為日常語言則是：審核證據之後對於假設的信心程度應等於：審核前的信心程度，乘以假設若為真時證據出現的可能性，再除以證據的總出現頻率。

轉換為常識思考就像這樣：看過證據以後，應該多信任這個論述呢？第一步，如果論述本身合理完整沒有漏洞，可以多信任一些，因為這代表算式中第一個變數（事前機率）較高。醫學院流傳的例子是窗外傳來蹄聲，比較可能是馬兒非斑馬，好比病人肌肉疼痛雖然吻合流感和庫魯病（出現在巴布亞紐幾內亞法雷部落的罕見疾病）的特徵，但前者的可能性還是高得多。

第二步，如果論述為真時，證據也特別容易出現，則提高信任程度，因為這代表算式中第二個變數（可能性）較高。當病人皮膚發青，就該認真考慮是否為高鐵血紅蛋白血症（methemoglobinemia），也就是所謂藍皮病。當去過落磯山的人發燒且滿身皮疹，就該懷疑他是否罹患落磯山斑疹熱。

第三步，如果證據本來就容易出現，要**降低**我們對論述的信任度。這代表算式分母（也就是邊際機率）較高。基於邊際機率概念，我們覺得疑病症爾文以無症狀證明自己罹患肝病很可笑。的確，罹患肝病的前提下無症狀可能性很高，分子因而增加，但同時邊際機率、也就是分母提升更多（多數人平常就無不適），導致事後機率很低，所以我們不會相信爾文的自我診斷法。

置入數字以後是什麼情形？回到乳癌的例子，總人口中的盛行率為百分之一，因此先驗部分是機率（假設）等於零點零一。檢驗敏感度就是可能性，病人確實罹患乳癌且檢驗得到陽性的可能性是：機率（數據｜假設），等於零點九。邊際機率是總和的陽性率，罹病且檢測陽性（百分之一人口之中的百分之九十，亦即零點零零九）

加上未罹病且檢測偽陽性（百分之九十九人口中的百分之九，亦即零點零八九一）加起來等於零點零九八一，四捨五入後就是零點一。三個數字套用公式，零點零一乘以零點九除以零點一，答案是零點零九，等於百分之九。

那為什麼醫生（老實說是絕大多數人）會算錯？為什麼我們認為病人基本上就是罹癌了，但公式卻說她基本上沒有罹癌？

忽略基本比率與代表性捷思

康納曼和特沃斯基點出大眾進行貝氏推論最主要的盲點：我們會忽略基本比率，但基本比率通常是事前機率最好的參考值。（原注5）以乳癌篩檢為例，大家的注意力都放在結果是陽性（公式中的可能性），卻忘記這項疾病在人口中的比例（事前機率）。

兩人進而認為：實際上我們根本沒有遵守貝氏推論。一般人以代表性來判斷事件是否合乎分類標準，也就是眼前事件與類別範本或刻板印象有多大重疊，而類別在大腦中是由錯綜複雜又模糊不清的相似度網路構成（參考第三章）。癌症病人通常篩檢就是陽性，至於癌症盛行率或陽性比例則被擋在思路外（馬或者斑馬重要嗎？）。一

如前面提過的可得性捷思，代表性在大腦中的地位優於麻煩的數學。（原注6）

特沃斯基和康納曼以實驗展示人類忽略基本比率的問題有多嚴重。他們告訴受試者：某城市深夜發生肇事逃逸，當地有兩家計程車行，綠牌公司占計程車總數八成五，藍牌公司則為一成五（這兩個數字就是基本比率，或者事前機率）。目擊者表示看見肇事車輛為藍牌，測驗顯示他在夜間環境下準確分辨顏色的機率為百分之八十（這個數字是可能性，也就是他正確辨識計程車顏色的機率）。根據上述訊息，肇事車輛屬於藍牌公司的機率為何？以貝氏定理計算，答案是百分之四十一，但受試者答案的中位數是百分之八十，將近兩倍。由此可見多數人過分看重公式中的可能性項目，幾乎直接將之視為正解，嚴重削弱基本比率的意義。（原注7）

忽略基本比率造成的問題之一，就是疑病症。有多少人稍微健忘就擔心得了阿茲海默症，稍微疼痛就懷疑長了罕見腫瘤？再來是醫學恐慌，譬如我朋友的女兒未滿學齡時肢體抽搐了一下，醫生看見問說是不是妥瑞症，為人父母的她一聽嚇壞了，幸好冷靜後經由貝氏推論想通簡單邏輯：抽搐常見，妥瑞症罕見。這麼一想心裡踏實得多（還順便教育了醫師如何正確看待統計數字）。

忽略基本比率也助長了成見思維。想像一下：有位名叫潘妮洛普的大學生，朋友口中的她不切實際又過分敏感。（原注8）她曾經在歐洲旅遊，法語和義大利語都很流利，沒什麼生涯規劃，不過字跡漂亮，還能寫十四行詩送給男友當生日禮物。請問：潘妮洛普的主修是心理學還是藝術史？當然是藝術史！等等……不用考慮百分之十三的大學生主修心理學，只有百分之零點零八主修藝術史，差距達一百五十倍之多？無論她去哪兒度假、給了男友什麼禮物，就事前機率而言，潘妮洛普主修藝術史的機率非常低，但在多數人心目中，她是極具代表性的藝術史學生，刻板印象擠掉基本比率在大腦裡的位置。康納曼和特沃斯基再次以實驗證明這個現象：他們請受試者想像七十位律師和三十位工程師（或反之）組成的樣本群體，提供刻板印象如「無聊的書呆子」作為人物簡介，請大家評估目標的職業機率。結果受試者嚴重受到刻板印象左右思考，幾乎將基本比率當作耳邊風。（原注9）（第一章提過的連言謬誤背後也是同樣道理。琳達追求社會正義，她作為女性主義銀行行員的機率竟然比只是銀行行員機率更高，原因是她具有女性主義者的高度代表性，導致很多人忘記了女性主義銀行行員與單純銀行行員兩者的基本比率。）

忽略基本比率還造成大眾提出不可能的訴求。為什麼無法預測誰打算自殺？為什麼沒有校園槍擊預警系統？為什麼不對恐怖分子和大規模槍擊罪犯做出側寫並實施預防性羈押？貝氏定理給了答案：若測驗並非百分之百準確，試圖鎖定罕見特徵只會得到大量錯誤的鑑別結果。問題核心在於人口中僅極其少數會成為盜匪、恐怖分子或進行大規模槍擊（基本比率）。除非未來社會科學能夠完美預測犯罪，並達到天文學預測日蝕般分毫不差的精準度，否則任何測試篩出來的都會以無辜良民為大宗。

留意基本比率會讓我們在反思生活時帶來內心寧靜。我們時不時會盼望機率很低的境遇，像是獎金、極少的入學名額、夢中情人的青睞，甚至覺得懷才不遇，詛咒命運不公。但現實是許多人一起競爭，無論我們自視多高，總會有其他出色的對手，而主事者也並非全知，未必恰巧看見我們的好。記住基本比率，想想龐大的競爭者數量，可以稍微緩解那份怨懟。儘管自認有資格，但基本比率是多少？五分之一？十分之一？百分之一？健康的心態是依據基本比率決定要懷抱多高的期待，並合理判斷自身獨特性能增加獲選機會到什麼地步。

科學的事前機率和教科書的復仇

忽略基本比率其實是忽略先驗的情況中較特別的類型。事前機率是指在審視證據之前我們給予假設多少的可信度，這個概念很模糊卻很重要。不看證據就相信似乎是一種非理性行為，否則為什麼要抨擊偏見與偏誤、僵化教條和預設立場？然而先驗可信度即使會出錯，本質仍是過去累積的經驗及知識。事實上，檢視證據並得到事後機率，可以回頭修正事前機率，這個循環稱作貝氏更新（Bayesian updating）。由於世界被機率主宰，心智亦不可靠，人類不應將最後接觸的事實等同於合理信念。諾貝爾獎得主弗朗西斯·克里克（Francis Crick）有句名言：「能解釋全部事實的理論一定是錯的，因為有些事實本身就是錯的。」（原注10）

正因如此，我們對奇蹟、占星、順勢療法、心電感應以及各種超自然現象仍應當保持懷疑態度，即使有見證者或實驗室聲稱已經證實。這樣就不算固執僵化嗎？對此理性先驅大衛·休謨說出了理由。休謨與提出貝氏定理的貝葉斯年代相近，兩人並未讀過彼此著作，但或許經由中間人達成了意見交流。休謨對奇蹟的著名論述充滿貝氏定理風格：（原注11）

> 能在自然環境中觀察到的就不是奇蹟。好端端的人忽然死去不是奇蹟，因為猝死雖然少見卻已經多次得到觀察證實。反之，死者復活則是奇蹟，因為任何時

代與國家都沒有觀察到這種現象。(原注12)

換句話說，復活這種奇蹟的先驗可信度極低。更有趣的在後頭：

> 任何證言都不足以證實奇蹟，除非證言具有極為特殊的性質，也就是證言不實竟然會比證言意圖建立的事實更奇蹟。(原注13)

以貝氏定理分析這段話，我們是著重在以證言為前提下奇蹟為真的事後機率，與之相對的則是證言為前提下奇蹟不為真的事後機率。（貝氏推論中，以假設為真的機率和假設不為真的機率做比較常常更方便。由於作為分母的邊際機率對兩種事後機率都相同，可以放心省去麻煩的計算。）所謂「證言意圖建立的事實」指的就是奇蹟，極低的事前機率會連帶拉低事後機率。「證言具有極為特殊的性質」則是奇蹟為真前提下的數據可能性，而「證言不實」則是奇蹟為假前提下的數據可能性——包括證人說謊、錯覺、記憶混亂、加油添醋、道聽塗說等等。按照我們對人類行為的理解，這些狀況一點也不奇蹟，意思是可能性遠比奇蹟為真的事前機率來得高。證人有問題的高可能性提升奇蹟不存在的事後機率，於是比較之下奇蹟為真的機率比為假要低了很多。換種方式敘述：全人類對宇宙規律的理解有錯，或者某個人講的話有錯，何者更有可能為真？

以貝氏推論質疑超自然現象可以更言簡意賅。天文學家卡爾・沙根有許多科普著作，他的一句名言就是本章開頭引述的：「特別的主張要有特別的證據。」特別的主張就貝氏定理而言事前機率很低，若要假設為真的後驗可信度比假設不為真更高，必須在數據可能性上遠遠超越才辦得到，這樣的證據自然十分特別。

第四章提到科學界遭遇再現性危機，原因就是科學家自己沒能遵守貝氏推論。再現性危機浮上檯面起於二〇一〇年知名社會心理學家達洛・貝姆（Daryl Bem）在地位崇高的《性格與社會心理學期刊》（*Journal of Personality and Social Psychology*）發表論文，聲稱九次實驗中受試者在隨機事件發生前就成功預測（且預測率超出巧合程度）。譬如螢幕顯示兩道布簾，受試者先猜測哪一道後面藏有色情圖片，接著電腦才亂數決定。（原注14）不出所料，實驗結果無法再現，何況無法再現也合乎情理：社會心理學家給幾個大學生看色情圖片，結果就推翻了物理學定律，這樣的事前機率可說無窮小。我曾經找了社會心理學的同仁談論這件事，對方卻回道：「可能是平克你不懂物理學定律吧！」但其實真正的物理學家，如蕭恩．卡羅爾（Sean Carroll）在著作《詩性的宇宙》（*The Big Picture*）中，就解釋了為何物理定律確實排除了預知未來或其他超感應力。（原注15）貝姆一事鬧得滿城風雨，而且凸顯相當尷尬的問題：如果知名學者以最新技術進行研究，就能通過同儕審核在權威期刊發表荒誕論述，所謂的知名、權威、規範、技術究竟標準何在？答案之一，是事後歸因謬誤影響深遠，學界遲遲未能正視資料窺探和其他有問題的研究行為所帶來的傷害。答案之二則是可見貝氏推論多麼重要。

其實多數心理學實驗可以再現。我和很多心理學教授每年在各個入門課程和實驗室裡演示記憶、認知、判斷力的經典實驗，年復一年得到同樣結果。大眾對這些可再現實驗所知甚少是因為結論不太意外，好比說人比較容易記住表單末尾而非中間內容、字母上下顛倒比起旋轉九十度更花時間判讀。通常研究越是引人注意，再現性越是一場糊塗，原因就是實驗結果太過違反直覺：拿著溫熱的杯子會變得比較友善（「溫熱」就溫和？），看見速食店招牌會失去耐心。咬枝筆會覺得卡通更好笑，因為嘴唇被迫做出小幅度的微笑。被要求說謊的人對香皂有正面感受，被要求大聲說謊的人對清潔口腔有正面感受。（原注16）喜歡科普的讀者應該多少都看過一些原本就該被刊在《無法重現的結果》（*Journal of Irreproducible Results*）[1]上的研究才對。

這類研究的再現性很容易成為攻擊目標，因為就貝氏定理來看事前機率太低。儘管不像心電感應那樣低，但若操弄一丁點環境元素就能輕易改變人類的情緒與行為，那可就真的是劃時代的發現。想想公關行銷和心理治療這兩個領域花了多少心血成本卻總是效果有限。（原注17）由於研究結論如此特別，所以登上報章雜誌、獲得大量討論，可是正因如此我們應當基於貝氏定理要求特別的證據，否則沒理由接受。科學期刊傾向刊載引人注意的研究而導致錯誤頻頻，編輯很清楚封面要怎麼下標才能勾起讀者的興趣：

- 達爾文錯了嗎？
- 愛因斯坦錯了嗎？
- 新貴驚動科學界
- X領域的科學革命
- 關於Y，你以前學過的全都錯了

1 譯按：一九五五年創刊，以幽默和諷刺為主的科學雜誌。

關鍵在於，假設累積至今的科學知識並非全然無意義，則「驚人」與「低事前機率」是同義詞。換句話說，即使證據強度相同，特別引發驚嘆的論點可信度仍然較低。犯這個毛病的人不是只有記者和編輯，約翰．約安尼迪斯（John Ioannidis）醫師在二〇〇五年的文章〈為何發表的研究大部分都不對〉（Why Most Published Research Findings Are False）中，點出再現性危機導致同行尷尬。有個很大的問題在於生物與醫療領域的研究者鎖定能成為話題的目標，事前機率幾乎不會成立，需要非常精密的方法才能避免錯誤結論，而能夠完美再現或證偽的主題在大家眼裡卻不具發表價值。

當然我們無需因此否定科學研究的意義。雖然科學不完美，迷信和民俗的紀錄更糟糕，至少科學家跌跌撞撞、七嘴八舌之後還是能得出一些真理。物理學家約翰．齊曼（John Ziman）在一九七八年說過：「大學物理教科書的內容百分之九十是對的，主流物理學期刊的內容百分之九十是錯的。」（原注18）貝氏推論變相提醒我們別總是以「教科書」為恥，也別急著以「科學革命」為榮。

懂得尊重無趣觀點也會改善政論品質。第一章提到許多知名預測大師其實禁不起檢驗，但他們的工作就是以誇張預測吸引觀眾。既然誇張，事前機率自然低，除非他們真的能預知未來，否則先驗低的假設後驗當然沒辦法高。菲利普．泰特洛克研究過真正掌握政經局勢演變的「超級預測員」，發現他們的共同點就是採用貝氏推論，會找出事前機率然後根據證據反覆修正。例如詢問之後一年發生恐怖攻擊的機率，他們會先查詢維基百科之類資料來源，以該地區之前一年的事件頻率作為基本比率。一般媒體社論可不是採取這種標準做法寫出來的。（原注19）

禁用的基本比率和貝氏推論的禁忌

忽略基本比率未必都源自代表性捷思，有時候是故意為之。泰特洛克提到的社會禁忌之一就是「禁用的基本比率」，另外兩項則是「禁忌的交換」和「異端反事實」（詳見第二章）。（原注20）

禁用的基本比率背後有堅實的社會科學論理。社會變數如測驗成績、職業性向、社會信任、所得高低、已婚比例、生活習慣、各類暴力行為多寡（街頭犯罪、幫派犯罪、組織犯罪、家暴、恐怖主義等等）具有統計意義，可以用人口分類指標做分析，包括年齡、性別、人種、宗教、族裔。每個人口類別得到的平均值不同，差距可能很大。差距成因究竟是基因、文化、歧視、歷史或多重因素組合並不重要，因為差距確實存在。

有差異本身不奇怪，但差異的意義值得深思。如果我們想要對某人的未來進行最精準的預測，包括他的學業與工作表現，信用風險或犯罪、棄保潛逃、再犯可能性，以至於進行恐怖攻擊的傾向，若以貝氏推論為基準，首先就會以目標對象的年齡、性別、階級、人種、族裔、宗教作為基本比率，再以個人特徵進行修正。說穿了，這是人物側寫過程，其中採用的成見不是基於無知、仇恨、優越感、意識形態或恐懼，僅僅想從最客觀的角度做出最準確的評估。

然而多數人對此深感不安。泰特洛克請受試者想像：若有位保險業主管要設計保費方案，假設參考依據是各個社區過去的火災頻率時，大家都沒意見，但進一步提到各社區的人種結構不同時，受試者會開始猶豫，甚至指責。事實上，主管只是盡他身為精算師的職責罷了。請受試者扮演主管角色，讀到不同社區的數據差異如此巨大時，他們會試圖以參與反種族歧視運動來獲得道德上的慰藉。

難道這又是人類非理性的表現？種族歧視、性別歧視、恐伊斯蘭、反猶太這類偏見才是「理性」嗎？當然不！回顧第二章提過的理性定義：以知識達成目標。如果精算預測是唯一目標，任何能修正事前機率的數據確實都該納入計算。但重點就是我們的目標不只如此。

公平是更高的目標。基於人種、性別、族裔等因素實施差別待遇是惡的表現，大眾應注重人格的內在，而不是膚色或染色體。既然我們不希望自己受到這種對待，遵循公正性的邏輯（也是第二章）就應該擴及所有人。

更進一步，唯有體制在人民心目中具有公正地位，也就是大家認為自己機會均等，不會因為無法控制的生物與文化背景因素遭到區隔，這樣的體制才能得到信任。倘若制度就歧視你的種族、性別、宗教，你又何必服從遊戲規則？

除了維持公平，另一個理由是避免自證預言。一個種族或性別族群過去受到壓迫處於劣勢，現在的數據平均值自然會受到影響，將已經受影響的數據放進公式預估未來，意思是逼他們困在劣勢中永遠走不出來。這個問題在現階段益發惡化，因為深層學習網路將公式藏在模糊難解的隱藏層內（參考第三章）。從社會整體的角度來看，或許稍微犧牲當下的預測精準度，停下這個傷害公正性的迴圈才是良策。

最後要考慮到政策就是宣言。禁止族裔、性別、人種、宗教等基本比率，等於向公眾強調公平公正的理念，其意義經過政府體系醞釀後會蔓延整個社會，屆時人人都明白任何說詞都不能成為歧視的藉口，進而遏止因仇恨與無知而產生的偏見。

因此禁止特定的基本比率，出發點就是理性。但定理就是定理，放棄精算的準確性如果是為了社會風氣我們樂意之至，不過並非什麼情境都合適，保險業就是不該這麼做的場域。保險公司必須仔細評估各族群的風險差異，若保費低於理賠則會倒閉。因此例如利寶互助保險（Liberty Mutual）確實認定男性青少年的車禍機率較高，並且將風險反映在保費上，不這麼做的話等於要成年女性補貼別人的年少輕狂。即便如此，法律依舊禁止保險公司採用特定的計算標準，其中以種族為最，某些情況下連性別也必須排除。

另一個無法合理禁用基本比率的主題是社會現象研究。如果某個專業領域，男女從業人數不是一半一半，究竟是因為門檻限制女性進入，還是女性試圖進入的基本比率本來就低？少數族裔申請房貸的核准比例較低，是因為審核者有種族歧視，或者如泰特洛克研究中假設的保險主管一樣，是依據不同地區的欠款情況做判斷，只是數據正好與人種呈現相關？想研究這些主題的社會科學家常常被人貼上種族與性別主義的負面標籤，但禁止社會科學研究者與記者探究基本比率，社會往後仍無法判斷一個現象到底是真的歧視，還是經濟、文化、法律層面的歷史累積。

縱使各方面的偏見歧視都下降了，人種、性別、族裔、宗教和性傾向近年來仍一再論為知識分子的戰場。（原注21）我個人認為背後主因之一，是許多人無法正視基本比率的意義，不去分辨何時應該禁止、何時不該禁止。（原注22）但其實這就是社會禁忌的特性，好比「別想著北極熊」[2]這句話，討論禁忌何時為禁忌本身就是一種禁忌。

人人都會貝氏推論

雖然人類思考受到很多禁忌、忽略、成見左右，依舊不改我們能夠運用貝氏推論的事實。（回想一下桑人判定足跡的方法，他們就是按照證據強度推論獵物是否為少見物種。）吉格亨澤指出，儘管一般人的表現有時看似違背貝氏定理，實際上他們的行為是奠基在可靠的數學基礎上。（原注23）數學家偶爾抱怨社會科學家亂用統計公式，以為輸入數據以後，跑跑程式就會自動得到正確答案。現實裡，統計公式能否發揮作用，主要得看前提設定得好不好。外行人對假設也具有敏感度，乍看違背貝氏定理的判斷，有可能是數學家也會提醒的重點。

首先需要注意的是：事前機率並不直接等同於基本比率，只是基本比率在許多紙筆測驗中常被視為「正確」的前提。運用於現實生活時，麻煩在於該採用哪個基本比

2　譯按：要一個人「別想著北極熊」，會導致對方思緒擺脫不了北極熊。

率才對？假設我做了前列腺特異性抗原檢測，結果是陽性，然後要預估我罹患前列腺癌的事後機率，這個情況下事前機率要採取哪種基本比率？美國白人？阿什肯納茲猶太人[3]？六十五歲以上的阿什肯納茲猶太人？六十五歲以上有運動習慣、沒有家族病史的阿什肯納茲猶太人？不同選項得到的數據可能分歧很大。原則上，參考群體的條件描述越細越好，但條件越細樣本越少，所謂的統計雜訊也就越多。理想化的參考目標當然是和我一模一樣的人，那就是我自己一個人構成的群體，百分百的精準卻也百分百沒意義。挑選適合的事前機率需要發揮判斷力，在精細度和可靠度之間取得平衡，而不是像寫考卷那樣題目怎麼說我們怎麼做。

以基本比率作為事前機率的另一個問題是基本比率會變動，有時候還變動很快。四十年前，獸醫系只有一成女生，現在已經高達九成。（原注24）以幾十年前的數據套用貝氏定理會錯得很慘，比直接忽略基本比率還嚴重。而且現代人關心很多層面，但沒有機構統計過那些基本比率。（有人知道獸醫系的猶太裔比例？左撇子比例？跨性別比例？）從史前到近代，缺乏基本比率數據對我們培養貝氏推論直覺確實很不利。

採用貝氏定理時很難決定何者為「正確」的事前機率，所以實驗中受試者跳過這點未必是謬誤。以前面提過的藍色和綠色計程車為例，受試者可能早就考慮過更多條

3　譯按：源於中世紀德國萊茵蘭一帶的猶太人後裔（阿什肯納茲在近代指德國）。

件，例如兩間車行的事故比例、晝夜出車的數量差距、主要的攬客區段等等。這樣的受試者知道自己缺乏關鍵數據，於是決定承認自己的無知，將機率全部預設為百分之五十。後續研究確實發現：如果實驗提供了與車禍更相關的數字，受試者就更傾向採用貝氏推論。（原注25）

再者，基本比率作為事前機率本身也有條件，就是樣本必須從母體中隨機抽選。如果樣本建立在特殊理由上則情況大大不同，比方說喜歡張揚某個特質的人容易被選中。拿前面描述成見思維的例子來看，譬如會寫十四行詩的潘妮洛普、無聊的書呆子是律師還是工程師，除非特地告知受試者「潘妮洛普是從學生中隨機選出」，然後讓實驗問題顯得與描述不相關，否則很多人都會下意識認為樣本特徵應該是種提示，不會和問題完全脫鉤。（這種提問法發展為經典益智節目《你做哪行的？》〔*What's My Line?*〕，玩法是一群人透過問答猜測神祕嘉賓的職業，嘉賓當然不是隨機選出，而是因為職業夠特殊，像酒吧圍事、猛獸獵人、哈林花式籃球隊，或者肯德基創始人桑德斯上校。）但若確定樣本是隨機抽選（譬如親眼看見主持人從罐子抽名條），人類就會傾向採用正確的貝氏推論估算事後機率。（原注26）

最後要注意的是：人類能夠區分單一事件的可信度機率與長期事件的可信度頻率

有所不同。很多基於貝氏定理的提問都採用單一事件機率的問句，好比爾文有沒有庫魯病、潘妮洛普是不是主修美術史、肇事計程車是不是藍牌。面對這種提問方式，多數人確實不習慣以獲得的數據推論主觀可信度，然而統計學家對這種問題是否合理也莫衷一是，認為或許不必列入認知偏誤。吉格亨澤與勒達・科斯米德斯（Leda Cosmides）、約翰・托比（John Tooby）認為人類不習慣將小數點用在單一事件，因為這違反現實世界處理統計資訊的常態。我們體驗事件的有無，而非介於零和一之間的數字。我們對這些「自然的頻率」有足夠的貝氏推論能力，問題形式合乎自然邏輯才合乎直覺，我們才有辦法解決。

那麼回到本章開頭提及的醫學診斷，將抽象數字轉換為具體頻率試試。不要籠統地說「一位女士」，就假設有一千位女性。每千位女性中，有十位罹患乳癌（這是盛行率，或者說基本比率）。這十位乳癌病人中，九位會篩檢出陽性（篩檢靈敏度）。其餘九百九十位沒有乳癌的女性裡，八十九位還是會檢測到陽性（也就是偽陽性比例）。基於這些前提，一個女性檢驗結果為陽性，實際患有乳癌的機率究竟多高？現在應該不難了：九十八位陽性者裡九位罹癌，九除以九十八約為百分之九，也就是正確答案。以這種形式提問，百分之八十七的醫生都會答對（原本形式只有一成五），

甚至十歲學童也絕大部分都算得出來。(原注27)

為何如此神奇?吉格亨澤認為是條件機率的概念引誘我們忽略其他數字。太多比例了——百分之九十真陽性、百分之九偽陽性,百分之九十一真陰性、百分之十偽陰性——而且加起來並非百分之百,所以要算出全部陽性裡面真陽性的比例(其實就是問題核心)得經過三次乘法。然而採用自然頻率邏輯以後,受試者的專注力都放在陽性身上,只要用加法就好:九個真陽加八十九個偽陽等於全部九十八人,其中只有九個是真的,所以才百分之九而已。(至於如何因應這個答案,行動與否和伴隨的代價,會在後面兩章繼續討論。)

如果想要進一步簡化,可以運用靈長類大腦的視覺導向,將數字化為圖形輔助判斷。圖像化的貝氏推論非常直覺,即使教科書舉出偏離日常經驗的例子也適用,下面用計程車肇事為例。將全市計程車想像為一百個方格,每個格子都是一輛車(下頁圖左)。藍牌占一成五,就在左上找十五個格子著色。目擊證人的證詞可信度為八成(圖中),所以將藍牌的三格標示為偽綠(十五輛藍牌車裡有兩成會被錯認為綠色)、綠牌的十七輛則標示為偽藍(八十五輛綠牌車裡也有兩成會被誤判為藍色)。目擊者說肇事車輛是藍色,於是標示為綠色的車無論真假都排除,結果成了右邊的圖,所有

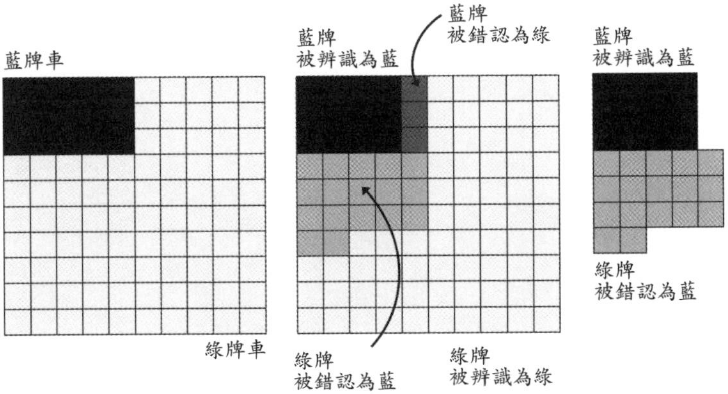

改編自Presh Talwalkar並取得授權同意，Talwalkar 2013

留下來的車都是「藍色」標籤，顯而易見真藍色部分還不到總面積一半。若要精細可以慢慢數，總共二十九格裡面十二格是真藍色，換算出來為百分之四十一。無論自然頻率或視覺圖像，關鍵就是幫助我們聚焦於手上掌握的全體數據（例如檢測陽性或「被看做藍色」的車輛），方便分離真偽兩個群體。

利用既存的直覺並將資訊轉換為適合人類心智的形式，我們還是可以磨練出良好的統計思維，而且有其必要。醫生、法官、立法者這類主宰人們生殺大權的職位，一定要能夠正確認知風險。而事實上所有人都居住在上帝會擲骰子的世界中，貝氏推論和其他統計能力可謂公共財，應當作為教育體系的重點。從認知心理學角度來看，與其執著於人類作為物種的先天偏誤和盲點，不如好好發展與強化既有的理性。（原注28）這一點也得到了民主原則的認同。

第六章

風險與回報：理性選擇與預期效用

大家會埋怨自己記性不好，卻很少懷疑自己判斷力有問題。

——拉．羅希福可 La Rochefoucauld

有些理論就是不受寵，譬如沒多少人喜歡熱力學定律，反倒經年累月不斷有人將無法實現的永動機設計送去註冊專利。達爾文提出天擇，神創論者聽到人類從猿演化而來就生氣，共產主義者也總是想找漏洞證明演化的驅動力並非是競爭。

這個時代最惹人厭惡的理論之一有好幾個名字，包括理性選擇（rational choice）、理性決策（rational actor）、預期效用（expected utility），以及經濟人的假設（*Homo economicus*）。（原注1）有個聖誕節期間，《CBS今晨》（*CBS This Morning*）做了一個很感人的特別節目，他們將數千個裝滿鈔票的皮夾放置在市區各處，發現多數拾獲者都會送還，裡頭不只是錢的話，歸還的機率更高，可見人類還是正直慷慨居多。但難道沒人潑冷水嗎？畢竟「對經濟採取理性態度」的話，多數人應該奉行「誰撿到歸誰、誰丟掉倒霉」這條簡單原則才對。（原注2）

理性選擇到底哪裡讓人不順眼？按照這個理論，面對風險時，理性決策者應該試圖最大化「預期效用」，也就是衡量可能獲得的報酬與獲得報酬的機率。撇開經濟與少數政治情境，這種觀點大概和《小氣財神》裡的史古基差不多，彷彿主張人性本惡、當個自私自利的瘋子才是正途，或者推崇理智到病態的程度，得先計算各種可能與收益才決定談不談戀愛。根據心理學實驗室的發現，多數人並不遵循這套理論做事，似乎指向古典經濟學預設的基礎崩壞、市場經濟運作失靈。（原注3）

然而理性選擇的原始形態其實是愛好者眼中十分優美的數學定理，與人類如何思考與抉擇並沒有直接關聯。許多人認為理性選擇的理論對理性做出最嚴格的描述，能夠成為測量人類判斷力的標準。本章會解釋這個想法尚有可議，人類違反理論並非全是因為非理性，有可能是原本預設的理性標準本身就不合乎理性。無論如何，理性選擇為複雜難解的理性問題點亮了一盞明燈，雖然起源於純粹的數學，卻也能為生命帶來省思。（原注4）

追本溯源，理性選擇理論要回到機率理論初問世的時代。布萊茲・帕斯卡（Blaise Pascal）提出很多人聽過的一段論述，探討人們為何應該相信神：如果信神但神不存在，只是浪費了禱告；若不信神但神確實存在，則必須承受天譴。一九四四年，同一個概念由數學家約翰・馮・紐曼（John von Neumann）與經濟學家奧斯卡・莫根施特恩（Oskar Morgenstern）建立出形式。馮・紐曼或許真的是外星人——和教宗的案例不大一樣，他是智力表現太過傑出，在同儕眼中超出凡人等級。馮・紐曼發明了賽局理論（詳見第八章）、數位電腦、自我複製機器、量子邏輯以及核武的核心元件，並在數學、物理學、電腦科學方面有數十項重大突破。

理性選擇不是分析人類選擇機制的心理學，也不規範人類應該如何進行選擇。它著重於選擇是否**符合**行為人的價值觀，而理性的重點則在於選擇是否符合行為人的目標，因此兩者息息相關。羅密歐尋找茱麗葉出於理性，鐵屑受到磁鐵吸引則不然，因為人才能選擇達成目標的路徑（參考第二章）。換個說法，一個人做出明顯危害自身利益的事情就會被大家當作瘋子看待，比方說花大錢買自己不想要的東西或在天寒地凍中裸奔。

理論之美體現在其公理（axiom）簡明易懂：首先對我們認為「理性」的決策者提出大方向，然後推論決策者採取何種模式能夠符合需求。不同學者的說明方式稍有出入，此處採用數學家里奧納德・薩維奇（Leonard Savage）闡釋、心理學家雷德・海斯第（Reid Hastie）與羅賓・道斯（Robyn Dawes）彙整的版本。（原注5）

理性選擇理論

第一條公理稱作「**通約性**」（Commensurability）：對於選項A和B，決策者或偏好A，或偏好B，或對兩者沒有偏好。（原注6）聽起來很空洞，而且不就是單純的邏輯可能性？差別在於決策者必須三選一，沒有偏好也是一種選擇，不能以類似「蘋果與柳橙無法比較」這種理由拒絕選擇。另一個詮釋是，理性主體有判斷和偏好，非理性存在如岩石或蔬菜則否。

第二條公理名為「**遞移性**」（Transitivity），內容比較有趣：將選項兩兩做比較，若偏好A多於B、偏好B多於C，必然偏好A多於C。應該不難理解為何這個前提不可動搖，一旦違反就陷入所謂「錢泵」（money pump）困局中。假設一個人喜歡蘋果手機多於三星手機，而他現在手上拿三星，我可以用蘋果手機與他交換並賺取差價一百美元。但若這個人還喜歡Google手機多過蘋果，太巧了我又用Google與他交換並再賺差價一百美元。問題來了，要是這個人喜歡三星多於Google怎麼辦呢？遞移性遭到破壞，後果可想而知——我拿三星跟他交換賺差價，這個人賠了三百美元後回到原點，而且照道理會再被詐好幾輪直到破產。無論對理性有什麼想法，錢泵顯然非理性。

第三條公理是「**封閉性**」（Closure）。既然上帝還是擲骰子，選擇就未必局限在挑選冰淇淋口味這種一翻兩瞪眼的事情上，會出現不同可能性和機率的組合，就像買彩券一樣。所謂封閉性是指決策者面對選項A和選項B時，能想像到A彩券的中獎機率是p，並意識到B彩券中獎率因為互補必然是$1-p$。

在理性選擇理論中，雖然帶有機率的選項結果無法預測，但機率視為固定，就像在賭場一樣。這就是所謂的**風險**。如果決策者連機率都不知道而難以判斷，則稱作**不確定性**。二〇〇二年，美國國防部長唐納・倫斯斐（Donald Rumsfeld）分辨兩個概念的說法廣為流傳：「我們知道有『已知的未知』，也就是有些事我們知道我們不知道。但同時也有『未知的未知』，有些事我們不知道我們不知道。」理性選擇理論針對的是已知的未知，亦即風險，而非不確定性。

至於第四條公理，我稱為「**合併性**」（Consolidation）。（原注7）人生不僅常有彩券，有時候彩券給的獎品依舊是彩券，例如好壞難料的初次約會就算一切順利也只是得到第二次約會，還伴隨了許多全新的風險。合併性指出決策者面對一連串的風險抉擇時，會按照第四章解釋過的機率原則計算整體風險。譬如頭一張彩券中獎率十分之一，獎品是另一張中獎率五分之一的彩券，在決策者眼中應當就會估計總中獎率為五十分之一。（這裡先不管有些人從開獎儀式或刮開彩券中得到愉悅的特殊情況。）合併性應該也很好理解，機率運算就像速限或重力，不只是好主意，還是不可違反的鐵則。

第五條公理也很有趣，叫做「**獨立性**」（Independence）。如果你喜歡A多過B，那麼你會喜歡以C為獎勵的A彩券多過於以C為獎勵的B彩券（假設中獎率相同）。換言之，兩個選項都加上有機率得到C這個條件，結果並不影響行為人對兩個選項的偏好程度。再從另一個角度說明，就是兩個選項的表面形式、在脈絡中如何呈現不應造成影響——即使玫瑰不叫做玫瑰，它依舊芬芳。具理性的決策者會專注於選項本身，不受伴隨所有選項出現的雜訊干擾。

獨立性有個更常見的名稱是「獨立於無關選項」（Independence from Irrelevant Alternatives），許多探討理性選擇的理論將其視為大前提。（原注8）還有一種簡略陳述是：若你偏好A多於B，就算加入第三個選項C也不會改變對你而言A優於B的既定事實。據說邏輯學家悉德尼．摩根貝塞（第三章提過）去餐廳吃飯，侍者說當天甜點是蘋果派和藍莓派擇一，他選了蘋果派之後不久侍者又回來，說其實還有櫻桃派可選。摩根貝塞可能一輩子就等這一刻，他回答：「這樣的話，我要藍莓派。」(原注9)如果覺得他搞笑，想必你就明白獨立性為何是理性的判斷依據。

第六條公理是「**一致性**」（Consistency）：若偏好A多過B，則贏了得A、輸了得B的賭局，會比保證得B更為誘人。一半機率總比沒有好。

最後一條公理叫做「**互換性**」（Interchangeability），意思是偏好與機率可以交易。(原注10)假設決策者偏好A多於B、B多於C，面前兩個選擇之一是保證得B，之二是贏了得A輸了得C，則有一定可能性兩個選擇在決策者眼中等價。試著從高機率感受看看：如果九成九機會得A、僅百分之一機率得C，很明顯比直接拿B要優渥。但反面是百分之一機率得A，百分之九十九得C，幾乎注定是最差的狀況，那麼似乎直接帶走B比較穩妥。想像機率在兩個極端間逐步變動的情況，是不是心態也會從一定要賭慢慢轉變成賭不賭都可以，再進而覺得帶走B比較有保障？這就是互換性描述的理智思考。

基於互換性，決策者若要符合理性，必須針對每個結果在連續性的喜好量表上標出分數、乘以機率並進行加總，才會得到該選項的「預期效用」。（此處的預期是指「平均、長期而言」，而不是「期望」的意思；效用也是「對決策者而言的價值」，不是「有用」或「實際」的意思。）一系列計算未必需要有意識地進行，甚至未必要數字化，將想像和感受組織起來就能得到概略結果，接著決策者應當選擇預期效用最高的項目，如此便符合七項公理建立的理性標準。理性行為者會最大化效用，不這麼做就是非理性。

具體案例是在賭場裡找遊戲玩，分析時將每美元視為一單位效用。花旗骰[1]裡擲出「七點」能贏得四美元，機會是六分之一，沒成功就浪費賭注一美元；換言之押注在「七點」的預期效用是（四美元×六分之一）＋（負一美元×六分之五），也就是負零點一七美元。接著與輪盤做比較，珠子落在「七點」的機率是三十八分之一，能贏得三十五美元，沒押中就輸一美元；預期效用是（三十五美元×三十八分之一）＋（負一美元×三十八分之三十七），大概是負零點零五美元。同樣押注「七點」，花旗骰的預期效用比輪盤低，因此選擇輪盤並非不理性。（當然有人認為去賭博就是非理性，因為預期效用永遠是負數。就數學來看，最後一定莊家贏，賭客玩越多賠越慘。但話說回來，會走進賭場的人可能想見識蒙地卡羅的璀璨輝煌，又或者想為人生尋點興奮刺激，這樣算上去預期效用就會是正數，問題只是該選什麼試手氣。）

有機率的賭局用於解釋理性選擇理論很方便，因為遊戲規則就有明確數字能用於

1　譯按：craps，又稱作「派斯拉」（pass line）。

計算。然而生活情境裡本來就充滿抉擇，人類都是下意識判斷每個選項的預期效用。走進超市，卻忘記家裡冰箱還有沒有牛奶，該買一罐回去嗎？我覺得用光了，而且用光了不買的話明天早上沒東西能泡麥片吃，心情會很差。要是家裡還有，我又買回去，最糟糕的情況是放到壞掉，但一來機率不大，二來真的壞了損失金額不高。兩相衡量之後，就知道買比較好。所謂理性選擇理論其實就只是描述這種思考邏輯。

效用到底多有用？

很多人讀完七條公理之後認為，所謂偏好就代表人類主觀感受的愉悅和慾望。然而技術上來說，公理將決策者視為黑箱（black box）[2]，探討範圍僅限於選此不選彼的行為模式。理論從決策者偏好模式中提取出效用作為假設性指標，其意義是解釋如何保持偏好模式前後一致，避免決策者有成為錢泵、亂換點心等等漫無章法的行為。其實理論本身不強迫我們做出符合價值觀的選擇，更不表示透過觀察行為模式就能判斷人的價值觀。

因此社會對於理性選擇的第一個誤解並不成立：理論沒有將人類描述為不具道德

2　譯按：「黑箱」原意為展現輸入與輸出關係但不顯示內部結構的系統或設備。「黑箱作業」為此概念的延伸。

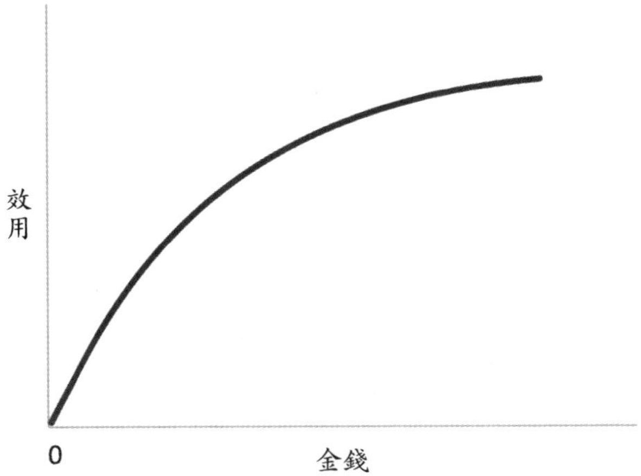

觀念的享樂主義者，更沒有鼓勵大家朝那種方向發展。效用與自私自利是不同的概念，僅表達決策者基於理性會持續追求最大化的某種價值。人類會為後代和親友犧牲，會照顧病人、施捨窮人，會將裝滿鈔票的皮夾送還，這些行為代表仁慈、博愛、誠實都是效用的類別，理性選擇只是告訴大家如何不破壞自己的價值觀。

實際上若自己就是決策者，自然無需視主體為黑箱。效用作為假設性指標，應符合我們內在追求的幸福、慾望、人性光輝等等感受。有趣的是，如果深究這層關係，通常會從最明顯的慾望標的金錢為起點。金錢不一定買得到幸福，但金錢顯然買得到效用，因為人類以金錢作為交換媒介，連慈善也能交換到。不過交換關係並非線性，而是呈現凹曲線（見上圖），術語稱其為「邊際效用遞減」（diminishing marginal utility）。

心理學的意義很明顯：同樣一百美元，窮人增加的幸福程度比富人多得多。（原注11）（這也是財富重新分配的道德論點：不考慮其他因素時，錢從富裕階級往下流動可增進全人類的幸福程度。）在理性選擇理論中，凹曲線並非透過詢問大家金額與幸福感的關係得來，而是觀察人類的偏好表現。現在有兩個選擇，百分之百可得到一千元，以及百分之五十的機會可得到兩千元，你會選哪個？預期金額其實相等，可是多數人會選擇百分之百，這個行為模式並不違反理性選擇理論，而是效用與金額並非一比一，導致兩千元的效用少於兩個一千元的現象。所幸理解起來並不難，人類對滿足程度的評價、賭博時的選擇都符合金錢和效用的曲線關係。

經濟學家認為效用的凹曲線代表「風險規避」。這個詞很容易造成誤會，因為並非形容人不敢拿錢出來投資，而是指預期回報相同時，人類傾向選擇穩健的方法多過於仰賴機率。但其實兩種敘述常常能夠合併：許多人為了求心安買保險，但若有個沒感情的理智決策者其實也會做出同樣選擇。付保費代表金錢軸往左移動一點點，幸福也隨之降低一點點，但若昂貴的特斯拉電動車需要維修卻沒有保險，銀行存款就要往左移動很大一步，幸福滑落的幅度會非常大。理性選擇的人會傾向百分之百損失保費，而不去賭重大損失是否發生，即使心裡明白若計算金額期望值（注意並非效用期望值）一定對自己不利，否則保險公司也得不到利潤了。

問題在於，同樣基於理性選擇的邏輯，人類似乎不該賭博、買彩券、開公司，甚至不該懷抱明星夢，乖乖去工作才是正途。事實則是，就是有人會去做這些事情，對古典經濟學家而言這是無法解開的死結。以保險規避風險時，效用是凹曲線，但賭博則是趨近風險的凸曲線，兩者不能同時成立。如果說賭博是追求刺激，就像買保險是求心安，從情緒切入反倒使矛盾升高一個層次：人類怎麼會演化出兩種相互牴觸的動機，一下要激動、一下要心安，還都願意付錢？如果承認人類不理性或許就說得通了。又或者歌舞女郎、吃角子老虎和其他賭博道具也是一種娛樂，賭客願意花錢享受。再不然也許是曲線在高處其實會向上衝，所以中大獎的預期效用超過單純的金額收益。比方說獎金大到能提升社會階級、改變生活形態，以後就不是小康中產，而是光鮮亮麗又無憂無慮的百萬富翁。美國許多州立彩券的廣告就宣揚這種幻想。

儘管將效用轉為金錢是詮釋理論最簡單的方式，實際上邏輯適用於任何能衡量的價值，連人命的社會觀感也不例外。坊間誤傳約瑟夫・史達林（Josef Stalin）說過：「死一個人是悲劇，死一百萬個人是數據。」姑且不論數字，倒是解釋了大眾對於戰爭或疾病造成的死亡所賦予的道德意義。與金錢和幸福的關係一樣，這些效用呈現出凹曲線。（原注12）在和平的日子裡，忽然發生一場恐怖攻擊、食物中毒導致十幾人死亡都能獲得鋪天蓋地的報導；然而真正發生戰爭或瘟疫，一天死了成千上萬人還屢創新高，逝者都曾是活生生的人，愛過人也被人愛過，並非只是冷冰冰的數字，但大眾心理上反而缺乏真實感。在《人性中的良善天使》（*The Better Angels of Our Nature*）一書中，我便提出人命的邊際效用遞減會導致道德感錯亂，於是小型戰爭逐漸升高為人道災難。（原注13）

違反公理有多不理性？

表面上看來，理性選擇的七項公理似乎天經地義，正常人應該都會遵守。實際上，人類常常棄之不顧。

從通約性開始，感覺好像無懈可擊，人不是喜歡A就是喜歡B，最多就是沒感覺而已。但第二章就討論過例外，所謂禁忌的交換。（原注14）社會將某些事物視為神聖不可侵犯的，就連拿來比較都算是道德淪喪，如果按照公理行事則成為王爾德（Oscar

Wilde）筆下「憤世嫉俗的人」：知道每樣東西的價格，卻不明白它們的價值。我們該花多少錢拯救瀕臨滅絕的物種？掉進水井的小女孩？政府可以為了平衡收支而刪減教育、環保及高齡照護的預算嗎？有個上世紀的笑話，開頭男人問：「給妳一百萬，願意和我上床嗎？」（原注15）威廉・史岱隆（William Styron）的小說作品衍生出「蘇菲的抉擇」這樣的譬喻，故事中女主角不得已得從兩個孩子中選一個送進集中營的毒氣室。第二章探討過迴避比較特定事物的情況，若強化我們對關係的承諾時其實是理性行為，若刻意略過痛苦抉擇只是拖延時間轉移焦點則是非理性。

另一類反例來自心理學家司馬賀（Herbert Simon）提出的有限理性（bounded rationality）。（原注16）理性選擇理論假設行為人擁有完美訊息、無限的時間與記憶，可是凡人面對機率與回報的種種不確定性、獲取與處理資訊需要成本，這些都必須納入決策考量。比如說，旅行時花費二十分鐘在地圖上尋找節省十分鐘路程的捷徑不划算。成本考量不是小事，因為這世界是個小徑分叉的花園，每個選擇之後還有更多的選擇，各種可能性交織起來錯綜複雜，超過合併性這條公理所能涵蓋。司馬賀認為人類通常只能「得過且過」[3]，也就是找到一個超過最低門檻的選項然後將就於此，完美主義有時反而誤事。

3　譯按：原文 satisfice，是 satisfy（滿意）和 suffice（足夠）重組的自創字。

可惜能使人生更簡單的決策原則都有可能違反公理，遞移性也不例外。違反遞移性？難道真的可以把別人當作錢泵，反覆循環交易賺大錢？蘇斯博士（Dr. Suess）的漫畫作品《史尼奇》（*The Sneetches*）裡，黃猴子（Sylvester McMonkey McBean）就一直給史尼奇們在肚子上印星星或除星星，每次才三元。（「最後史尼奇們花到身上一毛不剩，幫忙解憂的好夥伴收好包袱回家。」）[4] 儘管違反遞移性幾乎就象徵了非理性，基於有限理性的兩個特徵，這種情況還是很容易發生。

首先我們並不真的以加法乘除仔細將事物的各項性質轉換為效用，有時候會一項一項分開思考，並利用消去法縮小範圍。（原注17）例如挑選大學，有些人可能直接排除沒有曲棍球隊的學校，再來是沒有醫學院的學校，接著離家太遠的也不要，以此類推。

還有一種方便的思考方式是忽略某個性質的細微差異，關注更要緊的部分。里奧納德．薩維奇提出一個例子：有個旅客又想去巴黎又想去羅馬，始終舉棋不定。（原注18）如果我們給她新的選擇是前往巴黎，以及前往巴黎還能得到一美元禮券。沒錯，多一張禮券當然比只是單純去巴黎旅行還愉快，但不代表多一張禮券的巴黎就勝過羅馬啊！放進原本的解釋裡，旅客偏好A（巴黎加禮券）而非B（巴黎），對B和C（羅

4　譯按：作品中「史尼奇」是一群似鵝的幻想物種。此處提到的單元中，史尼奇因腹部有沒有星星圖案分成兩派，有星星的一派自詡較高級，但黃猴子開始用機器幫牠們印星星，原本有星星的史尼奇又想要除掉星星以維持獨特。

「你願意花多少錢知道宇宙所有奧祕？等等，別急著回答。這裡還有六夸脫裝的義大利麵和清燉蛤蜊兩用鍋。這你願意花少錢呢？」

Michael Maslin / The New Yorker Callection / The Cootoon Bank

馬）感受相同，結果卻不能說她偏好A多過C，於是違反了遞移性。《紐約時報》一篇漫畫換個方式表達同樣概念（如上圖）。

用消去法做選擇可能會完全打亂遞移性。（原注19）特沃斯基假設有三位求職者，性向測驗與工作年資都不同。

人資主任採取兩兩比較的規則：測驗得分差距超過一百的為優，否則年資較高的為優。但如此一來，主任覺得甲比乙好（年資高），乙比丙好（年資高），可是丙比甲好（分數高）。以此假設進行實驗，扮演主任的受試者

	性向測驗得分	工作年資
甲	200	6
乙	300	4
丙	400	2

常常做出違反遞移性的判斷卻不自知。（如上表）

如此說來，難道行為經濟學家能將受試者當作錢泵榨出研究經費嗎？也沒這麼簡單，人會學聰明、三思而後行，而且未必會一時衝動就掏錢。（原注20）不過若少了系統二的平衡，心智確實有些盲點。現實生活中，一次比較一個層面會造成邏輯矛盾，而且是十分常見的現象。面對超過兩個選項，我們常常只關注最後一組，又或者一直繞圈圈，總覺得各有各的優點難以取捨。（原注21）

要把別人當錢泵也不是完全不可能，至少一時半刻的話還是有機會。有些情況下，很多人偏好A大於B，卻願意給B更高的標價。（原注22）（這時賣B給他們，用A交換，以較低價格買回A，便能達成錢泵循環。）怎麼會有這種傻子？很簡單：兩個選項的預期價值相同，多數人偏好機率高的，卻願意在回報高的多花錢。（具體的例子是兩張輪盤票，預期價值都是三點八五美元，可是機率與獎金的組合不同。A票是三十六分之三十五的機率贏得四美元，剩下三十六分之一機率賠掉一美元。B票則是三十六分之十一能贏得十六美元，三十六分之二十五的機率輸掉一塊五美元。（原注23）面對這種情況，多數人選擇A，但請他們標價，B的價錢比較高。）說傻也確實很傻，因為思考標價的時候，人類傾向留意金額而非機率，實驗者採用套利循環真的能騙到一些人。受害者察覺之後往往自己都覺得好笑，說「就是忍不住啊」，或者「我也覺得笨，明知道被占便宜了，但還真的比較想要那個」。（原注24）還好經過幾輪以後，幾乎所有人都能看穿騙局，只不過現實的金融市場上確實有些案例是投資人太單純，過度聚焦於風險或報酬數字，套利者鑽他們的邏輯漏洞便能賺取差價。

獨立於無關選項

那麼「獨立於無關選項」是不是真的能擺脫脈絡與形式的干預？經濟學家莫里斯．阿萊（Maurice Allais）發現下面這個悖論。（原注25）你選哪一張彩券？

超級現金（Supercash）	**威力球**（Powerball）
百分之百機率贏得一百萬美元	百分之十機率贏得兩百五十萬美元 百分之八十九機率贏得一百萬美元

其實「威力球」彩券的期望值比較高（一百一十四萬美元），但因為有百分之一機會什麼也沒有，多數人選擇百分之百的「超級現金」。或許這樣不違反公理，畢竟效用凹曲線導致大家規避風險。但接下來這兩張呢？

百萬富翁（Megabucks）	**美國樂透**（LottoUSA）
百分之十一機率贏得一百萬美元	百分之十機率贏得兩百五十萬美元

這時候多數人選擇美國樂透，因為期望值高（兩百五十萬對上一百一十萬）。聽起來也很合理？看著前面那題，腦袋中的小人說：「威力球看似獎金多，但是選它可能一場空，到時會覺得自己白痴，放著穩賺的一百萬飛走！」但看著後面這題，小人的說法變了：「百分之十和百分之十一，差在哪兒？都有機會贏，不如選大的。」

問題在於按照理性選擇理論，這種偏好違反了獨立性的公理。為了凸顯矛盾，下面將表格上排的條件拆解，但整體的條件並未改變：

超級現金（Supercash） 百分之十機率贏得一百萬美元 百分之一機率贏得一百萬美元 百分之八十九機率贏得一百萬美元	**百萬富翁**（Megabucks） 百分之十機率贏得一百萬美元 百分之一機率贏得一百萬美元
威力球（Powerball） 百分之十機率贏得兩百五十萬美元 百分之八十九機率贏得一百萬美元	**美國樂透**（LottoUSA） 百分之十機率贏得兩百五十萬美元

如此一來便會發現「超級現金」和「威力球」組與「百萬富翁」和「美國樂透」組的基礎一樣，只不過前一組都附加了百分之八十九機率獲得一百萬美元。可是這項附加動搖了我們的決定，好比兩邊都附贈櫻桃派，結果大家卻從蘋果改藍莓。要是覺得研究彩金很膩，特沃斯基和康納曼給了一個與金錢無關的例子。（原注26）你會選擇得獎率一半的免費歐洲二十一天旅程的抽獎券，還是保證免費英格蘭七日遊的交換券？大家通常會選保證有獎的這張。但如果是百分之五得獎率的歐洲二十一日遊，以及百分之十得獎率的英格蘭七日遊？多數人又選擇行程長的那邊。

從心理學的角度來看很容易明白個中道理：機率從零變成百分之一的差距不僅是一個百分點的不同，而是從不可能變成可能。同理，百分之九十九和百分之百的差別不只是一個百分點，而是從可能性變成確定性。兩種特殊情況無法與其他數字變化放在一起比較，百分之十變成十一就真的只是一個百分點。可能性無論多小都代表向前看的希望與向後看的悔恨，基於這兩種情緒做決定是否「理性」取決於個人觀點，有人認為情緒就像餓了吃、累了睡一樣就是自然反應，不該受到貶抑，但也有人覺得那代表演化不夠完全，應當以理性克服。

可能性和確定性觸發了情緒，也導致原本的保險和賭博這種機率選擇變得複雜，無法單純以效用曲線解釋。特沃斯基和康納曼指出機率型保險沒有市場，即使保費低廉很多，但只保障一週中固定幾天的話賣不出去，可是消費者卻能接受只保火災不保風災，儘管兩種選擇背後的風險其實相等。(原注27)原因在於買保險就是為了安心，是為了少一分煩惱，追求的不是整體保障提高，而是減少造成焦慮的原因。社會風氣傾向廢核也是同樣道理，明明核災機率微乎其微，明明火力發電奪走更多人命。美國超級基金法[5]要求政府徹底清除環境中的特定污染物，但最後一成內容所需的經費超過前面九成。最高法院大法官史蒂芬．布雷耶（Stephen Breyer）針對強制清理有毒廢

5　譯按：the American Superfund Law 由美國聯邦政府提出，經國會討論通過後設立。經費大部分來自化學工業稅收，小部分為一般稅收。基金主要用於處理如不當溢出物與有害廢棄物、港口與河川污染物，以及有害物質引起的火災與爆炸事故。

棄物掩埋場的訴訟發表意見：「根據過去十年累積四萬頁的報告（而且各黨似乎都同意），即使不追加預算，掩埋場也已經乾淨到可供孩童每年在上面遊玩七十天，吃進一些泥土也不構成嚴重危害……可是當地是沼澤，所以根本不會有小孩去那邊吃土……花費九百三十萬美元保護根本不存在的吃土小孩，就是我對『最後一成』的疑問。」（原注28）

我有個親戚每週買彩券，我就問他為什麼要把錢白白送人。他解釋的時候，表情像是覺得我腦袋不太好：「你不買就沒機會中獎啊。」這答案未必不理性，因為心理層面上，懷抱發橫財的美夢比起最大化預期效用卻徹底否定可能性或許更令人愉快。這套邏輯在一個老笑話裡發揮得很好：虔誠老人詢問上帝，「主啊，我一輩子遵守教誨，安息日上教堂禱告，盡了為人夫為人父的責任。我有一個小小請求，讓我中彩券好嗎！」天色一暗，光束穿透雲層，低沉的聲音迴盪：「我會幫你一把。」老人振奮不已，但一個月、半年、一年過去，始終沒得到命運眷顧，於是他絕望哭喊：「主啊！我信仰堅定，為何還是遭到遺棄，無法實現願望？」天色又一暗，光滑穿透雲層，聲音再次傳來：「天助自助者，你都不買彩券要怎麼中獎？」

「必然」與「絕無可能」

呈現風險的形式架構會影響選擇，獎勵當然也一樣。如果你已經獲得一千美元獎金，接下來的選擇有兩個：可以再拿五百美元離開，或者玩擲硬幣，正面的話再贏得一千元。兩者期望值相同（都是五百），但根據前面提過的風險規避心態，多數人會選擇保證有獎。但如果改變一下規則呢？如果你已經獲得兩千美元，接下來兩個選擇是直接退五百元回去，或者擲硬幣擲出正面就得退一千元回去。這個情況下，多數人會願意丟銅板賭一把。實際計算起來，兩個例子預期結果相同，差別在於第一個情境中將選擇一描述為「收益」、選擇二描述為「損失」；第二個情境則反向操作風險規避，於是大家主動尋求風險以爭取規避風險的機會。康納曼和特沃斯基由此推論人類未必傾向規避風險，而是想要規避損失，若能避免損失時則甘願冒險。（原注29）

這個原則同樣不限於賭博遊戲。如果被診斷出危及性命的癌症，手術治療的風險是可能死在手術檯上，另一個選擇則是放射線療法。（原注30）心理學實驗中，研究人員告知受試者：每百位手術病人中，九十人平安、其中六十八位存活超過一年、三十四位存活超過五年。而每百位接受放射線療法的病人中，沒有人在療程中出意外，七十七人存活超過一年，二十二人存活超過五年。這個情況下，選擇放射線療法的人少於兩成；換言之，他們著重長時間的預期效用。

換個形式架構，結果大大不同。研究人員告知：每百位手術病人中，十位死於手術檯，三十二位在手術後一年內死亡，六十六位在手術後五年內死亡。至於放射線療法，每百位病人中無人在療程內死亡，二十三位在療程結束後一年內死亡，七十八位在療程結束後五年內死亡。聽到這個版本，將近半數受試者選擇放射線療法，因為寧可接受較高的整體死亡率也不想在治療過程中直接喪命。實際上前後兩種版本明明講的是同樣的機率，只是一個著重生存數字，也就是認知上的收益；另一個著重死亡數字，也就是認知上的損失。

違背公理和理性的思維不僅發生在私領域，也反映在公共政策上。真的很巧，距離新冠疫情爆發的四十年前，特沃斯基和康納曼已經在實驗中請受試者「想像美國為來自亞洲的特殊流行病爆發做準備」。（原注31）我直接幫他們更新題目好了：新冠肺炎完全不治療的話，預估死亡六十萬人。後來開發出四種疫苗[6]，但資源只夠我們選擇一種做大量生產。其中「奇蹟一號」能保證挽救二十萬條人命，「神奇二號」有三分之一機率拯救六十萬人、三分之二機率完全無效。由於規避風險的心態，多數人推薦奇蹟一號。

再考慮另外兩種：「再生三號」的預估數據是四十萬人死亡，「防疫四號」是三分之一機率無人死亡、三分之二機率造成六十萬人死亡。耐著性子讀到現在的人想必能看穿題型陷阱，一號二號與三號四號這兩組根本是相同數據，只是強調收益（拯救人數）和損失（死亡人數）的差異，可是修改架構陳述真的會扭轉結果——這組受試者多數決定尋求風險，建議使用預防四號，因為有可能完全避免人命損失。不難想像有心人如何操弄大眾心理機制，然而並非沒有對策，例如總是同時呈現收益及損失兩種數據，或者以圖表加以視覺化。（原注32）

人類無法清楚認知到機率，對損益的反應又太過極端，康納曼和特沃斯基將其綜合彙整為「展望理論」（Prospect Theory）。（原注33）展望理論可說是理性選擇理論的一種變體，主要描述人類實際的選擇模式，而非指點人類應該採取的做法。左圖呈現我們主觀上的機率感受，亦即「抉擇權重」和客觀機率之間的對應關係。（原注34）曲線接近零和一時特別陡峭（到達這兩個門檻時曲線中斷），在大約零點二時最貼近客觀機率，中間較為平坦部分代表人類心智的模糊地帶，如零點一與零點二一對大多數人沒什麼差別。

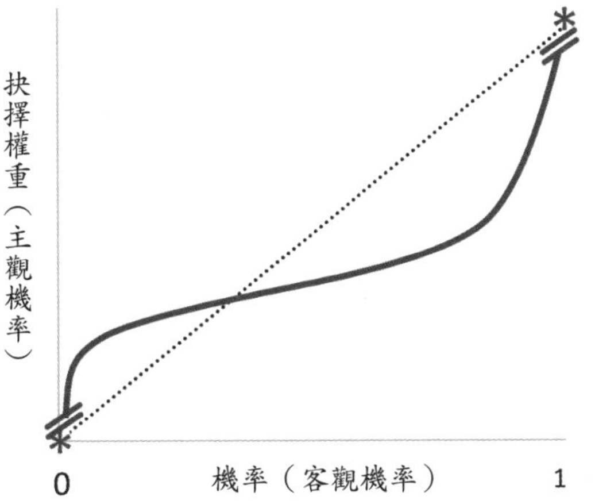

下一頁的圖呈現出我們的主觀價值。（原注35）橫軸基準點可以移動，通常不是零而是當下狀態，單位並非貨幣、人命或其他可量化的事物，而是相對於基準點的收益或損失。由圖可見收益和損失都是凹曲線，每分收益或損失的意義都逐漸減低，然而曲線在下方較為陡峭，因為損失造成的痛苦比收益帶來的愉悅要多，程度在兩倍以上。

以曲線圖描述現象當然不算解釋背後成因，但仍能幫助我們瞭解人類如何違反理性選擇的公理。「必然」與「絕無可能」在認知上有別於極高和極低的機率，所以本書也必須將邏輯和機率理論分為不同章節討論。（「P**或**Q，非P，故Q」不是高可能性，而是邏輯事實。）基於同樣道理，「忽然有

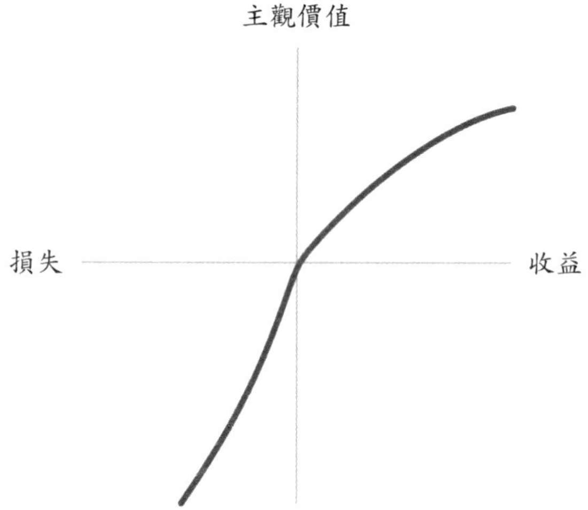

個天才打破熱力學定律解決了能源問題」，這件事超越了機率範疇，因此審核專利的官員不必費心閱讀永動機設計可以直接退回。富蘭克林曾經說：「世事無必然，除了死和稅。」至少前半句沒問題。相對而言，如果不是在賭場，介於零和一中間的機率都包含某種程度的猜測，本來就可能出錯，甚至是大錯。現實世界中，覺得零點一和零點一一幾乎沒分別不算傻。

收益與損失並非對稱，從數學回到現實生活也變得容易解釋了。人類存續至今其實就是在一連串極低的機率中掙扎，走錯一步就要面對痛苦死亡。與特沃斯基共事時，他曾經跟我說：「今天出什麼事能讓你整個人好起來？出什麼事能讓你覺得糟糕透頂？

後面那題的答案寫一輩子也寫不完。」我們對損失特別敏銳其來有自，於是特別致力迴避減損幸福的事件。（原注36）何況推演到極端，死亡超過糟糕透頂所能描述，它代表遊戲結束、不得重來，是一切效用歸零的奇點。

所以人類又違反了另一條公理：互換性。我喜歡啤酒多過一塊錢，喜歡一塊錢多過死亡。這代表特定機率組合下，我願意花一塊錢拿命換酒。

這麼說沒問題嗎？

終究回歸理性選擇？

認知科學與行為經濟學領域興起一股熱潮，探索人類如何違反理性選擇理論。（以熱潮形容似乎太過輕描淡寫，畢竟相關研究竟拿走五座諾貝爾獎。）（原注37）趣味一方面在於揭發了人類有多麼不理性，另一方面也凸顯古典經濟學家與決策理論學者都不懂心理學。關於決策理論家，吉格亨澤很愛說個真人真事（原注38）：一個研究決策理論的學者猶豫要不要跳槽，有間大學開了不錯的條件。他同事得知便說，「你怎麼不把留在這邊和跳槽過去的效用都寫出來，乘上機率，選擇總分高的就好了？你不就做這個研究的嗎？」結果煩惱的學者回答，「這是正事，別鬧了。」

但能夠笑到最後的還是馮．紐曼與莫根施特恩。前面講到社會禁忌、有限理性、不可遞移性，還有人的三心二意、害怕後悔、風險規避、容易被形式架構影響等等，但這些只是描述大家如何違背公理，並不代表我們應該那麼做。當然特定情況下，例如牽涉到愛情忠貞或他人生死，別照理論做計算或許真的比較好。可是在多數場合中，人類希望自身選擇合乎價值觀卻常常辦不到，所以才有了預期效用理論。違反價值觀的舉動叫做愚蠢，合乎價值觀的行為叫做明智，本章已經提到不少違背公理的例子確實愚昧，譬如在政策上不敢做出取捨、追求零風險、被陳述角度擾亂思考。生活中還有很多情境，只要願意計算風險和回報就能做出更睿智的抉擇。

買電器的時候，店員推銷延長保固，該不該買呢？大約三分之一的美國人會買，締造出每年超過四百億美元的商機。問題是給烤麵包機買保險真的合理嗎？汽車或房屋保險合理是因為事故造成的財務損失嚴重影響生活水準，但延長保固這件事，就算你不那麼認真思考也會留意到：價格幾乎是產品本身的四分之一，換言之商品本身的損壞率要超過四分之一才划算。再看看《消費者報告》（*Consumer Reports*）會進一步發現，現代家電沒有那麼脆弱，像電視機不到百分之七需要送修。（原注39）另一個例子是房屋保險的自負額，應該每年多繳一百美元，以求理賠門檻從一千元降低到五百元嗎？很多人願意，但這個決定合理的前提是預期每五年就理賠一次，但數據顯示房屋險平均二十年才申請理賠，也就是說多數人拿出一百美元只換回二十五元的預期價值（五百元的二十分之一）。（原注40）

衡量風險和回報，影響更大的是醫療。醫師與病患都一樣，思考容易受限於傾向：癌症篩檢有好處是因為能提早發現癌症，癌症手術有好處是因為可以切除癌細胞。然而好好考慮成本和效益，再計算背後的機率，可能發現事情沒那麼簡單。每年進行卵巢癌超音波檢查的一千位女性裡有六位正確檢驗出罹癌，未接受檢查的一千位裡則有五位正確檢查出罹癌，而兩組死亡人數都是三人，其實看不出顯著優勢。但代價呢？一千位受檢者中有九十四位被誤診，其中三十一人接受不該做的卵巢切除手術，五人因此受嚴重後遺症所苦。至於沒去檢驗的人，誤診和無意義手術的數量自然是零。不用數學頭腦也能看出來卵巢癌檢驗的預期效用是負數。（原注41）男性未能倖免，前列腺特異抗原檢驗也有同樣現象（所以我不做）。這兩個是比較簡單的例子，下一章會深入探討結果正誤與其成本回報的關係應如何分析。

即使沒有精確數字的情況，在內心粗略將機率和結果相乘仍舊受用。明明不缺錢卻貪贓枉法，或者圖一時痛快賠上清譽和安寧，這種事情賭贏的機率再大也沒多少好處，賭輸的機率再小也是下場淒慘，但做的人少嗎？換個角度，碰上不合適對象機率很大，遇見靈魂伴侶機率很小，可是看大不顧小恐怕會錯過一輩子幸福。

還有些場合賭注則是自己的性命。你是否曾為了省一兩分鐘而超速，按捺不住情緒就邊過馬路邊看手機？以意外機率乘上生命這項代價，你會如何選擇？不願這樣思考的你，是個理性的人嗎？

第七章
命中與誤警：信號檢測與統計決策理論

曾經跳到發燙爐蓋上的貓咪……以後再也不會上去了，這是好事。問題是，就算涼的爐蓋，牠也不會上去了。

——馬克．吐溫（原注1）

若要遵從理性，我們就得分辨真實的情況與我們希望為真的情況，所謂別將頭埋進沙子、築空中樓閣、吃不到葡萄說葡萄酸都是類似道理。人類常有一廂情願的心態，或者祈求奇蹟出現，因為個人處境受環境演變牽連甚大，而這世界充滿了不確定性。為了避免白費力氣虛擲光陰，人類學會專注追求自己想要的結果並忽略其餘細節。我們懂得站在體重計邊緣讓數字變小、拖延體檢不去面對難看的報告、說服自己人性有無限可能。

想要在人類的無知和欲望之間取得平衡，更具理性的方法是採用適當的理性工具，也就是「信號檢測理論」（Signal Detection Theory）或者「統計決策理論」（statistical decision theory）。這個觀念結合了前兩章的主旨：估計某事物在這個世界為真的機率（貝氏推論），然後根據預期的成本與回報決定如何行動（理性選擇理論）。（原注2）

信號檢測的困難在於要將信號視為世界真實狀況的反映，還是人類不完美的知覺所得到的雜訊。生活中有很多類似的兩難，例如雷達兵在螢幕上看見光點，那究竟是遭到核子轟炸機襲擊，還是一群海鷗飛過？放射線檢驗師在機器上看見一塊陰影，是病人體內有癌細胞，還是無害的囊腫？陪審團在法庭上聽完證詞，是被告有罪，還是證人記錯了？你遇見很面熟的人，是以前見過面，還是忽然聯想到某個認識的人？一群病人服藥後好轉，是藥物有效，還是安慰劑效應？

統計決策理論得出的結果不是可信度高低，而是能實際操作的方案，比如要不要動手術、判處有罪或無罪。也就是比相信何者、做出抉擇更進一步，採取行動並接受預期中可能出現的成本及回報。這項認知工具帶我們從分辨真假來到具體作為，明白不同情境有不同的風險與選項，也知道自己無需盲目行事。清楚分辨評估與決策，我們可以採取理性的行動，但不代表我們必然相信假設是正確無誤。科學運用統計以此為原則，雖然影響深遠卻有許多人誤解。

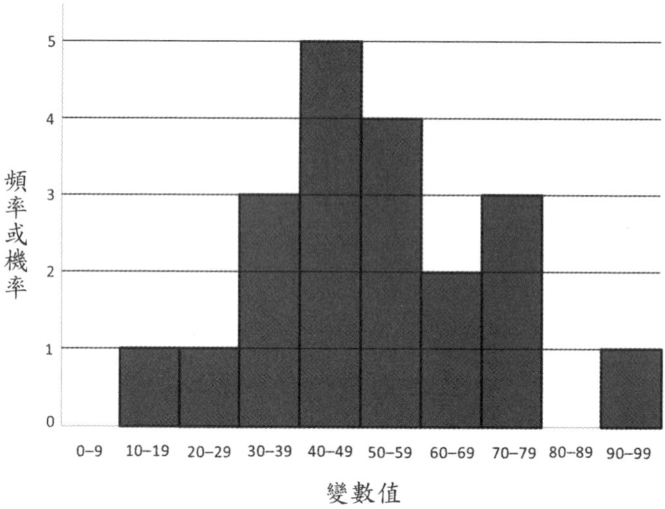

信號與雜訊，有與無

面對一堆雜亂無章的信息該如何切入？首先是建立統計分布的概念。（原注3）有些測量目標的變化難以預期（所謂「隨機變數」〔random variable〕），例如零到一百分的性格內向程度測驗，我們先將分數切割為不同階層，比方零到九分、十分到十九分等等，然後計算每個階層的人數。數據製作為直方圖，但與平常見到的略有不同，這次我們將測量得到的分數放在橫軸，縱軸則用於表示人數。上面是二十人的樣本得出的圖表，所以每個方塊都代表一個受試者。

想像如果受試者增加到數百萬人，

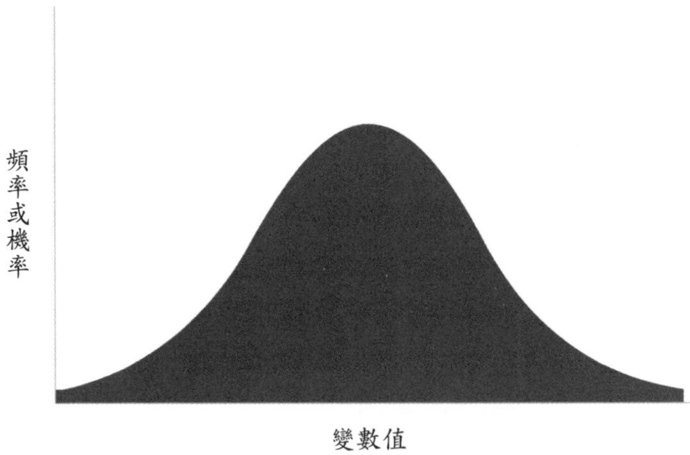

於是不需要像前面這樣分類，可以直接按照原始得分由左至右一路排列堆疊。方塊越來越多，退後幾步望向直方圖，頂端的鋸齒圖案慢慢模糊之後成為平坦丘陵般的形狀，也就是上面這張大家熟悉的鐘形曲線圖。應該會發現中間接近平均值堆得特別高，左右兩側隨著分數越來越低或越來越高而逐漸下滑。最常見的鐘形曲線數學模型被稱為「常態」或者高斯分布（Gaussian distribution）。

鐘形曲線十分常見，人格或智力測驗成績、男女身高、公路車速等等都是。然而觀察結果並非只有鐘形曲線一種可能，還有雙峰曲線或雙眾數分布（bimodal distribution），譬如男性受到異性與同性的性吸引，會在異性戀一側有較高的峰形，在同性戀一側有略低的峰

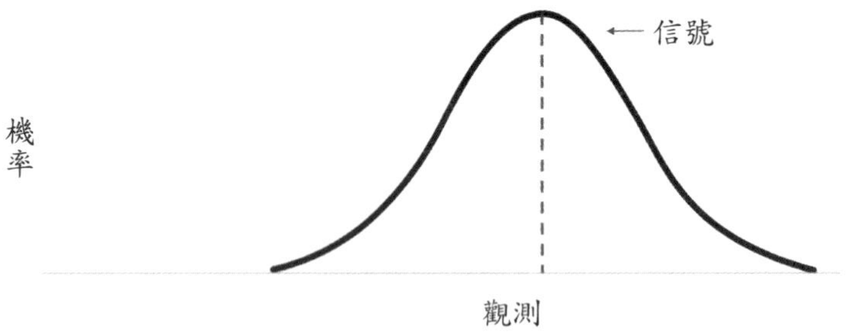

形，中間更低的峰形則代表雙性戀者。另有肥尾分布（fat-tailed distribution）出現在極端值極少但又非天文數字程度的情況，如都市人口、個人收入、網站訪客數之類。依照「冪定律」（power law）生成的分布曲線大都左側低分部分極高，往右形成長而厚的尾巴，極高分處少之又少。（原注4）然而單峰、對稱、瘦尾的鐘形曲線仍是最常見，代表統計數據背後有許多微小因素，好比許多基因與許多環境影響的交互作用。（原注5）

我們想從分布圖判斷的是某事物在環境中是否為真。人類不是全知全能的神，無法得到完美資訊，只能觀測飛機在雷達造成的光點、腫瘤在儀器顯示的陰影。觀測結果不會每次都相同，傾向按照鐘形曲線分布，可參考上圖。也可以想像成貝氏機率圖，也就是以信號存在為前提且實際觀察到的機率。（原注6）觀測會有一個平均值（虛線直線所指處），視情況或高或低。

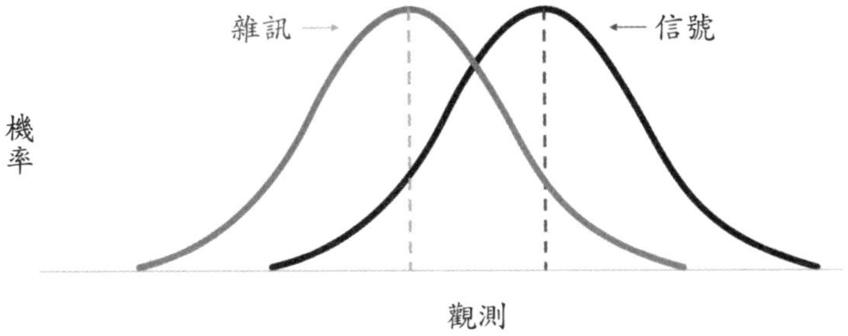

麻煩的來了：很多人以為某件事未發生，例如沒有轟炸機接近、體內沒有腫瘤，觀測時就完全沒有信號。可惜現實世界並非如此運作，觀測總是會有雜訊污染，無線電噪音、飛過雷達範圍的鳥群、掃描找到的囊腫——這些訊號也可以經過測量化為獨立的鐘形曲線。更棘手的是雜訊引發的觀測結果的頂端，會與實際目標的觀測結果的末端重疊。（見上圖）

遺憾的是一般人無法直接由圖表判斷出觀測到的究竟是信號還是雜訊，我們看見的只是我們的觀測。（見下圖）

若被迫猜測觀測結果是信號還是雜訊（是尋找的目標出現了，還是觀測受到干擾），我們只好設置臨界線（cutoff）。信號檢測理論將其稱為報告標準（criterion），或稱反應誤差

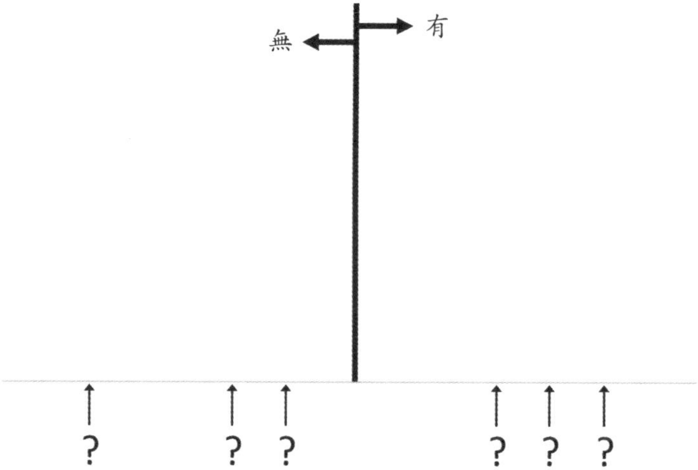
無
有
?
?
?
?
?
?

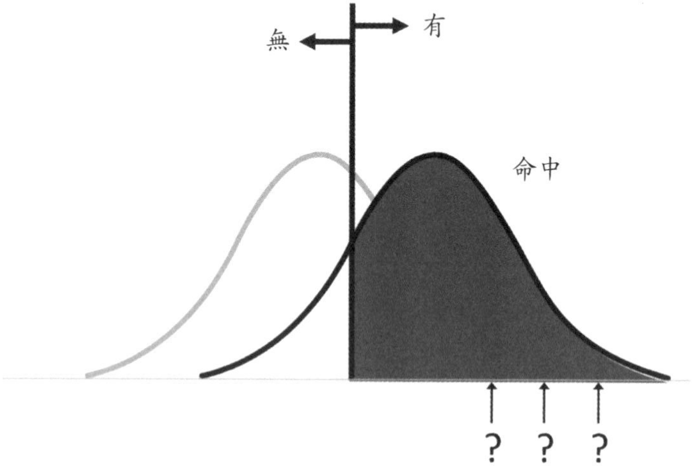
無
有
命中
?
?
?

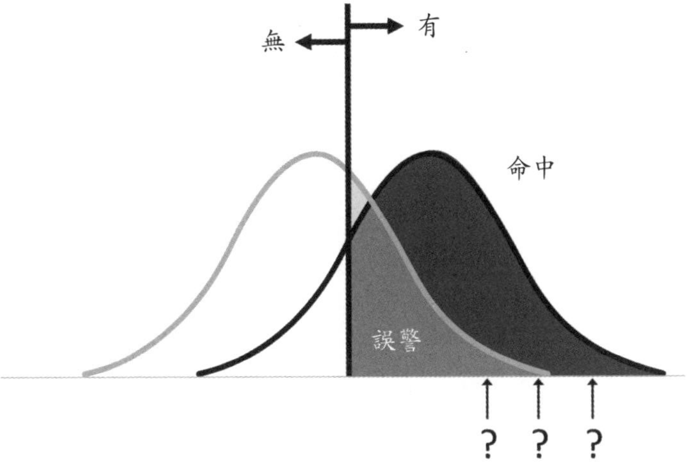

（response bias），並以β符號為代表。觀測數據高於臨界線便判定為信號（此時無法確知對錯）並回報「有」；低於報告標準則判定為雜訊並回報「無」。（見右圖上）

現在假裝一下自己是上帝，看看採用臨界線後的大致狀況。結果可分為四種，首先是回報「有」，而實際上也真的是信號（譬如真的有轟炸機逼近），這種結果稱作命中（hit）。正確辨識的信號比例是右下圖深灰色的部分。

如果實際上沒東西，只是雜訊呢？那代表我們對不存在的東西回報了「有」，這情況叫做誤警（false alarm）[1]。上圖裡淺灰色部分代表虛驚一場的比例。

那麼低於報告標準，我們回報了「無」

1　譯按：又稱作「假警報」。

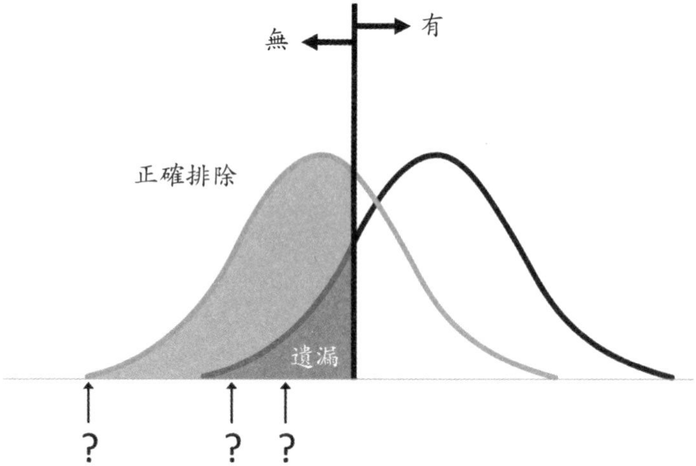

的情況呢？這裡包含兩種可能，首先是目標其實存在的情況稱作遺漏（miss）；目標不存在只有雜訊時叫做正確排除（correct rejection）。（見上圖）

四種可能性組合起來如左頁圖示。

由於無論如何都要回報有或無，有真信號的命中和遺漏（右側鐘形）加起來應為百分之百，只有雜訊的誤警和正確排除（左側鐘形）亦然。降低標準，也就是臨界線往左移動，代表更容易得到警報，命中與遺漏會互補。提升標準，也就是臨界線往右移動，代表不易觸發警報，則是誤警與正確排除互補。這些都是簡單的算數。較容易忽略的是兩個曲線重疊，因此同時也會以命中交換誤警（回報「有」的情況）、以遺漏交換正確

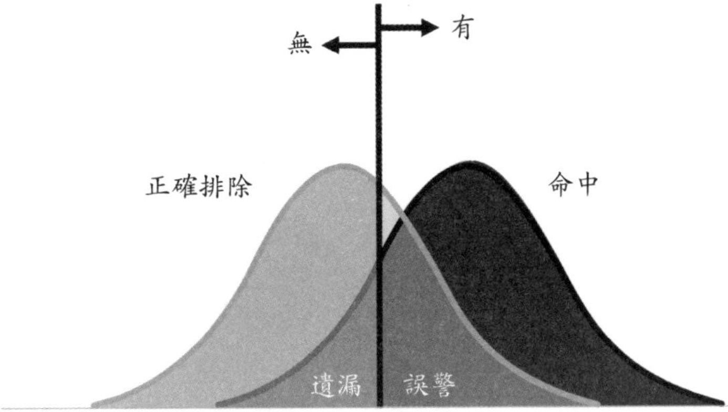

排除（回報「無」的時候）。放寬標準以得到更多警報、更多「有」的情況就像下頁的上圖。

好處是命中更多，成功捕捉到幾乎所有信號。壞處是誤警也更多，僅只雜訊的情況也很大部分都要驚慌。如果對反應誤差採取嚴格標準，要求更高規格證據才能示警又如何？可見下頁的下圖。

情況會反過來，狼來了的誤警減少很多是好事，但信號大半被遺漏則是壞事。在最極端的情況下，不分青紅皂白一律回報「有」，那麼有信號的每一次都對，只是雜訊的每一次也就都錯；反其道而行，一律回報「無」，結果自然就是顛倒過來。

乍看道理很簡單，但混淆反應誤差與

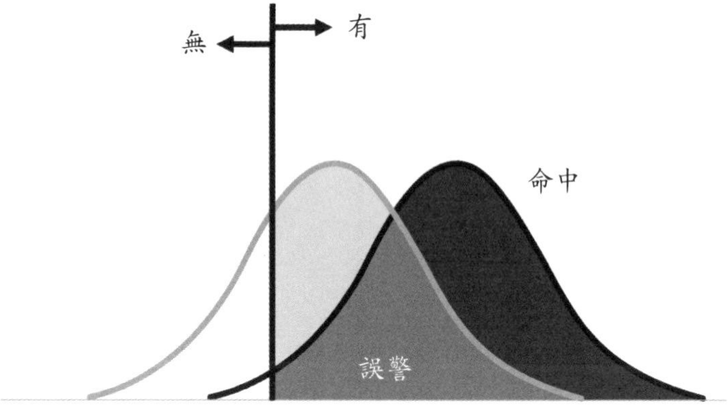
無
有
命中
誤警

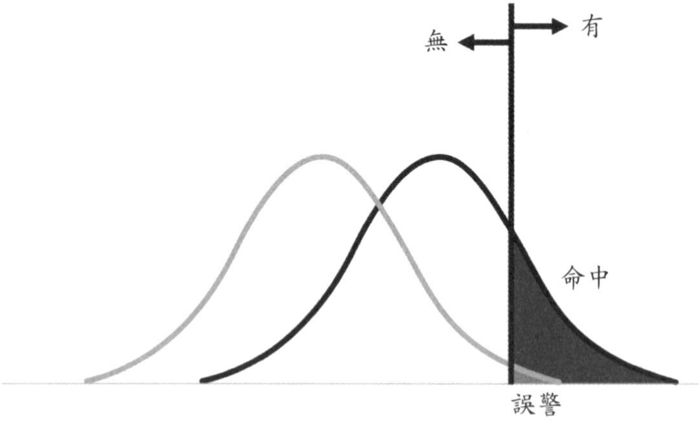
無
有
命中
誤警

正確率、只看信號或只看雜訊是相當常見的謬誤。想像一下：如果有個閱卷老師批改是非題卻只看答案為是或答案為否的題目，以為這樣能觀察到學生辨識事實與排除虛假的能力，但實際上只能確定學生更傾向回答是或否罷了。我看醫生時有過一次很錯愕的經驗：進行聽力測驗，結果聽到的是一連串嗶嗶聲，音量同樣從小得聽不見提升到大得受不了，卻要求我一聽見就伸出手指示意。這樣根本無法分辨我的聽力好壞，而是考驗耐性和手指會不會痠，因為不需要分辨自己真的聽見聲音或只是耳鳴。信號檢測理論提出很多種修正方式，譬如觸發誤警時給予懲罰、要求一定比例的「有」、請受試者回答信心指數而不是單純伸手指或縮手指，再不然就放棄是非題改用選擇題。

根據成本與效益決定臨界線

命中與誤警（以及遺漏與正確排除）之間存在難解的交換性質，理性的觀察者應該怎麼辦才好？如果認知能力與工具無法改變，兩個鐘形曲線又勢必重疊，這時候答案就必須往預期效用理論（第六章）中尋求：按照猜測正確的回報與猜測錯誤的成

	「有」	「無」
信號（轟炸機）	命中（保住都市）	遺漏（都市遭受轟炸）
雜訊（海鷗）	誤警（浪費任務資源，升高緊繃局勢）	正確排除（一切如常）

本來做決定。（原注7）

回到提出信號檢測理論時雷達和轟炸機襲擊的例子。四種可能性整理後如上表，橫列表示現實狀況，直欄表示雷達兵的判讀回報，表格內容就是引發的結果。

決定臨界線時，決策者必須考慮每一欄位的綜合成本（預期效用）。（原注8）回報「有」的情況下，確實遭到襲擊時（命中）可以保住都市，這是莫大的回報；沒有襲擊（誤警）卻派遣攔截機、挑起國內外恐懼，則是中等程度的代價。回報「無」的情況，若確實受到襲擊（遺漏），則都市嚴重受創是慘重代價；沒有發生襲擊（正確排除）則幸運地保持安穩寧靜。整體看來，似乎保持低度或者說傾向示警的標準較佳：相較於城市真的被轟炸，攔截機偶爾做白工代價不算太高。

如果成本改變，評估就會不同。倘若示警之後並非派遣攔截機，而是發射洲際彈道飛彈摧毀敵方城市，也就注定引發熱核武器為主的第三次世界大戰，這時候誤警的代價太巨大，必

	「有」	「無」
信號（惡性）	命中（保住性命）	遺漏（死亡）
雜訊（良性）	誤警（開刀的折騰與身體損傷、相關支出）	正確排除（一切如常）

須百分之百確定遭到攻擊才可以回應，報告標準要設定得非常非常高。

再來要考慮轟炸機與海鷗形成雷達光點的基本比率（貝氏推論的事前機率）。如果海鷗常見、轟炸機少見，應該調高標準（不要看到黑影就開槍），反之則應調低標準。

套用前章的範例，個人層面上類似情境是癌症篩檢以後是否接受手術。（見上表）

理性決策者，或者理論中所謂的「理想觀察者」，應該將臨界線放在什麼位置？答案依舊是：能夠最大化觀察者預期效用的那一點。（原注9）實驗室情境中，研究者能夠控制所有變數，包括嗶（信號）與不嗶（雜訊）的次數、命中或正確排除時給予獎勵、遺漏或誤警給予處罰等等。符合假設的受試者會試圖得到最多獎勵，因此會將標準盡可能貼近公式，下頁公式中的價值指的就是獎勵或處罰：

$$\beta = \frac{(\text{正確排除的價值}-\text{誤警的價值})\times\text{機率（雜訊）}}{(\text{命中的價值}-\text{遺漏的價值})\times\text{機率（信號）}}$$

比起實際演算，更重要的是注意分子與分母各是什麼，以及減號前後各是什麼。理想觀察者會在雜訊容易多過信號（較低的貝氏事前機率）時調高標準（有完善的證據才回報「有」）。這說穿了是常識：信號少，回報「有」的頻率自然也低。同樣地，如果命中的回報低、正確排除的回報高，而誤警的懲罰高，遺漏的懲罰較低，也該將標準調高。同樣是常識判斷：誤警要賠一大筆錢的時候，回報「有」之前必須小心謹慎；若命中可以發大財，就應該更積極。在實驗室情境下，受試者依據直覺就能找到最合適的臨界線。

若是牽涉到生死、痛苦與傷殘、社會的救贖與毀滅時，判斷成本高低會變得十分複雜。若問題不加以量化、不考慮四種可能性的後果會更難做出決策，即使只是粗略感受何者代價太沉重、何者代價勉強可以承受，也能保障決策的一致性與合理性。

靈敏度與反應誤差

遺漏和誤警互換是個棘手問題，彷彿人類注定要受苦。難道我們非得在應為而不為（都市遭到轟炸、延誤癌症治療）和不應為而為（挑起戰爭、誤診亂開刀）之間做選擇？根據信號檢測理論確實如此，但它同時也告訴我們如何盡力避免悲劇，方法就是提高觀測的敏感度。信號檢測的成本取決於兩點：臨界線的位置（反應誤差、報告標準、示警傾向、β值），以及信號和雜訊分布相距多遠，亦即「敏感度」，代表符號為d'，英語念做 d-prime。（原注10）

假設雷達科技發展到完美無瑕，能夠確實排除海鷗，或至少標記為小點，敵方轟炸機能以大型光點顯示。此時信號和雜訊的鐘形曲線會被拉開（下

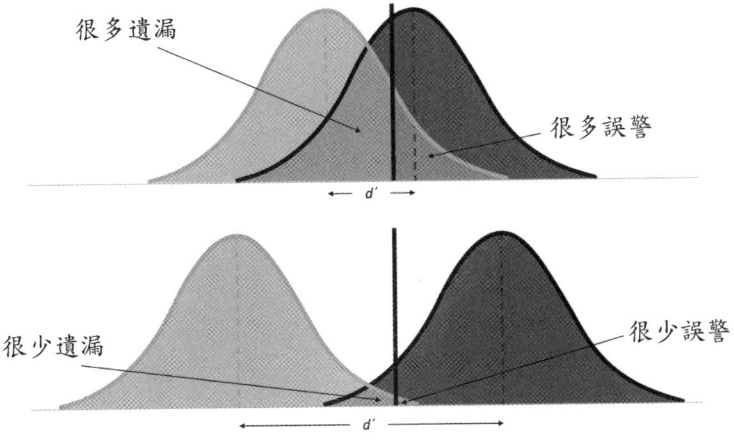

圖下），同時代表無論臨界點設在何處，遺漏與誤警頻率都會降低。

按照算數定律也就有了更多的命中、更多的正確排除。儘管左右移動臨界線就像挖東牆補西牆，將兩個曲線拉開的效益則不會受到影響，兩種錯誤的頻率都會下降，方法就是改善儀器、提升診斷鑑別度與鑑識可靠度。增進靈敏度是信號檢測領域最大課題，在影響最深遠的運用層面尤其重要。

信號檢測與審判

訴訟審判也是一種信號檢測作業。法官、陪審團、紀律委員會面對著被告可能違法亂紀的證據，而證據各有其強度，有可能源於被告的犯罪行為（信號），也可能有別的成因，例如背後另有其人或者根本無中生有（雜訊）。

證據的曲線重疊問題遠比多數人認知的更加嚴重。遺傳指紋分析（DNA fingerprinting）技術問世後，顯示出許多案件實際上罪證不足，證據是雜訊的機率與是信號差不多，但被告有可能因此遭求處死刑。目擊者證詞最不可靠，伊莉莎白·羅芙托斯（Elizabeth Loftus）等多位認知心理學家研究發現虛假記憶的問題：人類經常

	「有罪」	「無罪」
信號（確實有罪）	命中（維護正義、遏止犯罪）	遺漏（正義不彰、歹徒繼續侵犯他人）
雜訊（確實無罪）	誤警（司法不公、誣賴好人）	正確排除（維護正義，但付出審判成本）

會誤以為自己目睹了根本沒發生的事件，而且還會說得極其自信。（原注11）《CSI犯罪現場》及其他法醫鑑識節目上展示的高科技手法在現實中並未經過驗證，卻有自稱專家的人士無視確認偏誤而信心滿滿地加以採用，例如子彈、咬痕、纖維、頭髮、諧音、輪胎痕、工具痕、筆記、血跡形態、促燃劑，甚至指紋的分析都在榜上。（原注12）DNA鑑定是目前最可靠的技術，但別忘記傾向與頻率之分：會有一定比例的DNA證據因樣本污染、標籤錯亂等人為疏失而出錯。

然而陪審團就算得到充滿雜訊的證據，還是得設一個標準並決定有罪或無罪，其成本和效益同時具有實務和道德意義：壞人會被關起來還是逍遙法外，抽象的正義得到伸張或誤用。

前面提過社會上有禁止採用的基本比率（詳見第五章），大眾也不會容許司法制度只考量成本和效益，而是堅持每個人都能得到公正審判。問題是陪審團並非全知全能，如何在錯判與錯放兩種糟糕的可能性之間取得平衡？以信號檢測術語來說，回報的標準要怎麼界定？

傳統上我們會對誤警提出很高的道德代價。法學家威廉・布萊克史東（William Blackstone）留下以其為名的布萊克史東錯誤比：「即使錯放十個有罪者，也比錯判一個無辜者好。」因此在刑事法庭上，陪審團的原則是「無罪推定」：只有當被告犯罪的可能性超過「合理懷疑」（即β值、報告標準、反應誤差設定極高）時才加以定罪。單純的「證據優勢」，或者「百分之五十加上一根羽毛」這種比喻，都不應該宣告有罪。

布萊克史東的十比一當然只是個舉例，但充分凸顯了一個重點。民主社會以人民自由為基礎，但政府握有強大權力，為了避免暴政，公權力的強制不可草率為止，一定要有充分理由。相較於縱放罪犯，冤獄、甚至冤死對大眾的良知衝擊更猛烈，是否視人民如草芥決定了一個政權走向公平正義或者恐怖統治。

布萊克史東的錯誤比也是一種報告標準，來自對於四種結果的評估，所以並非永恆不變的價值觀。九一一事件後，小布希政府認為放任恐怖分子大規模行動的後果將不堪設想，因此認可了「強化偵訊手段」，其實就是刑求的委婉說法；換言之，他們調低了無辜者迫於痛苦捏造供詞的道德成本。（原注13）二〇一一年，美國教育部也惹出一場風波，原因是新法規要求若有學生遭指控性不當行為（sexual misconduct）[2]時，基於證據優勢即必須進行處置（此規定後來已經作廢）。（原注14）支持這項政策的人明白背後代價，但仍主張與性有關的問題惡行重大，犧牲少數無辜者也合乎社會利益。（原注15）

涉及道德價值判斷時沒有「正確」答案，不過經由信號檢測理論能夠判斷做法與價值觀是否一致。如果我們認為「有錯卻被判無罪」以及「無辜卻被判有罪」的比例都不該超過百分之一，並假設陪審團都是能完美運用信號檢測理論的理想觀察者，需要什麼強度的證據才能達成目標？更精確的說法是：我們需要的*d′*有多高，信號分布（有罪）與雜訊分布（無罪）之間的距離得多大？計算變異量時最普遍的工具是標準差。（若以圖表來看，標準差對應鐘形曲線的寬度，也就是自平均數到反曲點的水平距離。所謂反曲點就是曲線由凸面轉向凹面之處。）

心理學家哈爾·阿克斯（Hal Arkes）與芭芭拉·梅勒斯（Barbara Mellers）計算後，發現上述條件需要的證據強度*d′*為四點七，也就是有罪與無罪兩種證據之間要有將近五個標準差的距離。（原注16）這是奧林匹克級的靈敏度，當前最先進的醫學檢測也

2　譯按：意指未必違法但違反常識或專業倫理且與性相關的不檢行為。然而此用詞亦被批評太過廣泛、模糊不清。

做不到。假如願意稍微放寬標準，容許百分之五的無罪被當成有罪、有罪被當成無罪，則*d'*「只」要三點三個標準差——依舊是豌豆公主等級的靈敏度。

所以這表示人類的搜證能力跟不上對司法的期許？可以這麼說沒錯。阿克斯與梅勒斯訪問了一群學生，試圖瞭解大眾對司法的期望究竟是設在何處，結果學生認為公正社會裡無辜者被起訴不應超過百分之五、有罪者被開釋不應超過百分之八；以法官為樣本也得到接近的數字。（被告確實有罪的比例無從得知，難以與布萊克史東錯誤比做對照。）他們的期望換算為*d'*是三點零，也就是真正罪犯留下的證據必須比無辜者提出的證據強上三個標準差。

這樣的期望可以現實嗎？阿克斯與梅勒斯參考各種檢驗與辨案技巧的靈敏度，得到的答案是：不大可行。例如分辨一個人說真話還是假話，靠人力判斷的*d'*是接近零，意思就是人類根本沒能力辨別供詞真偽。目擊證據強度略佳，但也不過零點八。機器測謊比較準，達到一點五，但多數法庭反而不接受。（原注17）

鑑識科學領域之外的狀況會更合乎期待嗎？兩人分析發現軍方的人員篩選測驗*d'*為零點七，天氣預報在零點八到一點七之間，乳房X光為一點三，腦損傷斷層掃描有二點四到二點九（但二十世紀末科學技術又有進步，這些數字現在應該變高了）。

假設在一般法庭上，陪審團接觸到的證據d'約為一點零（確實有罪者比起無辜卻遭起訴者高出一個標準差）。若陪審團採取嚴格的報告標準，例如事前認定所有被告中約三分之一有罪，則最終會將確實有罪者放走五成八、起訴一成二的無辜者。而陪審團放寬標準，認為約三分之二被告有罪，變成釋放一成二確實有罪的人、起訴五成八無辜被告。結論是放寬標準的後果令人不寒而慄，漏網之魚和池魚之殃都變得更多，多到大部分人無法接受的程度。

所幸司法制度也並非毫無彈性，由於證據太弱根本不會成案、證據太強常演變為認罪協商（理想情況下），許多情況無需進入審判程序。然而值得一提的是：瞭解信號檢測對於司法改革的討論依舊很有幫助。目前許多改革倡議者不夠瞭解命中與誤警之間的關係，以為無辜者被定罪極其罕見、審案者不會遭到誤導，於是主張將決策臨界線下修：送更多罪犯進監獄、盡可能相信女性受害人的說詞、監控恐怖分子以求在他們行動前就加以逮捕、殺人者必須償命等等。可是數學已經解釋得很清楚，降低報告標準其實只是送走一種不公而迎來另一種不公，因此上面那些口號也可以翻譯成：送更多無辜的人進監獄、盡可能不相信男性嫌疑犯也有清白的人、鎖定社群媒體上言辭偏激的年輕人找機會將他們送進大牢、製造更多冤死案例。（原注18）能夠從反面觀察並不代表改革主張就錯了，司法系統著重被告或被害者會隨時空環境變化，而且需要反覆修正。何況人類並非無所不知，人類建立的司法制度勢必會造就一定比例的冤案。

不過留意信號與噪音之間的互換關係，公平正義才能更上一層樓。意識到信號檢測的局限，我們才會正視如死刑或長期徒刑之類處罰不僅對犯罪者苛刻，還無可避免地會波及一部分無辜的人。同時它們也為社會指出司法改革真正的方向應該是增進靈敏度而非偏見和成見，我們需要的是更準確的鑑識科學、更完善的訊問與取證程序、約束檢察體系內過當的狂熱，並從制度面預防各種弊端。

訊號檢測與統計顯著性

命中與誤警的交換問題存在於任何證據不完美的決策情境；換言之，所有人類的判斷都逃不過，但此處想特別針對其中一種做討論：實證發現是否能證實假設的真偽。在這樣的場合下，信號檢測理論換了個名字，叫做統計決策理論（statistical decision theory）。（原注19）

大部分對科學有所涉獵的讀者應該都聽說過「統計顯著性」（statistical significance），這個詞在醫藥、流行病學、社會科學的新聞報導裡十分常見。背後的數學概念其實與信號檢測理論相同，推廣先驅是統計學家耶日．內曼（Jerzy Neyman）和埃貢．皮爾遜（Egon Pearson）。理解兩個理論的關聯，有助我們避免多數科學家也常犯的錯誤。統計學課堂上多半會警告學生：「統計顯著性」是一個專門概念，不可與口語用來表達重要或特別突出的「顯著」相混淆。但儘管這麼提醒過了，還是很多人不真正明白統計顯著性究竟是什麼。

想像一位科學家在現實中進行觀察，做出數據來呈現研究的現象，例如服藥組與安慰劑組之間的症狀差異、男孩女孩的口語能力有何不同，或者參與補救教學的學生成績進步幅度。若數據為零，代表沒有變化；數據大於零，代表可能有影響。但由於受試者是人類，數據裡自然有雜訊，平均數據高於零可能是真的有分別，也可能只是取樣誤差或亂數問題。再次採取全知視點，若科學家得到的數據看不出現實中有何差距，就稱作虛無假說（null hypothesis）；與其對立的數據則代表了某種現象確實在現實中發生。兩種數據也會重疊，所以科學研究才如此困難，轉換為圖形應該看來很眼熟。（見下頁圖上）

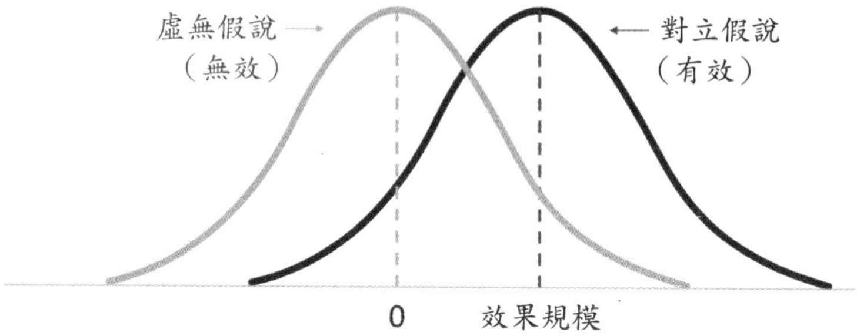
虛無假說
（無效）
對立假說
（有效）
0
效果規模

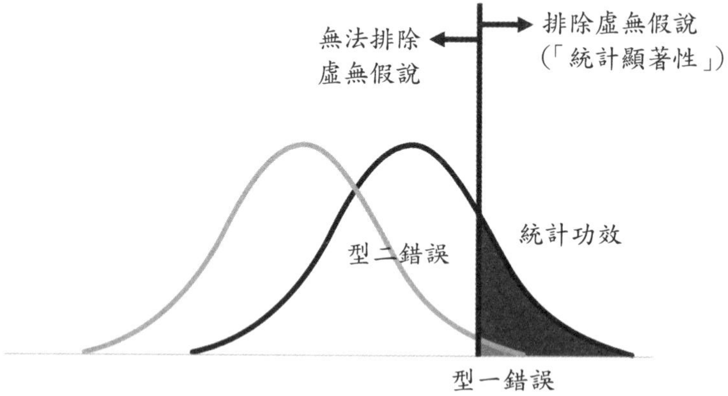
無法排除
虛無假說
排除虛無假說
（「統計顯著性」）
統計功效
型二錯誤
型一錯誤

虛無假說就是雜訊，對立假說就是信號。效果規模則是靈敏度，決定了分辨信號與雜訊的難易。為了判斷實驗有沒有成果，科學家必須設立報告標準或反應誤差，在這裡叫做臨界值。實驗數據低於臨界值代表無法排除虛無假說，實驗顯示不出差距；高於臨界值就推翻了虛無假說，「達到統計上的顯著水準」，可以準備慶祝。

但臨界值要設定多少才好？科學家取捨的是兩種錯誤類型。虛無假說成立但被科學家排除，也就是誤警，在統計決策理論則稱作**型一錯誤**。而虛無假說不成立數據卻沒能成功排除，則是遺漏，稱作**型二錯誤**。兩種錯誤都不妙，型一錯誤導致科學文獻不正確，型二錯誤則代表研究的心血與經費泡湯。研究方法設計不良，「功效」（命中率、百分之百減去型二錯誤後的機率值）不足以檢測到現象時便會遭遇兩種錯誤。（見右圖下）

很久以前，究竟是誰起頭的已經不可考，總之學界認為型一錯誤（現象不存在卻說它存在）對科學發展危害較大，所以容忍度不能太高——確實的數字是百分之五。於是慣例上，研究方法就設定虛無假說成立卻被排除的比例必須低於百分之五，也就是許多人心心念念的「p值小於零點零五」。（從訊號檢測理論一路看下來，應當會有人質疑為何不順便考慮型二錯誤，但基於同樣埋沒在歷史洪流中的因素，它真的就是沒受到重視。）

所謂「統計顯著性」就是這個意思：保持研究以假亂真的比例低於一定程度，只不過這個門檻的根據並不明確。那麼研究實驗數據 p 值小於零點零五，應該就能推論以下幾點才對？

- 虛無假說為真的機率小於百分之五。
- 現象為真的機率大於百分之九十五。
- 排除虛無假說的決策，錯誤機率小於百分之五。
- 試圖再現研究的成功機率大於百分之九十五。

高達九成的心理學教授都認同上面四點陳述，其中八成的教授還開課指導統計學。（原注20）可是，錯、錯、錯、錯，全部都錯。結合這章與第五章內容應該就能夠理解原因：統計顯著性是根據貝氏定理得到的可能性，等於以假設為前提（此處假設即為虛無假說）得到數據的機率。（原注21）然而上述四點在貝氏推論都是事後機率，代表以數據為前提假設為真的機率。雖然符合我們的追求，也是進行實驗的用意，卻不是顯著性檢測真正的意義。還記得爾文為什麼沒得肝病、住家為什麼並不特別危險、教宗為什麼不是外星人嗎？因為兩種條件機率不能隨意互換。科學家無法藉由顯著性檢測評估虛無假設的真偽，除非將事前機率放進計算中；此處事前機率應該是尚未實驗之前學者推測虛無假設為真的機率，可是在上面的顯著性檢測裡根本看不到貝氏推論的事前機率。

顯著性檢測對許多社會科學家而言已經是例行公事，一踏進學術界就埋首其中，於是逐漸忘記背後真正的邏輯。這件事情也是我與理論語言學家珍・葛林蕭（Jane Grimshaw）合作時才被當頭棒喝，她自學統計以後提出了疑問：「我想確認一下，顯著性檢測其實只是代表一個現象不存在的時候，二十個進行觀察的科學家裡會有一個人誤以為存在。但有什麼辦法知道自己不是那一個？」最真實的答案是：沒辦法。而且她的質疑從另一個角度解釋了再現性危機——如同路易斯・卡羅的《獵鯊記》（*The Hunting of the Snark*），假設二十個科學家研究一個虛構事件，十九個人得到虛無假說後將論文封存，剩下一個人運氣好（或不好）遇上了型一錯誤卻反而可以發表自己的「發現」。（原注22）網路漫畫《XKCD》上也有一篇內容說的是兩個科學家研究二十種顏色的雷根糖與青春痘有何關係，最後發現綠色雷根糖和青春痘的 p 值小於零點零五而聲名大噪。（原注23）多年後科學家才真正參透笑話背後的玄機，開始發表驗證虛無假說的研究，並設計出針對舊文獻進行評述的整合分析（meta-analysis）方法，也就是「研究研究的研究」。虛無假說完全不成立反而明顯，經由分析便能確認到底是虛無還是虛幻。（原注24）

對顯著性檢測的誤解雖然殘酷，卻也反映出人類太過急功近利。自休謨以來，許多哲學家都指出自觀察得出普遍性的歸納法，本質上就具有不確定性。（原注25）有限的點之間能畫出無限的曲線，無限的理論能套用於既存的數據。這幾章介紹的理性工具提供我們面對複雜宇宙的不同途徑：統計決策理論無法保證結果永遠正確，但可以壓低兩種錯誤造成的危害；貝氏推論調整信心程度，但仍需要涉及主觀的事前機率。可惜兩者皆未能實現終極夢想——萬無一失的事實演算法目前並不存在。

第八章
自我與他人：賽局理論

你的玉米今天成熟，我的玉米明天成熟。今天我幫你收成，明天你幫我收成，對彼此都有好處。我對你並無善意，你對我也沒有。若我幫助你又期待回報，只能依賴你有感恩之心，而我明白自己必然失望，於是不願為你辛苦，讓你獨自勞動，所以你也對我相同態度。季節更迭，我們收穫都不夠，因為缺乏互信與安全感。

——大衛．休謨（原注1）

不久前我與一位同事討論到我們服務的學校應該對氣候變遷的問題如何表態。這位J教授主張重點在於說服大眾：降低溫室氣體排放是為自己好，地球暖化會導致更多洪水、颶風、森林大火等災害，生活會越來越艱困。我聽了則說這並非為自己好，因為個人的犧牲無法緩和氣候變遷，願意犧牲的人夏天滿身大汗、冬天瑟瑟發抖、大雨中苦等公車，卻眼睜睜看著不在乎的鄰人享受各種舒適。唯有**每個人**都降低溫室氣體排放，才有可能**所有人**都獲益，而要讓所有人都得利的唯一方法是對每個人都降低潔淨能源的價格（需要科技提升）並提高污染能源的價格（實施碳稅）。當然我這位同事的意見並非全無道理，毀滅自己居住的星球確實稱不上理性。我無法說服他的是：從另一個角度看，這種觀點很可惜理性過了頭。

當下我察覺即便是教授，對世界的認知仍可能欠缺一個重要環節：賽局理論，也就是分析自己的損益會受到他人理性選擇的影響時，自己該如何選擇才合乎理性。

約翰・馮・紐曼與奧斯卡・莫根施特恩在解釋預期效用和理性選擇的著作中，便提及賽局理論。（原注2）可是賽局理論與前兩者有所分別，處理對象並非不具心智的輪盤，可以靠直覺找出最佳策略。賽局理論闡述的是，當面對同樣精明的決策者時，會遭遇何種困境，而最終解答與多數人的本能反應天差地遠。現實生活中的賽局有時候不留餘地，即便行為者具備理性也迫不得已做出會讓所有人處境更惡劣的選擇，又或者只能隨機、任性、不受控制地選擇，或者是利用同情心或操縱厭惡情緒，甚至自願接受損失和懲罰，抑或直接棄權。賽局理論曝露了社會與政治層面許多扭曲的機制背後令人難以置信的理性運作，並衍生出下一章將切入的本書核心議題：為何人類明明是理性物種，卻有許多不理性的表現。

布萊德的選擇

阿曼達的選擇	剪刀	布	石頭
剪刀	Tie 0 / Tie 0	Lose -1 / Win 1	Win 1 / Lose–1
布	Win 1 / Lose -1	Tie 0 / Tie 0	Lose -1 / Win 1
石頭	Lose -1 / Win 1	Win 1 / Lose -1	Tie 0 / Tie 0

（每格中：右上為布萊德的結果／左下為阿曼達的結果）

零和賽局：剪刀石頭布

剪刀石頭布的遊戲是最典型的賽局理論情境，呈現出自身選擇的結果受到他人選擇所影響。（原注3）參與賽局的兩人同時做出手勢，伸出兩指代表剪刀、握拳代表石頭、五指攤開代表布，按照「剪刀剪開布、布包住石頭、石頭折斷剪刀」的相剋規則決定勝負。假設參與賽局的是阿曼達與布萊德，上面表格將兩人所做手勢縱橫陳列，交會的格子呈現結果，每個格子裡左下為阿曼達、右上為布萊德的戰績，以勝一代表成功、負一代表失敗、零代表和局。

每一格內，阿曼達和布萊德兩人的成績加總永遠為零，賽局理論描述這個特性的專門詞彙也進入了我們的日常生活，就是鼎鼎大名的「零和遊戲」。一人贏另一人就輸，反之亦然，餅無法做大，雙方競爭也無法化解。

阿曼達該如何行動（選擇哪一列）？賽局理論（也是現實生活）最關鍵的技巧在於從對手角度進行觀察，所以她應該考慮布萊德有何選擇，一次研究一行。從左到右，布萊德出剪刀，她就該出石頭；布萊德出布，她該出剪刀；布萊德出石頭，她就要出布。沒有任何選擇具有絕對的「優勢」，亦即沒有辦法確保自己一定會贏；當然阿曼達更無法提前得知布萊德的決定。

即便如此，不代表阿曼達隨便出就好。如果她選擇出布，然後完全不更改，很快布萊德就會察覺規律，一直出剪刀就可以每次都獲勝。事實上，阿曼達只要稍微傾向出布，比方說百分之四十是布、其餘兩種手勢各占百分之三十，布萊德一直出剪刀仍然會得到七分之四的勝利。所以阿曼達的最佳策略是讓自己變成人體輪盤隨機出招，避免傾向任何一個選擇，維持三個手勢的機率剛剛好各為三分之一。

表格是對稱的，由此可知布萊德的立場也一樣。思考阿曼達的選擇之後，他同樣不該偏好某個手勢，於是也會採取「混合」的策略，保持每個選項各占三分之一的機率。如果他背離這個策略，阿曼達就可以隨之調整攻擊弱點，當然反過來也一樣。所以兩人被困在「納許均衡」（Nash equilibrium）中，這個詞彙得名於數學家約翰・納許（John Nash，電影《美麗境界》〔*A Beautiful Mind*〕就是描述其生平）。賽局雙方根據對手的最佳策略決定自己的最佳策略，誰先擅自改變都會吃虧。

換言之，在某些條件下，理智的人反而應該展現出超越常態的隨機性。這個結論看似古怪，但仔細剖析會發現類似情境在生活中並不算罕見。剪刀石頭布的平衡又稱為猜測僵局（outguessing standoff），在網球、棒球、足球、曲棍球競賽中有很多例子。足球賽裡被罰球的球員可以選擇向左或向右踢，守門員也可以選擇向左或向右撲，機制的核心就是兩邊都無法預測對手的行動。同理，玩牌時虛張聲勢、軍事上的奇襲戰術，也都屬於猜測僵局。縱使決策並非完全出於隨機（理論上一九四四年同盟國並不是擲骰子決定要攻擊諾曼第和加萊），參與賽局者仍要不動聲色，營造假象讓對手難以摸透自己的心思。哲學家利安・克萊格（Liam Clegg）和丹尼爾・丹尼特（Daniel Dennett）主張人類的行為本質上就無從預測，一方面大腦裡有隨機的神經雜訊，另一方面在適應環境的過程中我們養成了迴避對手猜測的天性。（原注4）

非零和遊戲：志願者困境

除了零和競爭，理性行為者會陷入猜測僵局的另一種情況，是各方的利害關係相同，稱為「志願者困境」（Volunteer's Dilemma），經典案例是中世紀寓言「老鼠開會」：一隻老鼠向同胞提案，趁貓咪熟睡時給牠掛上鈴鐺，以後貓一接近大家就能提早知道。但問題很簡單，驚醒貓咪的話一定會被吃掉，所以誰自願冒險去給牠掛上鈴鐺？人類社會有很多類似情節：劫機時誰願意出面與歹徒搏鬥、路見不平誰願意拔刀相助、公用咖啡壺空了誰願意幫忙煮。（原注5）大家都希望事情有人做，同時又希望不必自己來。將成本和收益轉換為數字，零代表最糟狀態，會得到下頁的表格。（理論上有多少人參與就有多少面，但如此一來會變成超立方體，所以在此將自己以外的所有人簡化為一個參與者。）

此時同樣沒有優勢策略可以指引選擇。如果一隻老鼠很確定其他同伴都會退縮，理論上牠就只能自己來。可是每隻老鼠都會思考其他老鼠出面的機率（這個機率就等於**其他**老鼠採取行動與迴避的預期收益），結果大家一起陷入猜測僵局：實際上都有意願，卻又都希望同伴先自願。

他人的選擇

		行動	退縮
自己的選擇	行動	50 50	100 50
	退縮	50 100	0 0

不同於剪刀石頭布的遊戲，自願者困境並非零和：相較之下，某些結果對所有人都更好。（也就是所謂「雙贏」，這同樣是從賽局理論進入日常生活的詞彙。）以老鼠而言，全都不去對整體沒有好處，任何一隻願意冒險對大家都好，問題在於如何保障好結果，畢竟故事中沒有族長可以強迫子民為公眾犧牲自我。結果大家都在賭，誰先讓步誰倒霉，於是又進入納許均衡，參與者全數以對自己最有利的選項制衡對他人最有利的選項。

約會問題，以及其他協調賽局

剪刀石頭布是你死我活的競爭，自願者困境是勾心鬥角沒人退讓的僵局，其中都包含勝負元素。然而有些生活中的賽局情境則不然，找出正確方法就可以大家都贏，這叫做「協調賽局」（coordination game），約會問

丹恩的選擇

凱特琳的選擇	皮爺	星巴克
皮爺	凱特琳 95，丹恩 100	凱特琳 0，丹恩 0
星巴克	凱特琳 0，丹恩 0	凱特琳 100，丹恩 95

題是一個典型案例：凱特琳和丹恩感情增溫，打算下午一起喝個咖啡，不過她手機沒電了，兩人卻沒講好要在星巴克還是皮爺[1]見面。他們對這兩家店各有偏好，但更在乎約會。將行動與結果製表，會看見左上和右下是彼此協調時得到的均勢。（雖然兩人的偏好差異也能衍生成為競爭，但此時可以暫且不管。）

凱特琳知道丹恩比較喜歡皮爺，決定去那邊等他。丹恩知道凱特琳比較喜歡星巴克，也決定去那邊等她。如果凱特琳設身處地，察覺丹恩體貼自己，就會改變主意過去星巴克。若丹恩設身處地，也覺得對方會體貼自己，就跟著換目的地。如此周旋往復，兩人都無法肯定在哪兒碰面才對。

這時需要的是「共識」（common knowledge），賽局理論以此表示一件自己知道對方知道自己知道的事情（這句型可以無限延伸下去）。（原注6）乍看之下這種共識

1　譯按：Peet's Coffee，美國的連鎖咖啡店，現也進入中國展店。

會讓腦袋爆炸，但實際上沒必要認真思考「我知道她知道我知道她知道……」這種結構，只要心裡清楚明白這件事是「不證自明」、「不言而喻」，甚至是「默契」。共識認知可以透過明確的信號建立，例如雙方態度明確直接對談。在其他類型的賽局中，口頭宣告或許只是形式，未必值得信賴。（以自願者困境為例，一隻老鼠自稱絕對不會冒險，藉此逼迫同伴出面，但其他老鼠也可能認為牠只是裝模作樣，依舊不肯退讓，等著看牠會不會反悔。）然而在協調賽局中，雙方達成協議對彼此都有好處，言語背後的動機也就變得可靠。

缺乏直接溝通時（譬如手機沒電），參與者可以注意焦點（focal point），也就是對雙方都特別顯著、每個人都知道彼此必然會留意到的選項。（原注7）如果皮爺咖啡比較近、前陣子剛提過，或者在市區較為醒目，凱特琳與丹恩可能基於這些理由就在那裡碰面，至於拿鐵好不好喝以及情侶座隱密與否並非重點。在協調賽局中，看似隨性、膚淺、沒有意義卻能勾起注意力的選項，也可以成為解開死結的理性決策。

人類的許多慣例和標準其實就是協調賽局的解決方案，除了從眾並沒有更深一層的意義。（原注8）像是靠左或靠右行駛、週日休假、紙幣流通以及各種技術規格（一百一十伏特電壓、微軟文書軟體、QWERTY 鍵盤配置），都是協調賽局達成的均勢。說不定其他選項更好，但大家暫時維持現狀，除非所有人願意同時改變，否則失去協調的害處比較大。

看似隨意決定的焦點在議價中能發揮關鍵作用。一旦買賣雙方對價格範圍有了初步共識，且認為交易比放棄划算，便會形成一種協調賽局。兩邊所處的均勢（當下的喊價）都比協調失敗來得好，但也都想多占些便宜。討價還價的過程中，雙方試圖將結論拉近自己的期望，這時拋出焦點未必有憑有據，卻可能達成相互認同，比方說去零頭取整數，或者各退一半取中間值。最初在協調賽局中發現焦點概念的人是湯瑪斯・謝林，他說：「如果汽車業務說自己的『底價』是三萬五千零一十七點六三美元，意思就是請你至少砍掉十七點六三美元。」（原注9）類似的還有一句，「從六折退到五折的話可能是底限；但如果退到五一折，對方勢必覺得才剛開始而已，會繼續往下殺。」（原注10）

膽小鬼賽局與升高賽局

議價具有協調賽局的元素，然而雙方都可以不顧後果起身走人，因此與第二章提

畢斯的選擇

		轉彎	衝刺
詹姆士的選擇	轉彎	畢斯：令人掃興 0 詹姆士：令人掃興 0	畢斯：勝 1 詹姆士：膽小鬼 -1
	衝刺	畢斯：膽小鬼 -1 詹姆士：勝 1	畢斯：撞車 -100 詹姆士：撞車 -100

到的知名賽局情境「膽小鬼」也會有所重疊。(原注11)上表顯示結果。（數字是隨意設定，差異才是重點。）

兩名車手的名字取自電影《養子不教誰之過》，但膽小鬼比賽可不只是青少年拿性命為賭注的消遣。我們開車或行走，在狹窄通道上遇見對向有人，同樣也需要一方退讓，此時無論正式或非正式也算進入了議價情境。更牽涉到公眾的例子則是債務的違約與取消贖回權[2]，以及如一九六二年古巴飛彈危機[3]這種國際關係上的政策對峙。膽小鬼賽局之中的納許均衡是所有人都可以堅持立場也都可以轉彎，不過現實生活沒這麼單純，賽局規則更加複雜，有釋放訊號、修正路線等等招數可用。第二章已經提過膽小鬼賽局有個矛盾：明顯表現出瘋狂不受控的人反而能夠威脅對手，讓對方自認倒霉選擇退讓；對應的代價則是若大家態度相同，所有人恐怕就要共赴黃泉。(原注12)

2 譯按：例如房貸，貸款人違約，銀行便可取消其贖回權（即沒收房屋進行法拍）。

3 譯按：冷戰時期，美國在土耳其與義大利部署彈道飛彈，於是蘇聯也在古巴進行導彈部署，情勢緊繃至核戰邊緣。

不過有些賽局並非一翻兩瞪眼、大家同時出手並亮出底牌，得經過一步步前後相關的行動，到最後才能確認結果。這種情況稱作「升高賽局」（escalation game），背後機制分析起來很令人吃驚，這裡以經典的eBay「一元拍賣」地獄作為案例。（原注13）想像一場特殊拍賣會有條神奇的規則：不是只有得標者要付款，未得標的人同樣要付出自己投標的金額。假設今天拍賣的是可轉售一元的小玩意兒，阿曼達出價五分謀求的是九十五分的利潤，布萊德理所當然加碼到十分。來來回回之後阿曼達出價達到九十五分，已經只剩下五分錢的蠅頭小利，這時候布萊德出價一元換回一元看起來很蠢，但實際上打平會比九十分全泡湯要好——這場拍賣的變態規則導致他棄標要付出更大代價。然而更誇張的是，從阿曼達的角度來看，現在放棄是賠掉九十五分錢，她繼續抬高價錢得標反而划得來，於是她便出了一元零五分。對布萊德也是相同邏輯，賠一角總比賠一元好，所以加碼到一元又一角。兩人為了降低損失纏鬥不休，卻同時砸了越來越多錢進去，直到一方破產，另一方以慘賠換取名義上的勝利。

一旦進入升高賽局，理性的策略是時時考慮認賠殺出，並期望同樣懂得理性思考的對手會先一步放棄。俗話提醒大家別「賠了夫人又折兵」，還有所謂的「挖洞守則」（First Law of Holes）說「人在洞裡記得停手」。人類社會最常被點名的非理性行為之一是「沉沒成本謬誤」（sunk-cost fallacy），也就是因為已經投資了，於是即使預測到回報不佳卻還是想堅持到最後，期待局面會奇蹟翻轉。守著暴跌的股票、覺得電影無聊卻不肯離席、小說枯燥還要翻完、感情失和又不肯離婚都是常見案例。升高賽局（或膽小鬼賽局）有引發沉沒成本謬誤的可能，因為不計代價堅守立場有機會博得名聲並嚇退對手。

升高賽局不是僅存在想像中的益智遊戲，許多現實情境裡大家常抱著一不做二不休的心態來解決問題。比方說長時間罷工、互提訴訟，以及實質的消耗戰，也就是交戰國家不停將人力物力投注於戰場，盼的只是敵方先撐不下去。（原注14）願意進行消耗戰，背後理由通常是「堅持到底，否則官兵們就白死了」。然而這是教科書等級的沉沒成本謬誤，只能得到可悲的慘勝。歷史上許多最殘酷的戰爭都是消耗戰，反映出賽局理論這套邏輯儘管看了令人搖頭，但確實能為人類社會某些悲劇提供解釋。（原注15）陷入升高賽局，雖然在有勝算時堅持或許是相較之下最合乎情理的選擇，但真正理性的策略是一開始就別掉進無底洞裡。

然而我們可能不知道自己已經涉入賽局。對很多人而言，拍賣得標的目的之一其實是勝利的快感，由於勝敗的情緒與出多少錢、商品的實際價值沒有直接關聯，任何拍賣都可以轉變為升高賽局。拍賣的主辦方之所以營造緊繃氣氛並給得標者錦上添花，正是想利用這種心理。反觀 eBay 網站則建議買方事前拿捏標的價值，不要提出超過上限的金額。還有一種做法是學習奧德修斯的自制，以自動程式協助競標並設定最高出價，即便後來拍賣演變為自尊心的升高賽局，當事人已經被綁在桅杆上無法回應誘惑。

囚徒困境和公地悲劇

影集《法網遊龍》（*Law and Order*）中常有一個橋段：檢察官將犯罪同夥安排在不同房間，為了取得起訴所需的證據向他們提出協議——誰願意出面當污點證人就能全身而退，共犯則得在監獄蹲十年；如果兩人都願意作證，就一起關六年；倘若堅持兄弟道義守口如瓶，檢察官只能以較輕罪名起訴，兩個犯人都只需要坐半年牢。

各個選項的結果如下頁表格。討論囚徒困境時，「合作」代表忠於夥伴（而不是與檢察官合作），「背叛」代表出賣夥伴。每個結果也做了容易辨識的標記，並以相對的惡果來呈現困境本質。對犯人來說，最好的情況是自己背叛、夥伴合作（亦即受到

布魯托

老左 ＼ 布魯托	合作	背叛
合作	布魯托：半年（回報） 老左：半年（回報）	布魯托：自由（誘惑） 老左：十年（傻瓜）
背叛	布魯托：十年（傻瓜） 老左：自由（誘惑）	布魯托：六年（懲罰） 老左：六年（懲罰）

誘惑）；最差的場合則反之，自己變成傻瓜（亦即遭到出賣）；次差的結局是相互背叛（雙雙接受懲罰）；次好的劇本則是兩個人都有義氣（堅持會獲得回報）。將兩人視為整體，最好與最壞的結果在另一條對角線上：最差是同時背叛，最好則是同時合作。

再次以神的全知視點來觀察，對兩人而言最佳的出路很明顯：既然誰背信棄義後果都很不堪，最合理的選擇就是雙方合作。問題在於當事人並非無所不知，甚至看不見這張表，更何況自己無力左右夥伴的抉擇。老左能控制的只有表格左側的選擇，布魯托則是縱向的兩欄。從老左的角度來看：「如果他閉嘴（合作）我也閉嘴，就都六個月；他閉嘴但我開口（背叛）的話，一天牢都不必坐。那我乾脆賣了他比較爽。要是變成他賣掉我（背叛），我還閉嘴的話就得蹲十年，若我也賣了他反而只要六年。歸納起來，他合作的話我背叛比較划算，他背叛的話我還是背叛比較划算，用屁股想都知道怎麼做好。」不過布魯托頭上的對話泡泡裡寫著一樣的思考邏輯，於是兩人很可能都選擇背叛，一起被關六年而非六個月——出於理性、維護自身利益，卻嚐到苦果。但他們別無選擇，這也是一種納許均衡，當下情境的優勢策略就是背叛，無論對方如何抉擇都保障自己不會變成傻瓜。反而其中任何一人出於睿智、道德、信賴或遠見做出別的選擇，下場卻是任由夥伴的恐懼或私慾擺布。即使事前彼此有過承諾，事到臨頭未必不會反悔，沒有與檢方協商來得可靠。

囚徒困境也很常見。離婚雙方怕被對方榨到身無分文所以花大錢請律師，結果資產實際上都進了律師的口袋。敵對的國家將預算投入軍備競賽，導致民生蕭條但處境並未好轉。單車競賽選手違反規定施用禁藥，因為每個人都用，自己不用就等著吃人家揚起的沙子。（原注16）大家擠在行李轉盤或演唱會搖滾區，還個個伸長脖子想看清楚，結果卻是所有人的視野都被擋住。

囚徒困境沒有直接的解決辦法，然而賽局規則可以改變。一個方式是賽局開始前，所有參與者達成可強制執行的協議，或接受權威的仲裁，於是合作會有額外的好處、背叛會有額外的處罰。譬如罪犯同黨都立誓遵守由教父主持的「緘默法則」[4]，管好嘴巴可以晉升頭目，違背誓言就準備變成魚飼料，如此一來表格內容起了變化，互相合作才對彼此最為有利。站在夥伴立場，儘管合作等同放棄了背叛可得的自由，但他們得到別的利益加以彌補。理性行為者透過契約與法律規範可以避免囚徒困境。

另一個辦法是反覆進行賽局，記住夥伴之前的選擇。「一報還一報」（Tit for Tat）這個策略能促成雙方進入相互合作並維持下去。實際做法是最初選擇合作，接下來則重複夥伴的選擇：對方合作，自己就合作；對方背叛，自己就背叛（有些版本會給對方一次背叛機會，以免只是一時失誤）。

演化生物學家留意到社會性動物常常陷入囚徒困境。（原注17）範例之一是彼此理毛的行為，其中誘惑是接受夥伴的服務卻不回報。羅伯特・崔弗斯（Robert Trivers）指出，智人演化建立的道德感便是藉由「一報還一報」的策略促進合作的利益。（原注18）我們最初的合作源於同情，之後以德報德基於感恩、以怨報怨出於憤怒，自己背叛後受到處罰前便嘗試彌補是因為罪惡感，原諒夥伴的初犯以示寬容可避免合作成為死局。人類的社交生活中有許多戲劇性轉折，各種恩怨情仇、忠孝節烈、榮辱功名、背信棄義的故事，本質上都可以理解為囚徒困境的策略表現。（原注19）從本章引言判斷，

4 譯按：原文 *omertà*，為義大利黑手黨的規則，內容包含兩項：成員之間的事不可告知警方與政府組織；若未違反第一條時報仇僅限於個人不得及於家人。

休謨又比大部分人早一步有所領悟。

許多政治經濟方面的現實情境也能以囚徒困境加以分析，不過參與者超過兩方，因此稱作「公共財賽局」（public goods game）。[原注20]諸如燈塔、道路、下水道、警備、學校之類公共財能夠造福社群內所有人，然而對任何人而言，若別人出錢建設而自己免費享用，自然利益是更大的——燈塔蓋好之後也沒辦法只照亮特定的人。環保方面有個特別慘痛的範例叫做「公地悲劇」（tragedy of the commons）：牧草地是公有的，每位牧羊人理所當然都想多養一頭羊，但所有人擴大羊群規模將導致牧草消耗大於生長，最後羊群全部餓死。交通與污染都是同樣道理：我一個人開車不會造成道路阻塞或嚴重空污，我一個人搭公車也沒辦法減輕這些問題，但每個人都開車的話就會全堵在路上吸廢氣。逃漏稅、不參與募款、耗竭資源、疫情期間抗拒保持社交距離和口罩等公衛措施，也都屬於公共財賽局內的背叛行為：放縱自己便是屈服於誘惑，願意貢獻與配合的人遭到出賣，而所有人都背叛時則會招致共同的懲罰。

		他人：節制	他人：排放
自己	節制	負擔 -10 負擔 -10	氣候變遷 -100 負擔＋氣候變遷 -110
自己	排放	負擔 -10 利益 ＋ 10	氣候變遷 -100 氣候變遷 -100

回到本章開頭的例子，參與碳排放公地悲劇的可以是公民個體，其負擔包括放棄肉食、航空旅遊與耗油的休旅車；也可以用國家做單位，負擔在於引導國內經濟放棄便宜又容易運輸的化石燃料。上表數字依舊只是參考，重點放在釀成悲劇的規律，而目前地球人正朝著右下角那格前進。

正如兩人的囚徒困境中，透過強制誓約可避免互相背叛的惡果，具強制力的法律與契約也能藉由懲罰促使大眾達到公共財賽局內的互利。實驗室很容易展示這個道理：受試者獲得一筆金錢，可以投入共用基金（即公共財），最後研究人員會將共用基金變成兩倍並重新分配。對全體受試者最有利的做法，是所有人盡可能地堆高基金；對個別受試者最有利的做法，則是扣住自己手上的錢，基金讓其他人去籌。受試者察覺賽局邏輯之後就會放棄撥款給基金，除非能對占便宜的人制訂罰則。有罰則時，參與基金的程度將會大幅提升，最後所有人都獲利。

在實驗室環境之外，社群內的公共資源也受到多人形態的一報還一報規則保護：侵占資源者被同儕嘲弄羞辱、匿名威脅、財物遭到破壞。（原注21）若社群規模大且匿名性高，獎懲就必須是可強制的契約及規範，因此我們繳稅來鋪路辦學、設置法庭，逃漏稅的人得去坐牢。農場經營者需要購買牧地許可，漁民也會遵守漁獲量的規定，而前提是其他人也受到同樣的限制。曲棍球比賽將頭盔列為強制裝備，球員樂意配合，因為這麼做能夠保護自己的腦部，但在舒適度與能見度上並沒有輸給對手。基於同樣道理，經濟學家提倡碳稅和投資潔淨能源，藉此降低排放廢氣得到的方便與配合環保付出的成本，引導全人類走向攜手保護地球並共享成果的路線。

雖然不受拘束的自由永遠有其吸引力，囚徒困境與公共財困境背後的邏輯削弱了無政府主義與激進派自由主義。「我現在做的這件事情應該受到法律限制」成了合乎理性的想法，就像湯瑪斯・霍布斯（Thomas Hobbes）主張社會的基本原則是，「當他人願意時，自己也該願意……放下各種權利，滿足於自己相對他人擁有的自由，且容許他人相對自己亦有同等的自由。」（原注22）社會契約不只體現了公正性的道德邏輯，它也能抑制惡的誘惑，避免有人成為傻瓜或者相互背叛釀成悲劇。

第九章
相關性與因果關係

相關性並非因果關係是統計學緒論教科書首先強調的事情，卻也是學生最先忘記的事情。

——湯瑪斯．索維爾 Thomas Sowell（原注1）

理性與生活的許多層面有關，包括個人、政治、科學。深受啟蒙鼓舞的美國民主理論家崇尚科學並不奇怪，就像即將或既成的獨裁者執著於思慮不周的因果理論。（原注2）毛澤東強迫中國農民將秧苗密集排列以強化社會主義團結，近年亦有美國元首聲稱注射消毒水能夠治療新冠肺炎。

一九八五至二〇〇六年，土庫曼的領導人是「終身總統」薩帕爾穆拉特．尼亞佐夫（Saparmurat Niyazov），他的功績包括駕照考試以其自傳為考題、鑄造永遠面向太陽的巨大個人金像。二〇〇四年，他對全國人民發布一項衛生建議：「我以前觀察過小狗，牠們都會啃骨頭。人會掉牙齒就是因為不啃骨頭，建議大家多努力。」（原注3）

多數讀者不必擔心被送進阿什哈巴德監獄，所以能放心指出總統閣下那番話有什麼毛病。他犯了推理最有名的錯誤：將相關性詮釋為因果關係。即便掉牙齒的土庫曼人真的不啃骨頭，總統也無法得出啃骨頭能強化牙齒的結論。或許牙齒好的人才有辦法啃骨頭，所以因果關係應該反過來。又或者有其他因素摻雜其中，比方說加入共產黨的土庫曼人才既啃骨頭（對元首表示忠誠）又有一口好牙（如果牙齒健康是入黨條件），而背後原因就十分複雜了。

分辨因果關係與相關性是科學的根源。什麼引發癌症？什麼造成氣候變遷？還有思覺失調？因果關係與相關性早已進入日常語言、推理，甚至人們的幽默中。「船隻下沉」和「造成船隻下沉」反映出說話者思考的不同，前者是自發事件，後者則有背後成因。人類無論遇上房子漏水漏風或者身體病痛都會思考原因，我祖父很喜歡一則笑話：有個人一口氣吞下一大堆馬鈴薯豆子燉肉（安息日不開伙，所以前一天就用慢火燉肉和豆子長達十二小時），只配一杯茶，後來肚子疼卻埋怨是那杯茶害自己生病。也許要經歷過一九〇〇年代的波蘭情勢才能體會我祖父為什麼會捧腹大笑，不過有看懂的話大概都明白分辨相關性與因果關係已經是人類常識的一部分。

話雖如此，尼亞佐夫式的混淆仍然在公共論述中很常見。本章就深入探討相關性的本質為何、因果關係的本質又為何，以及如何辨別兩者的差異。

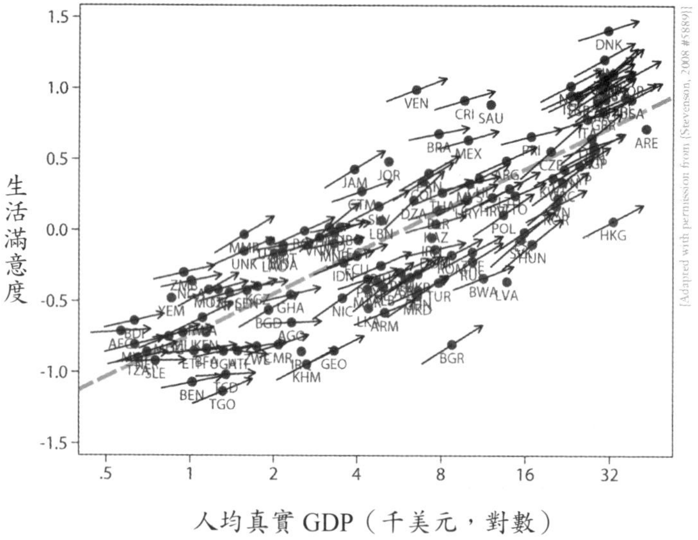

相關性是什麼？

相關性是一個變數值與另一個變數值相互依存的程度，所以如果你知道其中一個，就能預測另一個；未必精準，但至少能得到概略值。（此處「預測」的意思並非「預知」而是「猜測」，就像知道父母的身高可以推估後代身高，反之亦然。）相關性通常可透過散布圖（scatter plot）呈現，上面這張圖表中，每個點代表一個國家，根據國民平均收入由左向右排列，縱向則是國民自我評估的生活滿意度平均值高低。（收入部分，為了彌補金錢的邊際效益遞減必須採用對數尺度，理由在第六章已經討論

過。）（原注4）

讀者應該立刻能夠觀察到相關性：數據點沿著對角斜向分布，也就是沿著背景的灰色虛線分布。此外，貫穿每個點的箭頭是濃縮該國國內人民狀態的微觀散布圖，從巨觀和微觀都能發現幸福度[1]與收入相關，無論一國國內（箭頭）或跨國（點）都是同樣趨勢。讀到這裡，很多人應該正在抗拒內心衝動，不願意立刻做出「有錢使人幸福」這樣的推論。灰色虛線與貫穿每個點的箭頭從何而來？我們又如何將點群沿對角軸分布這種視覺印象轉換為更客觀的論述，而不是任憑想像馳騁的看圖說故事？

此時需要用到數學上的「回歸」（regression）技巧，這在流行病學與社會科學領域都十分常見。看看下頁這兩張散布圖，想像每個資料點都是大頭釘，全部透過橡皮筋連接到一根硬棍上。橡皮筋只能上下伸展，不能斜向挪動，而且拉越開抵抗越強。所有橡皮筋綁好以後鬆手，看看棍子會被橡皮筋牽引到什麼位置。

我們會發現棍子停留的位置和角度十分恰巧，將自己與各個大頭釘之間距離的平方最小化。此時棍子所在的地方就叫做回歸線，呈現兩個變數之間的線性關係：y 對應縱軸，x 對應橫軸，大頭釘到回歸線之間的橡皮筋長度稱作「殘差」（residual），呈現該數據點 y 值多大比例上無法被 x 值預測的獨特性（idiosyncratic）。回到幸福

1 譯按：原文前段為 life satisfaction（生活滿意度），此處為 happiness（幸福度）。兩個概念在社會科學上重疊度甚高。

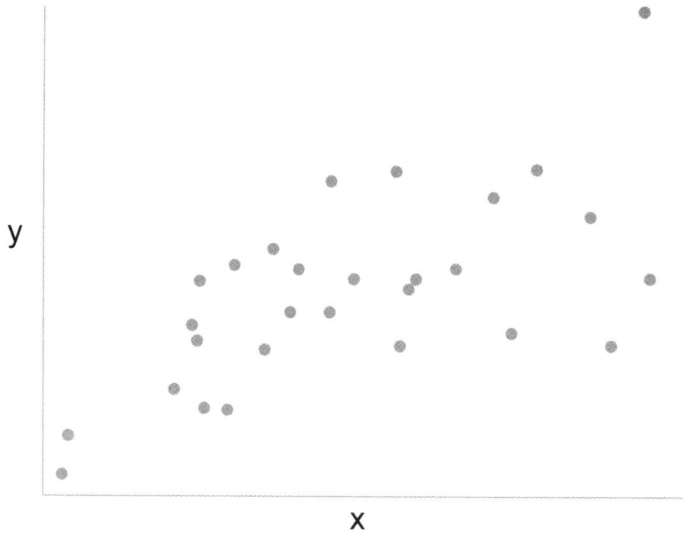
y
x

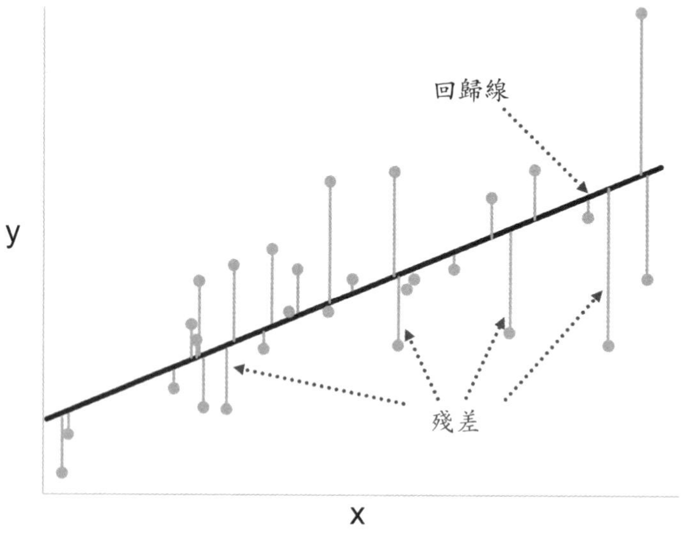
y
回歸線
殘差
x

度與收入那張圖，如果收入能完美預測幸福度，所有點都會直接落在深色回歸線上，當然現實資料從未發生過完美對應。有些點比回歸線高（也就是大量正殘差），像牙買加、委內瑞拉、哥斯大黎加、丹麥等等。姑且不論統計誤差和其他雜訊，二〇〇六年（收集資料的年份）數據顯示這幾個國家的人民幸福度超過收入所能預測，或許與當地其他因素如氣候或文化有關。也有低於回歸線的數據點，像多哥、保加利亞與香港，代表這些地方的人民因為某些原因沒有享受到與所得匹配的快樂。

殘差也能用於量化兩個變數的相關程度：橡皮筋越短、點越靠近回歸線，點群的橫向與縱向分散度越低，相關度就越高，且利用代數能轉換為以 r 為符號的相關係數。r 最低為負一（不包含在圖例內），數據點會形成左上到右下的一條線。r 為複數時，方向依舊是左上到右下，但會較為分散。r 為零時，數據點隨機分布看不出相關性。r 為正數時自左下往右上排列，達到最高的正一則完全貼著這條斜軸。（見下頁圖）

大家指責相關性和因果關係混淆，通常是指誤會相關性為因果關係，但其實在很多案例中問題更加基本：最初就沒有建立相關性。比方說，會啃骨頭的土庫曼人或許牙齒也沒有比較好（r 為零）；換言之，前蘇聯加盟國總統不單是誤將相關性當因

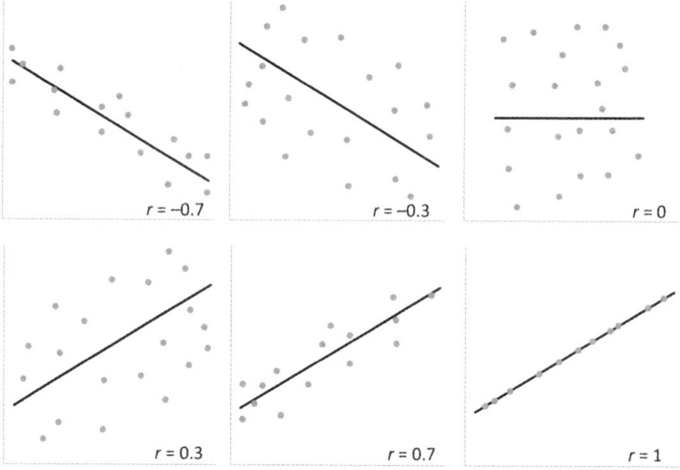

果，而是一開始就沒確認相關性。二〇二〇年，亞馬遜（Amazon）創始人傑佛瑞・貝佐斯（Jeff Bezos）誇口：「我在生活與商業上最好的決斷都來自心靈、直覺和膽識……而不是分析。」意思自然是相較於分析，心靈和膽識能做出更好的決策。（原注5）這裡的問題是他並未告訴大家，他在生活與商業上做出最差的決斷是否也來自心靈、直覺、膽識，還有不靠分析做出的好決策、靠分析做出的壞決策在數量上是否勝過不靠分析做出的壞決策、靠分析做出的好決策。

此種謬誤被稱為「錯覺相關」（illusory correlation），初始由心理學家羅倫和君恩・查普曼（Loren and Jean Chapman）夫妻發現。他們好奇為什麼有這麼多心理治療師還是繼續使用羅夏墨跡測驗與畫人測驗，明明所有研究都無法建立兩種測驗的答案與心理問題之間確實存在相關性。實驗中，他們故意表示樣本是精神病患的病歷與病患在畫人測驗中的作答，但事實上病歷是假的，病歷和答案也是隨機組合。兩人邀請學生參與，要受試者從這些分組樣本中找出規律。（原注6）由於學生心存成見，便分析出「誇大男子氣概的人畫出肩膀較寬的男性形象」、「偏執症患者筆下人物的眼睛較大」之類的結論；這些都是專業醫師聲稱能從病患身上發現的相關性，但其實並沒有實證基礎。

大眾以為存在的許多相關性，實際上並不成立。滿月時醫院急診室會爆滿就是一例。（原注7）特別值得留意的是以月或年為單位（散布圖的點）進行分析的各種說法，因為很多變數原本就會隨著時間流動而高低起伏。有位法律系學生泰勒・維根（Tyler Vigen）出於無聊，自己寫了程式在網路收集無意義的相關數據，正好凸顯出這種認知有多常見，比如以高溫蒸汽或物體作為凶器的他殺案件數量與美國小姐冠軍年齡呈高度相關，緬因州離婚率也緊緊追隨著全國人造奶油瑪琪琳的消耗量。（原注8）

均值回歸

「回歸」在相關性分析中已經成為標準，但其間的關聯有點曲折，原本指的是伴隨相關性出現的特殊現象「均值回歸」（regression to the mean）。這個普遍卻違反直覺的現象由維多利亞時代的博學家法蘭西斯．高爾頓（Francis Galto）發現，他將孩子與父母的平均身高（所謂「中親值」，也就是父親與母親同一特質的中間值）製圖比較，並根據性別做出修正，結果驚覺「中親值較常態高，子嗣容易比父母矮；中親值較常態低，子嗣傾向比父母高」。（原注9）此觀察至今仍然成立，不僅表現在身高，還有智商以及任何不完美相關的兩個變數。一方的數值極端時，另一方通常就不會那麼極端。

其意義並非一個家族會從高個兒逐漸變矮或反之，最後有一天大家靠牆排排站都同樣高，打籃球或曲棍球也不必再根據身高挑中鋒。它同樣不代表全部人口的智商會慢慢趨近一百，天才與遲緩兒都會消失。雖然均值回歸是事實，但社會並未失去多樣性，因為分布的尾端終究會有人補上：身高高於平均的父母還是偶爾會生出非常高的孩子，身高低於平均的父母偶爾也會生出非常矮的孩子。

均值回歸純粹是統計學上的現象，起因於鐘形曲線兩側越極端的數值原本就越不容易出現。其意義則是數值高度極端時，與其成對的其他變數（例如特別高的父母生出的孩子）不易表現出相同的獨特或連續複製其勝利與好運，劣勢或所謂完美風暴情境也一樣有很高的機率會中斷，最終結果傾向回歸常態。以身高和智商來說，極端值來自父母雙方生物學上的基因、環境、事件的特殊組合，孩子雖然在這些因素上都承襲優勢，但組合結果很難完美複製上一代。（反方向也成立：均值回歸是統計現象而非因果關係，因此以子代觀察親代也會得到趨向平均值的結論。）

排列兩個鐘形曲線上有相關性的數值，散布圖通常外觀近似傾斜的橄欖球。下頁圖以假設數據組模擬高爾頓觀察到的親代身高（每對夫妻的平均）及其成年子代的身高（經過修正以求男女可用同樣的尺度衡量）。

灰色的四十五度對角線是一般預期，也就是平均而言後代會表現出與雙親相同的獨特性，然而現實觀察到的是黑色的回歸線。針對極端值如雙親平均達六呎（約一百八十公分）者，結果子女多數落在四十五度對角線之下：從右側虛線箭頭往上找到回歸線，沿著連接的橫向虛線箭頭會在縱軸對應到略高於五呎九吋處，也就是子女整體上比父母來得矮。父母身高平均只有五呎（左側虛線箭頭）時，則會看到兒女多數比

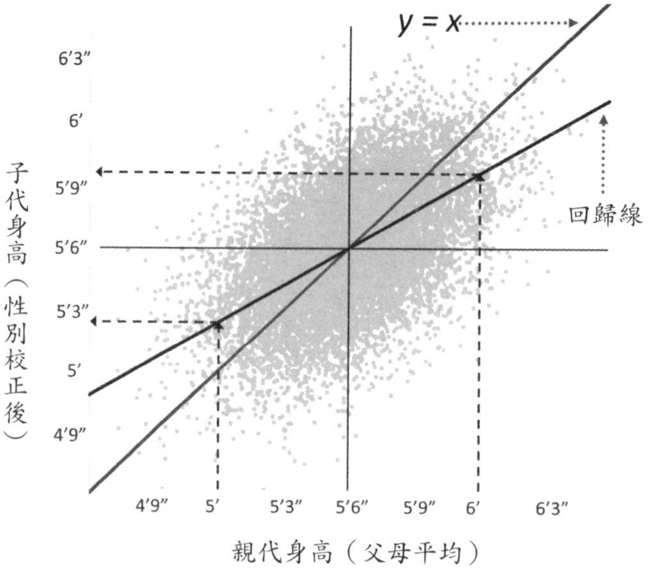

四十五度角線還要上面，橫向對應過去接近五呎三吋，確實比上一代高。

只要兩個變數沒有完美相關，就能觀察到均值回歸，所以人類有生之年反覆經歷這個現象，然而根據特沃斯基和康納曼的調查，絕大多數人根本不知道這件事（左頁這篇《弗蘭克與恩尼斯特》〔*Frank and Ernest*〕漫畫裡發牢騷的人例外）。（原注10）

人們因為某事件很稀奇而關注，卻無法接受相關的背景因素未必如事件本身那般特殊，於是擅自捏造不存在的因果關係去解釋統計學上必然發生的現象。

不幸的例子是很多人以為批評比

讚美有效、懲罰比獎勵有效。（原注11）學生表現不佳，我們便出言批評或出手懲罰，但無論什麼原因造成成績低落，其實下一次有很高機率不會重現。學生成績提升了，我們卻因此以為是批評和懲罰發揮了作用。同樣地，學生表現良好得到讚美和獎勵，可是正如閃電很少打中同一個人，下回他們表現沒那麼好了，我們又以為鼓勵作用不大。

沒意識到均值回歸，導致人類產生其他許多錯覺。喜愛體育的人常常認為年度新人就是該遭遇瓶頸，上了《運動畫刊》（*Sports Illustrated*）封面會被詛咒。（並猜測原因是過度自信？大家期待太高？名利影響了心理？）但將運動員表現優異的某一週或某一年獨立出來之後，會發現他們本來就很少能一直維持相同的水準，逐漸趨向平均才合乎常態。（同樣道理的相反情況則是陷入低谷期的隊伍換教練就往上爬。）媒體報導一系列駭人聽聞的犯罪，政府派遣霹靂小組與軍隊介入、安排鄰里守望隊等等措施，下個月

2　譯按：此處為文字遊戲，「均值」原文為mean，另一解釋是性格卑劣。其語源自古英文「共通、常見」演變到十四世紀時開始帶有「平凡、庸俗」的貶意，之後繼續發展出「廉價、吝嗇、鄙俗」等負面含義。

便抬頭挺胸說犯罪率下降了。心理醫師無論採用何種做法，面對突發的重度焦慮或憂鬱病患都會覺得自己的治療頗有成效。

科學家同樣無法倖免。再現性危機的另一個幕後因素，是實驗者沒料到有種均值回歸叫做「贏家的詛咒」（Winner's Curse）：無論研究目標是真是假，實驗導出很棒的結果是因為變數狀態正好。機率之神對實驗者露出微笑，但他們不該有恃無恐，再度進行實驗要徵募更多受試者才對。然而現實中多數實驗者總認為研究目標已經得到初步證實，所以受試者減少也沒關係，不自覺地走向《無法重現的結果》。（原注12）均值回歸對各種看似驚人的學術研究都造成影響，不瞭解這一點導致二〇一〇年《紐約客》雜誌（*New Yorker*）刊出一篇腦袋不清的文章，標題是〈真理衰退〉，內容聲稱世界上有某種神祕的「遞減作用」，並據此質疑科學方法。（原注13）

贏家的詛咒作用於所有人類的非凡成就。我們無法永遠留住精彩瞬間，或許這就是人生充滿失望的真相。

因果關係是什麼？

在相關性和因果關係之間搭橋之前，我們要先看清楚對面，也就是因果關係究竟代表什麼。出乎意料地，它其實是個很難捉摸的概念。(原注14)不過休謨又搶先一步，為後續幾百年的分析研究設下定義：因果關係只是我們期待過去經歷的相關性，到未來依舊成立。(原注15)看撞球的次數夠多，以後看到一顆球逼近另一顆球，我們心裡就會預期第二顆球會因撞擊而移動，以前每次都這樣。這個想法的背後是自然定律的恆常，即使未經證實也成為人類思考的預設前提。

不過很快就能看出上述的「恆常連結」（constant conjunction）作為因果理論有何缺陷。每天破曉之前公雞都會啼叫，我們卻知道並非雞鳴造成太陽昇起。森林大火之前常有雷聲，但我們也不認為是打雷造成火災。「副現象」（epiphenomena）常常被稱為「干擾因子」，它們伴隨現象卻不造成現象。這在流行病學上是一大難題，好比多年來醫界視咖啡為心臟病風險，因為愛喝咖啡的人心臟病比例較高，後來卻發現咖啡愛好者抽菸且不愛運動的比例也高，喝咖啡其實是副現象。

休謨預料到這一點，對自己的理論深入闡述：不僅僅是規律地因先於果，另一個條件是「若前者不先存在，後者便不會存在」。此處的關鍵是「若」，也就是反事實和「如果」。它描述了世界的可能性，另一個版本的宇宙，以及僅存在假設上的實驗。平行宇宙內前因沒有成立，後果也不會發生。透過反事實定義因果關係解決了副現象的問題：人類不相信公雞造成日出，因為前一天把牠們做成紅酒燉雞，隔天依舊旭日東昇。我們也知道引發森林大火的是閃電而非響雷，因為有光沒聲音的情況還是會起火，反之卻不然。

據此判斷，可以將因果關係視為某事件（因）存在與否時的結果差異。（原注16）統計學家口中所謂「因果推論的根本問題」，是我們困在固定的宇宙，假定的因果事件有發生則有、無發生則無，人類沒辦法偷窺另一個宇宙得知另一種結果。儘管同樣事件發生多次時的結果能互相比對，公元前六世紀赫拉克利特（Heraclitus）就指出問題癥結：人沒辦法涉過同樣的水兩次，因為在這兩次行動之間，世界已經起了很多改變，我們無從確知這些改變會不會才是尋求的因。也可以將經歷過一個事件與未經歷該事件的案例互相比較，但蘇斯博士點出另一道難題：「現在的你就是你，沒人能否定，沒人能代替。」人人皆獨特，那麼個人體驗到的結果究竟是來自客觀的原因，還是取決於個體本身千變萬化的特性組合？為了從這些比對中推論出因果關係，人類只好以不那麼詩性的風格假設「時間穩定性」（temporal stability）與「單元同質性」（unit homogeneity），後面兩小節將討論使這兩個假設合理的方法。

即使確定了某些原因會造成結果不同，無論科學家或一般人都不會就此罷休。我們試圖以機制連接因和果，就像鐘錶底下有精密的運作。人類對世界有直覺認知，明白這不像電玩遊戲一樣只是像素變動。每個現象背後都隱藏了某種力量。可是許多原始直覺經過科學驗證後是一場誤會，譬如中世紀詮釋移動物體的「衝力」（impetus）學說，以及心靈感應、氣功、記憶印痕、能量場、順勢與瘴氣、水晶功效與各式各樣另類療法。一部分直覺認知到的機制（如重力）通過科學考驗並轉換形態，還有學者提出許多新的隱藏機制以解釋我們在世界觀察到的相關性，包括基因、病原、板塊、基本粒子等等。有了因果機制，人類才能對反事實情境進行預測，想像不再是阻礙，反而能用於模擬機制運作促進發展。

縱然掌握到不同結果與背後機制之間如何對應，想明確辨別因與果依舊困難重重。其中一個障礙是**原因與條件**之間很難區隔：磨擦火柴導致起火，沒有磨擦就不會有火，問題是沒有氧氣、紙張不夠乾燥、周圍氣流不夠穩定同樣不會有火。為什麼不說「氧氣導致火焰」？

第二個障礙是**先後次序**。假設一九六三年李．哈維．奧斯華（Lee Harvey Oswald）在達拉斯那片長滿荒草的小丘陵上有共犯，兩人約好誰有機會就開槍，另一人趁隙混入人群。在反事實的虛擬世界中，雖然開槍的不是奧斯華，甘迺迪依然身亡——但回到我們的世界難道能夠否定他先開槍、他導致甘迺迪死亡的事實嗎？

第三個障礙是**多重決定**（overdetermination）。死刑犯由整隊人一同處決，以免單一槍手背負殺人的心理重擔；但他不扣扳機，犯人還是會死。如此一來，若採用反事實邏輯，**沒有人**造成犯人死亡。

最後是**機率性因果關係**（probabilistic causation）。很多人知道有位九十多歲的老太太每天抽一包菸，現在大眾不會認為這證明了抽菸不致癌，但在抽菸與癌症之間的關係尚不明確的年代，很多人以此案例作為「反證」。時至今日，只要因果關係未臻完備，仍然常被曲解為因果關係不存在。二〇二〇年《紐約時報》社論對頁版一篇文章主張廢除警察，因為「現在的警察制度根本無法解決〔強暴〕問題，很多強暴犯連法院長什麼樣子都沒看過」。（原注17）這篇社論作者未曾考慮到：若沒有警察，見識法院裝潢的強暴犯可能會更少，甚至變成一個也沒有。

想要理解因果關係的悖論，必須先放下撞球一顆碰一顆的觀念，明白世界不是一

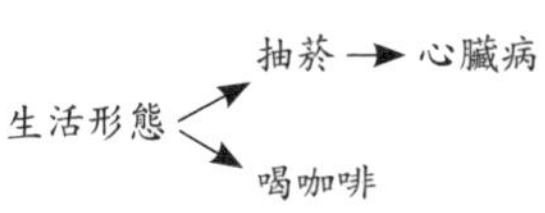

副現象

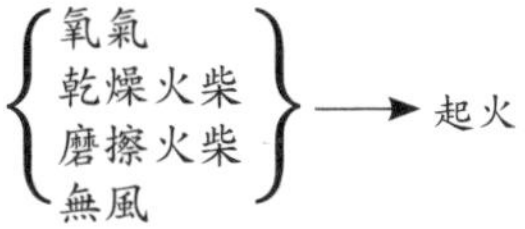

條件

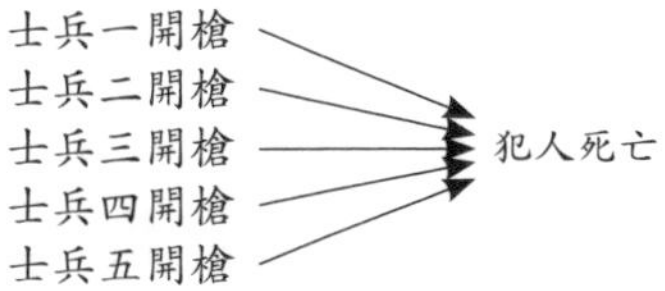

多重決定

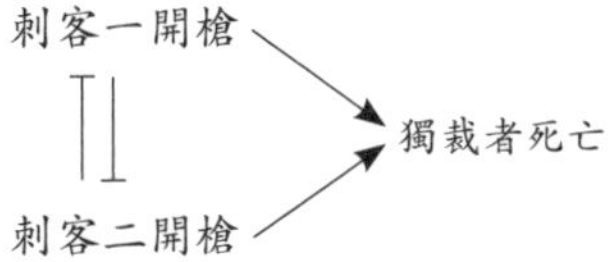

先後次序

個事件一個原因這樣簡單的對應。事件被無數原因交織成的網路包圍，它們或觸發、或賦能、或抑制、或阻擋、又或彼此增強，相互連結，開枝散葉。上面提到的四種因果障礙只要畫出因果路徑圖就會逐漸清晰。（見上圖）

不要將箭頭視為邏輯意義（「若X抽菸，則X罹患心臟病」），而是條件機率（「X吸菸時罹患心臟病機率高於不吸菸時」）；也不要將事件節點看做非有則無，而是反映基本比率或先驗機率的可能性。這樣的圖表可以稱為貝氏推論網路。（原注18）只要運用貝氏定理（顧名思義）檢驗各個節點就能慢慢釐清其間關係，無論原因、條件、干擾因子多麼錯綜複雜都能判斷事件是否具有因果依存性。

發明這套系統的電腦科學家朱迪亞・珀爾

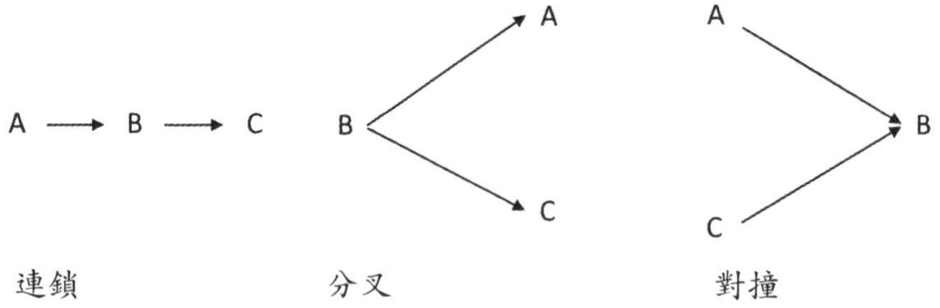

（Judea Pearl）指出，網路建立在三種簡單的規則之上：連鎖、分叉、對撞；它們各自代表原因超過一種的基本（但違反直覺）因果關係。（見上圖）

連結部分呈現的是條件機率。三種情況中，A和C都不直接連結，換言之，以B為前提時，A的機率並不受到以B為前提時C的機率影響，A和C的關係各有不同。

在**因果連鎖**中，最初的原因A被隔絕在最終結果C之外，C只受到B的影響，如果只關心C的話，甚至可以當作A不存在。以旅館火災警報為例，因果連鎖是「起火→煙霧→警報」，因此實際上觸發警鈴的不是火，而是煙，或者說霧氣，在通風口附近對書架噴漆與點火同樣能驚醒房客。

因果分叉是大家已經熟悉的概念，用於描述干擾因子或副現象，伴隨而來的是誤判真正原因的危險。年齡（B）影響字彙量（A）和鞋子尺碼（C），所以年齡較大的兒童腳比較大、會的字詞比較多，於是詞彙量和鞋子尺碼之間找得到相關性，但不能因為孩童穿的鞋子大就跳級就學。

因果對撞也暗藏危機，不相關的數種原因匯聚成同一個結果。其危險有過之而無不及，因為多數人直覺能認知到干擾因子導致的謬誤（二次大戰前的鄉下猶太人都知道），卻大半不懂什麼叫做「對撞分層選樣偏誤」（collider stratification selection bias）。因果關係中若存在對撞因子，觀察者又聚焦在範圍有限的結果上，由於原因之間彼此互補，便會創造出原因之間本不該存在的負相關。舉例而言，約會經驗豐富的人試圖解釋為何帥哥渣男多，推論好看的人從小到大都受寵，性格被寵壞了；然而那句話恐怕根本是無的放矢，找理由也是浪費時間罷了。現實狀況是女性與人約會（這是B）大致因為對方外形好（這是A）或性格好（這是C），外形和性格原本確實不相關，但長相平凡的男子如果性格還不好根本不會受到女孩青睞，反觀帥哥則不會在第一關就被刷掉。所以實情是擇偶標準造就一個虛假的負相關。

對撞謬誤也致使某些人批評標準化測驗。他們認為測驗成績不重要，理由是觀察到研究所學生並不會因為入學成績較高而畢業率更高，然而他們沒考慮到分數低仍能入學的學生必然有其他優勢。（原注19）忽略此種偏誤甚至能得出孕婦抽菸對嬰兒好的謬論，因為同樣是出生體重較輕的嬰兒，母親抽菸的嬰兒反而還更健康，原因是出生體重低一定有某種原因，抽菸之外的可能性是酗酒或毒品，對孩子造成的傷害恐怕更大。（原注20）《愛的故事》女主角珍妮也基於同樣思考偏誤認為男孩子有錢就會笨，因為能進哈佛（這是B）的人不是有錢（A）就是聰明（C）。

從相關性到因果關係：真實與自然實驗

瞭解相關性和因果關係的本質之後，就該研究如何自此岸連結到彼岸。關鍵並非「相關性不代表因果關係」，除非相關性本身是錯覺或巧合，多數情況下確實有某種理由導致兩個變數匹配，所以通常相關性會代表因果關係。麻煩出在兩個東西呈現相關時，並不代表一定是前面導致後面，有個口訣這麼說：A和B相關，可以是A造成B、B造成A，或第三個因素C造成A和B。

口訣的第二和第三部分說的正是因果倒置與干擾因子，它們十分普遍。世界就是一個巨大的貝氏網路，箭頭朝四面八方散開，在事件之間纏繞成結，彷彿萬事萬物息息相關。之所以會有這種結瘤（名為多重共線性〔multicollinearity〕或內生變量〔endogeneity〕）是因為「馬太效應」（Matthew Effect）[3]，歌手比莉．哈樂黛（Billie

3　譯按：即貧者越貧、富者越富的累積優勢現象。

Holiday）簡潔有力地解釋說道：「得者將有餘，無者將失盡，聖經早有云，而今亦如是。」（原注21）國家富裕，通常人民也健康幸福安全、教育水準高、污染低、局勢和平、政治民主、自由、性別平等。（原注22）較富裕的個人通常也較健康、教育好、人脈多、更有可能維持良好運動和飲食習慣、隸屬優勢群體。（原注23）

觀察這些結瘤，感覺似乎無論國家或個人呈現的相關性都是錯的，或至少並未經過證實。是因為民主政體下領袖無法將百姓當炮灰於是變得更和平，還是不受鄰國威脅才有發展民主的餘裕？上大學才得到追求好生活所需技能，還是聰明、自制、上流階層、能將天生優勢轉化為金錢的人，才得以成功讀完大學？

有個好辦法可以解開盤根錯節：隨機實驗，一般稱為隨機對照試驗（randomized controlled trial, RCT）。做法是從研究目標群體中收集大量樣本，隨機分為兩組，對一組施以實驗假設、另一組則否，然後觀察是否有前一組發生改變、後一組維持原狀的現象。隨機實驗是人類最接近創造反事實世界的手段，重要性好比因果關係的檢驗試紙。我們利用隨機實驗將研究假設與各種影響因素切割開來，再以不同數值觀察預期效果的機率是否有變化。（原注24）

最重要的是隨機。以醫療實驗為例，如果給藥對象鎖定早就參與實驗的病患、住處離醫院近的病患、症狀比較特殊的病患，他們與安慰劑組性質不同，於是無法判斷藥物本身效果如何。我念研究所時就有教授說過（其實是用了巴里〔J. M. Barrie〕劇本《所有女人都知道》〔*What Every Woman Knows*〕的句子）：「隨機分配就像與生俱來的魅力，有魅力就不需要別的了，沒魅力的話有別的也沒用。」（原注25）其實不管魅力還是隨機分配，這句話或許不完全對，但過了幾十年始終留在我記憶中，感覺比起將隨機對照試驗譽為因果關係「黃金標準」的陳腔濫調有亮點。

隨機對照試驗後來也成為政治、經濟與教育界採用的工具，決策者開始以此方法針對隨機找出的村鎮、班級、社區嘗試新方案，與名單上的控制組或其他專案計畫做比對。（原注26）相較於傳統評估方式，如高層主觀、風俗慣例、領袖魅力、先人智慧或最高薪人士的意見等等，隨機對照試驗得到的統計數據效力較佳。

可是隨機對照試驗並非萬靈丹（世界上也沒有什麼萬靈丹，這種說法早該作廢）。實驗室科學家像尋找數據相關性的人一樣互挑毛病，畢竟不可能只做一件事情就完成整個實驗。研究者自認只對實驗組施加了研究項目，但其他變因可能成為干擾因子，此時稱作排他性問題。有個老笑話這麼說：性生活不美滿的夫妻找猶太拉比諮詢，《塔木德》裡明言說妻子的床笫愉悅由丈夫負責。拉比捻鬚沉吟想到個辦法，要

我的自然科報告題目是：自家小弟，先天和後天差異

Michael Shaw / The New Yorker Collection / The Cartoon Bank

他們下次做愛時僱一個年輕英俊的男子赤身裸體在旁邊揮毛巾，看看能不能令妻子達到高潮。兩人照做卻沒什麼效果，於是又回去找拉比商量。拉比捻鬚之後想出改了計畫，要年輕人和妻子做愛，丈夫負責甩毛巾。兩人照做後女方真的有了夢寐以求的美好體驗，丈夫見狀對年輕人說：「看吧傻瓜，像我這樣甩毛巾才有用！」

實驗操作的另一個問題自然是真實世界不在實驗室內。政治人物總不能丟銅板決定這個國家民主、那個國家專治，過五年看看誰會陷入戰亂。即使研究對象是個人也有很多實務和倫理的問題，就像上面這幅漫畫所示。

雖然不是什麼題目都能用實驗模擬，

社會科學家仍發揮創意在現實世界找到隨機試驗的機會。這類自然環境生成的實驗有時能夠幫助我們在充滿相關性的宇宙中探索出因果關係，也是經濟學家史蒂芬·列維特（Steven Levitt）與記者史蒂芬·杜伯納（Stephen Dubner）在《蘋果橘子經濟學》（*Freakonomics*）系列書籍以及其他媒體上常探討的主題。（原注27）

一個例子是「回歸不連續」（regression discontinuity），比方說想瞭解究竟上大學會增加收入，還是會賺錢的人更有機會上大學，現實中無法隨機挑選青少年並強迫某個學校招收實驗組排除對照組，然而某些大學原本的招生模式就符合研究需求。大家也並不認為考出一千七百二十分就比一千七百一十分聰明多少，所以可將之當作背景雜訊並視為隨機。（在校成績或推薦信對入學資格的影響同理。）研究者針對兩個群體追蹤十年，記錄學科考試成績與日後的所得，如果從數據發現入學與否比起其他因素更能對應所得的顯著差距，就可以推論大學學歷確實造成影響。

對因果關係求知若渴的社會科學家還懂得好好把握偶然的隨機。福斯新聞（Fox News）讓觀眾變保守，還是保守派愛看福斯新聞？一九九六年福斯新聞初入市場，頭五年有線電視公司加入頻道表時並沒有特別安排，經濟學家分析這幾年發現：有福斯新聞的地方，投票結果傾向共和黨高出零點四到零點七。（原注28）這個差距足夠逆轉較緊繃的選戰了，但隨後幾十年福斯新聞在收視市場更普及，影響力不減卻變得很難觀察。難歸難，倒不是全無對策，「工具變量回歸」（instrumental variable regression）這手法聽起來沒用其實很天才：想確認A是否引起B，又擔心因果倒置（B導致A）或干擾因子（C導致A和B），這時候如果找到第四個變項，姑且命名為I，而I與研究目標A相關卻又不可能是A所引起——或許因為發生時間比較早，總不可能是未來影響了過去——同時又與干擾因子C無相關，且不可能直接引發B，最少也得經由A。如此一來，雖然研究者無法針對A做隨機分配，卻掌握到次佳的選擇I。倘若分析發現這個A的良好替代品I真的與B相關，就指向A是B的成因。

怎麼套用在福斯新聞身上？社會科學家很幸運。美國人懶惰，懶得下車、懶得沖泡速食湯包、看電視也懶得一直轉臺，所以頻道數字越低收視率越好。福斯新聞在不同有線業者頻道表上處於不同位置（取決福斯和各有線公司簽約的時間，與觀眾人口結構沒有關聯）。如果頻道數字小（I）導致觀眾收看福斯新聞（A），收看福斯新聞或許會或不會增加觀眾對共和黨的支持（B），而觀眾保守與否（C）以及是否支持共和黨都不可能導致最愛頻道被推到後面。不出所料，以有線電視市場資料做分析，發現福斯新聞相對其他新聞臺數字越小時，共和黨獲得的票數越高。（原注29）

不透過實驗從相關性進入因果關係

數據科學家找到回歸不連續或工具變量是一種幸運，但多數情況下還是得從普通卻混亂的相關性之中抽取出因果關係。但也並非無藥可救，擾亂因果推論的各式疑難雜症都有辦法處理，雖然比起隨機分配差了些，但畢竟世界不是為了科學家存在，目前還沒有更好的方案可用。

因果倒置比較簡單，科幻小說或《回到未來》之類時空旅行的故事已經幫大家建立了鐵律：未來不可影響過去。如果想要測試民主帶來和平而非和平帶來民主這個假設，首先要避開全有全無的推論謬誤，以及「民主政權不互相征伐」這個常見但有瑕疵的說法（例外非常多）。（原注30）合乎現實的假設應該是，相對較為民主的國家較不傾向戰爭。（原注31）目前有幾個研究組織對各國進行民主評分，例如北韓屬於完全獨裁所以是負十分，挪威屬於完全民主則得到正十分。民主部分比較麻煩，因為真的用上槍炮的戰爭沒那麼常見（對人類是幸事，對研究這個的社會科學家就麻煩了），製表時大部分格子都會是「零」。不過倒是能藉由每年捲入的「軍事爭端」的數量估計國家傾向戰爭的程度，指標包括武力恫嚇、武力示警、警告射擊、軍機巡邏、動武威脅、邊境突擊等等。若以較大數字，如文獻上軍事爭端最大值，減去上述指標分數，學者便可將戰爭分數轉換為和平分數（用意是給和平國家較高分）。接下來為和平分數及民主分數建立相關性。當然截至此時尚無法證明任何因果關係。

然而若將各項變數記錄兩次，比方說相隔十年。如果民主造就和平，第一次採樣的民主得分就應該會和第二次採樣的和平得分相關。這樣還是沒什麼證據力，一隻花豹經過十年斑紋也不會變化，愛好和平的民主國家經過十年很可能仍舊是愛好和平的民主國家。但我們可以將另一條對角線當作對照組：觀察第二次採樣的民主程度（民主得分）與第一次採樣的和平程度（和平得分），因為兩者的相關性會呈現因果倒置問題以及十年間持續存在的干擾因子。如果前者的相關性（過去的因與現在的果）較後者（過去的果與現在的因）為強，便暗示了民主造成自由而非相反。這個技巧叫做「交叉延宕長期追蹤相關性」（cross-lagged panel correlation），所謂長期追蹤（panel）代表資料組包含時間線上數個不同點的量測。

統計學的技巧也可以用來處理干擾因子。科學新聞會報導研究人員「維持常量」或「統計控制」某些造成干擾或混亂的變數，其中最簡單的做法稱為配對（matching）。（原注32）民主與和平的關係存在很多干擾，例如繁榮、教育、貿易、國際組織成員資格等等。以繁榮而言，評估標準是人均國內生產總值，如果我們為樣本中每個民主國家找到生產總值相等的專制國家，比較這個配對的和平分數，就等於在維持生產總值常量的前提下分析民主與和平的相關性。配對的邏輯很直接，但需要足夠大的樣本群體才能找出優秀組合，一旦干擾因子數量暴增條件會變得非常嚴苛，用於有數萬病患可選的流行病學研究沒問題，但用於只有一百九十三個國家的政治研究就會力不從心。

比較泛用的技巧則是「多元回歸」（multiple regression），利用干擾因子不會與假定成因**完美**相關的特性；兩者的歧異不單單是惱人的雜訊，也能成為研究者的工具。以下解釋如何將之運用在民主、和平與人均生產總值上（見左頁圖）：首先將假定成因也就是民主得分與干擾因子放在一起製圖（左上），每個數據點代表一個國家。（注意此處數據都是虛構，僅用於解釋統計邏輯。）找到回歸線，接著注意每個點與回歸線之間的縱向距離，也就是殘差。數據點是各國實際的民主度，回歸線代表所得具有完美預測力時應有的民主度，殘差反映出兩者的差距。下一步是暫時放棄各國原始民主分數，以殘差取而代之，也就是控制所得常量後的民主度。

現在對假設的結果，也就是和平，進行同樣演算。將和平度與干擾因子一起製圖（右上），測量殘差，以殘差置換原本數據，得出以所得為基準時預估的和平程度。再

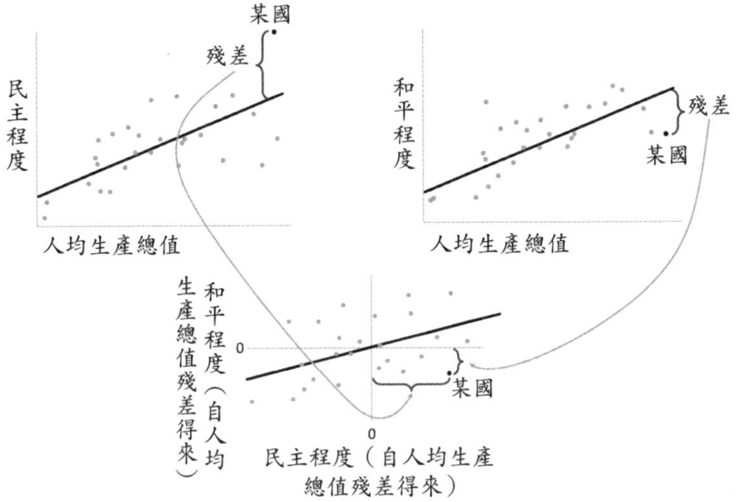

來的步驟應該顯而易見了：將和平殘差與民主殘差放在一起（上圖下），如果兩者相關性不為零且顯著，就能推論維持繁榮常量時民主導致和平。

上面敘述的統計過程稱作一般線性模型（**general linear model**），是流行病學與社會科學最主流的做法。透過這種模型得到方程式，可以藉由加權後的預測因子總和（而這些因子裡可能就有成因）預測結果。如果擅長視覺化思考，亦可不要將預測想像為線條，而是傾斜的平面懸浮在兩個預測因子建立的地面上。實際上放進多少預測因子都能在超空間中建立超平面，但人腦的視覺想像能力沒那麼強大，很快就會過載（通常三次元就已經難以負荷），換作方程式則只需要添加更多數項就好。回到和平這個例子，如果有五個因素對和平程度造成拉扯，方程式為：和平＝（a×民主）＋（b×人均國民生產總值）＋（c×貿易）＋（d×條約國資格）＋（e×教育）。經由回歸分析，我們可以知道穩定其他因素時，何者能對結果發揮預測作用。分析過程中仍需要對變數做出正確詮釋、連結並避開各種陷阱，所以並非捷徑，然而已是釐清因果關係和干擾糾結最常用的工具。

複數原因的疊加與交互作用

回歸方程式的算數部分其實只是次要，重點在於其形式凸顯的大方向：事件背後可能不只一個原因，但都可以用統計學加以處理。這個觀念看似基礎，卻時常在公眾論述中遭到冷落，很多「果」被描述為來自單一且絕對的「因」，彷彿只要證明了A能影響B，B就絕對不會再被C影響。有成就的人花費成千上萬個小時磨練技術，大家就認為成就僅僅來自練習，與才能沒有關係。現代男性哭泣次數是父輩的兩倍，代表男女哭與不哭的差異是社會而非生理因素。這些論述之中，多重成因的可能性（既是先天也是後天、既是才能也要練習）都被排除掉了。

至於原因之間的關係就更加隱微：一個原因造成什麼結果，或許與另外一個原因有關。譬如所有人經過練習都會進步，但有才能的人進步更快。我們需要一套詞彙才能思考並談論多重成因。其實統計學有幾個簡單的概念足夠令大眾變聰明，「主效應」以及「交互作用」就是其中相關者。

這裡用虛構的資料加以解釋。例如我們想研究猴子恐懼的成因，假設包括遺傳，也就是所屬物種（像卷尾猴或狨猴），又或者是生長環境（只有母親陪伴，或者許多猴子家族共同居住於大型但封閉的空間）。而我們正好有了測量恐懼的辦法，比方說觀察猴子願意接近橡膠假蛇的程度。由於提出兩個可能原因與一個結果，會出現六個組合。乍看很複雜，但製圖以後一目瞭然。先看比較單純的三個。（見下頁圖）

左圖顯而易見什麼關係也沒找到，猴子還是猴子，物種沒有影響（兩條線幾乎上下交疊），環境也沒有影響（所以線條是平的）。中圖則是物種有影響（卷尾猴較易受到驚嚇，所以線條比較高），但環境沒影響（線條都是平的，代表無論群居或獨居兩個物種受到驚嚇的程度不變）。中間這張圖用專業術語來說就是物種的主效應，代表無論何種環境下都能看見物種造成的差異。右圖相反，能看到環境的主效應卻沒有物種的影響，獨居成長導致猴子較易恐懼（從線條傾斜判斷），對卷尾猴或狨猴都一樣

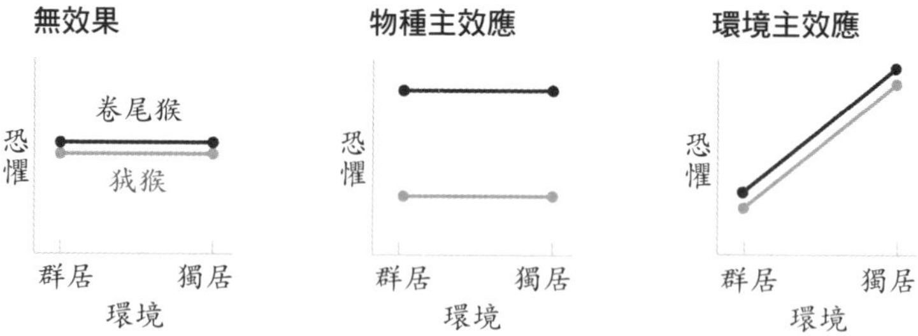

（兩條線幾乎交疊）。

我們得更聰明些，試著理解多重成因。在這個例子下同樣有三種可能。如果物種和環境都有影響會如何？卷尾猴天生比狨猴更容易害怕，而獨居長大又導致猴子更容易恐慌？左頁的左圖呈現的就是這個情境，換言之有兩種主效應，外觀看來是兩條斜度相同但一高一低的直線。

從左頁中間這張圖開始，事情變得複雜起來。兩個因素都起了作用，卻彼此影響：卷尾猴在獨居環境長大變得較勇敢，狨猴在獨居環境長大變得較膽小。物種與環境兩個因素的交互作用導致兩條線不再平行，在本例中構成完美的X形交叉，代表兩種主效應恰好可互相抵消。整體來看，卷尾猴線的中點與狨猴線的中點重疊，所以物種不是絕對指標；然而群居的平均值，也就是最左側兩端點的中間值，與獨居也就是最右側兩端點的中間值一樣高度，那麼環境也不是絕對指標。物種與環境都是原因，但是作用程度會彼此影響。

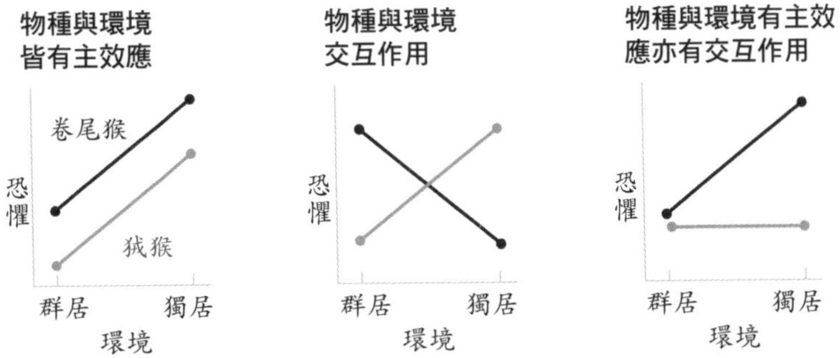

最後一種情況：兩個以上的主效應可以共存並相互影響。上方右圖裡，獨居成長使卷尾猴變得更恐懼，但對天性鎮定的狨猴沒什麼效果。環境對狨猴的影響無法完全抵消環境對卷尾猴的影響，於是會觀察到物種的主效應（卷尾猴的線條較高）與環境的主效應（左側兩點的中間值比右側兩點的中間值來得低）同時出現。可是詮釋兩個以上成因時，主效應的地位會被交互作用取代，因為從中能更深入瞭解實際情況。會有交互作用，通常代表兩個原因混雜為因果鏈的同一環，而不是發生在因果鏈的不同位置以後才相加。以上面的例子來說，串連其間的理由或許是杏仁核，它在大腦裡掌管恐懼體驗。也許卷尾猴的杏仁核具有較大的發展彈性，而狨猴的杏仁核變化程度不高。

有了這些認知工具，我們便能分析世界上的多重原因事件，面對先天與後天、天賦與努力的問題不再只能二分。下面我們來看看真實的資料。

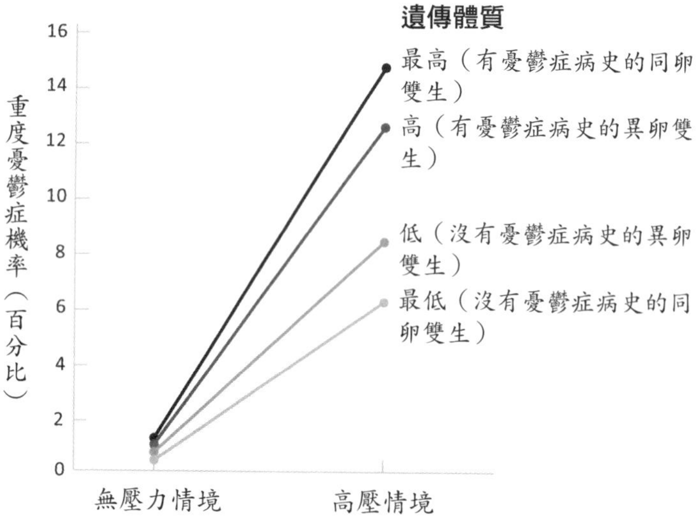

Adapted with permission from Kendler, Kessler, et al, 2010

引發重度憂鬱症的是高壓環境還是遺傳體質？上面這張圖呈現雙胞胎女性罹患重度憂鬱的數據。（原注33）

此研究的樣本包括經歷離婚、遭到侵犯、近親死亡等高壓力情境的女性（右側端點），以及沒有這類經歷的女性（左側端點）。由上而下，第一條線是風險最高的女性，因為基因完全相同的孿生姊妹罹患過憂鬱症。第二條線的女性風險稍微降低，與她們**半數**基因相同的孿生姊妹曾患有憂鬱症。第三條線的女性風險不高，半數基因相同的孿生姊妹並沒有病史。最後一條線的女性風險最低，同卵雙生的姊妹沒有發病過。

這張圖告訴我們三件事。首先，生

活經驗有其重要性：壓力的主效應造成線條的扇形向上分散，也就是經歷壓力情境會增加憂鬱症機率。整體而言，基因也有影響：四條線高度不同，也就是體質影響某些人特別容易發病。但最重要的是**交互作用**——四條線並非平行（換個說法是左側端點重疊，到了右側卻分散），所以未經歷高壓力情境時體質幾乎不會造成分別，無論何種基因的憂鬱症風險都低於百分之一，然而只要經歷過高壓的情境，基因造成的影響就很大：完全不具有憂鬱症基因的人發病機會只有百分之六（最下面那條線），但帶有憂鬱症基因的人發病機率超過兩倍，達百分之十四（最上面那條線）。從交互作用可以發現基因與環境都重要，但其效果在因果鏈上似乎是同一環；而且無論這些雙胞胎相同的基因有多少，並不是基因導致憂鬱症，而是基因決定了她們對高壓情境的抵抗力是強是弱。

接著來看看明星是先天還是後天。下面這張圖來自真實研究，以職業棋手的認知能力測量結果評判他們的棋藝，並探究棋藝與每年比賽場數之間有何關係。（原注34）勤能補多少拙並不一定，但道理本身毋庸置疑，從數據可以觀察到每年比賽次數對認知能力的主效應反映在兩條線的間距。不過這個研究最大意義在於找到兩者的**交互作用**：兩條線不是平行，也就是說較聰明的棋手每次練習的進步更多。換個角度來看，

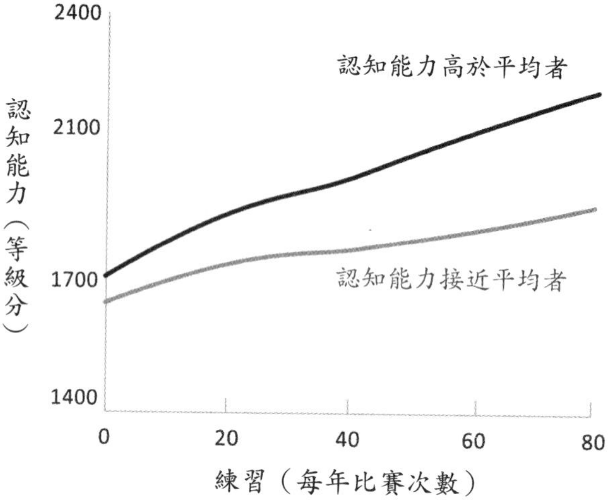

Adapted with permission from Vaci, Edelsbrunner, et al, 2019

沒有練習時天生認知能力幾乎不造成影響（最左側兩個端點幾乎重疊）。確認主效應與交互作用不僅能避免虛假二分法的謬誤，也能更深入瞭解現象成因的本質。

因果網路與人類

想要理解這世界的因果關係之豐富多變，回歸方程式終究還是過分簡單，只是一堆權重指標加總。所以可以加入交互作用，也就是將互相影響的預測因子相乘。然而其本質終究只是放進一堆項目進行加減乘除，論複雜程度遠遠不及數百萬變相交織為錯綜繁複公式鏈的深度學習網路，第三章已經介紹過它的特點。但是單純歸單純，二十世紀心理學研究的一個驚人發現，就是呆板的回歸方程式通常比人類專家更可靠。心理學家保羅・米爾（Paul Meehl）以「臨床與精算判斷的比較」這項研究最早切入此問題。（原注35）

假如我們想預測某個可量化的結果，例如癌症病患能夠存活多久、精神科病患會被診斷為輕微精神官能症還是嚴重思覺失調，或者刑事被告是否會棄保潛逃、撤銷假釋或再犯，還有研究所學生的表現、企業會賺錢還是破產、某支股票基金的收益高低等等，我們能夠找到一系列指標，像症狀檢查表、人口特徵、過去行為紀錄、大學成績單或考試成績——許多資料能夠和預測目標產生關聯。將這些數據交給專家，或許是精神科醫師、法官，又或者是投資分析師之類，同時也輸入標準回歸分析取得預測方程式。人類專家和方程式，誰的預測會更準確？

幾乎每次勝出的都是方程式，而且就算專家可以拿方程式作為輔助工具，表現還是屢屢遜於單純方程式自身的預測力。癥結點出在專家的注意力太容易飄到他們認為公式無效的特殊場合，此現象有個名稱叫做「斷腿問題」，故事是如果預測一個人今天晚上去不去跳舞，演算法公式只知道他每週都去，專家卻能察覺這個人正好斷了腿。可是實際上公式**已經**包含特殊情況改變結果的機率，並與其他因素整合後進行判斷，但人類專家過分看重自己發現的特例，馬上就將基本比率拋到九霄雲外。某些人類專家十分仰仗的指標，譬如現場面談，放進回歸分析完全找不到效果。

意思並非人類就該被排除在外，比如剖析語言或分類行為這種需要真實理解力的指標，人的心智仍舊難以取代。但人類心智並不擅於**結合**指標，這是回歸分析演算法的強項。米爾舉例解釋：我們在超市櫃檯結帳時不會說：「看起來大概七十六元，可以嗎？」面對好幾項機率性質的原因時，我們總是想靠直覺得出結論。

回歸方程式很有用，但若用來預測人類行為，我們最終仍會感慨人真的很難預測。大家都知道行為受到遺傳和環境影響，也知道有個指標理論上會比最厲害的回歸方程式還強上許多，像是同卵雙胞胎通常有一樣的基因和家庭，住同個社區、上同所學校、身處相同文化，可是觀察同卵雙胞胎各項特徵的相關性，會發現儘管高於巧合，卻又遠低於一，大部分落在零點六左右。（原注36）如此一來，會有大量人與人的差異無法得到合理解釋，明明各種因素幾乎一模一樣，結果卻相差頗多。雙胞胎裡可能一人同性戀另一人異性戀，一人精神分裂另一人功能正常。先前的憂鬱症數據圖也觀察到類似現象：一名女性若有遺傳體質又遭遇高壓力事件，憂鬱症發病機率依舊不會是百分之百，僅百分之十四而已。

xkcd.com

最近又有一份受矚目的研究凸顯了人類的不可預測性。(原注37) 高達一百六十個研究團隊收到大型數據組，內容為數千個弱勢家庭的所得、教育、醫療紀錄以及許多面談和居家評估報告，希望這些專家能預測樣本的未來發展，包括孩童的學業成績，還有家長被驅逐出境、就業、參與職訓的機率等等。規則容許使用任何演算工具，回歸分析、深度學習、任何形態的人工智慧都行。預測表現如何？論文摘要說得委婉：「最佳預測也並不十分準確。」每個家庭的異質性蓋過了泛用指標，無論組合多麼精巧都難以發揮作用。對於人工智慧能夠預知人類每步行動的憂心是稍微被沖淡了些，但同時我們也得意識到人類並不真正掌握自己所處的這張因果網絡。

提及人類的不足，這七章的論述恰好來到終點，至此介紹完我認為最重要的幾項理性工具。如果我有成功解釋清楚，大家應該能對上面這篇《XKCD》的漫畫會心一笑。

第十章

人類有什麼毛病？

告訴大家天空中有個看不見的人，是他創造了宇宙萬物，很多人都會相信。告訴大家油漆未乾，很多人要親手摸一下才能確定。

——喬治・卡林 George Carlin

大部分讀者就等著這一章，寫書前和很多人聊天通信時已經得到這樣的訊息。一提起理性這個主題，人們就會問我為什麼人類好像得了失心瘋一樣。

恰巧在撰寫過程中，理性的歷史上又出現了幾座里程碑。肆虐全球的瘟疫不到一年就有了疫苗，但同一年內新冠肺炎催生出許許多多荒誕陰謀論：有人認為病毒是中國實驗室開發的生物武器，或者是民主黨為了阻止川普連任而捏造的世紀謊言。有人懷疑比爾・蓋茲會藉由注射疫苗在大眾體內植入晶片，精英階級也將藉此控制世界經濟。還有人認為新冠肺炎是5G網路建設造成的病症，而疫苗則是安東尼・弗契（Anthony Fauci，美國國家過敏和傳染病研究所所長）撈錢的手段。（原注1）疫苗正式推出前，三分之一的美國人表示排斥；反疫苗運動行之有年，長期抗拒人類歷史上最能改善社會的發明。（原注2）關於新冠的種種怪誕論述得到名人與政客背書，其中引發最多爭議的正是疫情猖獗期間地球上權力最大的人：美國總統唐納．川普。

一直以來川普在美國有大約百分之四十的支持率，但他諸多言行令人更加懷疑集體理性是否存在。川普曾在二〇二〇年二月宣稱新冠肺炎會「奇蹟般消失」，後來又推廣以瘧疾藥物、消毒水、紫外線燈等偏方進行治療。他蔑視公衛界提出以口罩和社交距離作為防疫措施，儘管他本身也受到感染依舊鼓吹數百萬美國人繼續無視，導致死亡人數增加與財政困頓。（原注3）這還只是排斥理性與科學規範的一環，川普任內公開撒謊次數約三萬次，透過媒體顧問營造出「另類事實」（alternative facts）一詞，主張氣候變遷是中國的騙術，阻擋聯邦單位的科學家針對公衛與環保發布新知。（原注4）他多次推崇數百萬人關注的陰謀論邪教「匿名者Q」，匿名者Q則表示美國受到撒旦崇拜和戀童癖者構成的「深層政府」（deep state）[1]把持，只有川普能與之對抗。二〇二〇年大選結束，川普不願接受敗選，發起一連串莫名其妙的訴訟意圖推翻結果，代表他的律師團又引述由古巴、委內瑞拉、幾位共和黨州長和官員提出的另一套陰謀論。

關於新冠的謠言、否認氣候變遷，以及各式各樣的陰謀論，有些人將之統稱為「知識論危機」或「後真相時代」。（原注5）再來還有假新聞：二十一世紀才第二個十

1　譯按：有黑暗勢力集團之意，指非經民選的政治團體為了保護特定利益，在幕後控制整個國家。

年，社群媒體上已充斥下面這樣的誇張言論：（原注6）

- 教宗方濟各震驚全球，為川普當選總統背書。
- 小野洋子：「一九七〇年代時，我和希拉蕊．柯林頓有過一段情。」
- 民主黨提案要求增加對罪犯的醫療服務，卻排除苦等十年的退休軍人。
- 川普即將對鼓勵同性戀活動的電視節目下禁令。
- 一名女性因為手機卡在陰道要求三星電子賠償一百八十萬美元。
- 樂透得主花費二十萬美元傾倒糞便在前僱主家中草坪並因此被捕。

殭屍、黑魔法之類迷信也流傳得越來越廣。第一章提過有四分之三的美國人至少相信一種超自然現象，下面是新世紀第一個十年調查得到的數據：（原注7）

- 惡魔附身：百分之四十二
- 心電感應：百分之四十一
- 鬼魂和靈體：百分之三十二

- 占星：百分之二十五
- 女巫：百分之二十一
- 與死者聯繫：百分之二十九
- 輪迴轉世：百分之二十四
- 山脈、樹木與水晶蘊含靈能：百分之二十六
- 邪眼、詛咒、法術：百分之十六
- 算命或靈媒問事：百分之十五

我喜歡觀察人類的進展，但如鯁在喉的是上面種種信仰不僅幾十年來熱潮不減，年輕一代也並未比前人表現出更多質疑（對占星的接受度還提升了）。（原注8）

科學歷史的研究者麥可・謝默（Michael Shermer）稱之為「詭異信念」（weird beliefs）的一系列古怪思想也越來越流行。（原注9）一些陰謀論聲稱猶太人屠殺是假的、甘迺迪遇刺有各種內情、九一一「真相追求者」認為是政府引爆雙子星大樓以合理化出兵伊拉克。然後許多預言家、民間宗教或意識形態都說服信徒相信世界末日即將到來，雖然何年何月何日總是眾說紛紜，但說好的那天沒出事也只是失望罷了，再

訂個新的大限就好。有四分之一到三分之一的美國人相信外星人造訪過地球，或許屠殺過牛羊，或許綁架女子以製造具有外星基因的混血種，又或許在古代建造了金字塔和復活島石像。

如何解釋這些胡說八道深植人心的現象？就像史努比漫畫裡查理．布朗說的，聽了肚子疼，尤其露西代表了我們大多數的同胞。（見上圖）先排除三種常見解釋。排除的原因並非它們不對，而是太便宜行事，無法滿足我們。

我得承認第一種就是本書開頭幾章解釋過的邏輯與統計謬誤。的確許多迷信來自對巧合過度詮釋、未理解證據與事前機率的關係、將軼事視為常態、將相關性視為因果關係。很重要的例子是至今仍有人認為疫苗導致自閉症，因為他們觀察到自閉症的症狀很巧合地出現在孩童初次接種疫苗的階段。各種迷信或誤解代表大眾無法有效採取批判性思維並本著證據說話，我們由此切入便能分辨真偽，然而認知心理實驗室的研究預測不到匿名者Q的風潮，其追隨者也不是靠邏輯和機率能夠說服的。

第二種常見的解釋是將現今社會的不理性怪罪於最方便的代罪羔羊，也就是社交媒體。然而這種解釋同樣有瑕疵，因為陰謀論和謠言散布的歷史幾乎和語言本身一樣長。（原注10）仔細想想，經文中的奇蹟其實不就是超自然現象的假新聞嗎？幾百年來一直有人說猶太人會在水井下毒、以基督徒孩童獻祭、操縱世界經濟、鼓吹共產分子作亂，歷史上也不知道多少次有特定的人種、弱勢族群、職業工會被貼上標籤受到暴力迫害。（原注11）政治科學家約瑟夫．烏辛斯基（Joseph Uscinski）和約瑟夫．帕倫特（Joseph Parent）追蹤一八九〇到二〇一〇年之間美國各大報社編輯收到的信件，分析陰謀論流行程度的變化，卻發現其實沒有明顯波動，而且往後十年也找不到增加趨勢。（原注12）現在所謂的假新聞在推特和臉書平臺發酵之前也會口耳相傳，只是以前被稱作都市傳說（嬉皮保姆、速食店炸老鼠、萬聖節虐童）[2]或者刊登在小報封面（一出生就會說話的嬰兒描述的天國景象、副總統迪克．錢尼竟是機器人、外科醫師將小男孩腦袋移植到妹妹身體上）。（原注13）社群媒體或許提高了謠言流傳的速度，但根本問題在於人性追求這些幻想；編故事的是人，故事訴求的也是人，都不是演算法。假新聞挑起很多恐慌，但政治層面上的影響微乎其微，會接受的人心中早有定見，搖擺選民反而不受太大影響。（原注14）

2 譯按：嬉皮保姆的故事主題是嬰兒被放進烤箱或微波爐煮熟，後來衍生出父母、照顧孩子的人因酒精或藥物而認知失調等版本。速食店炸老鼠泛指各大連鎖餐廳被指控使用污染或問題食材。萬聖節虐童指有成人將摻了刀片或藥物的水果糖當作萬聖節點心交給上門討糖的兒童。三個都市傳說都沒有實例或只有零星個案，且與流傳版本有很多出入。

最後一個藉口則是以非理性解釋非理性。時常有人主張大眾擁抱虛假信念是因為能從中獲得安寧、理解世界，但這從來都不是好理由，畢竟從虛假中得到的安心和放下對自己並沒有好處，人類為何要追尋？現實世界裡具有強大的天擇壓力，人科動物若欺騙自己，以為獅子如烏龜般溫和、吃沙土便能滋養身體，早在繁衍與資源競賽中落敗給其他物種。

何況我們沒必要妄自菲薄，人類的非理性並非無可救藥，我們只會狩獵採集的祖先憑藉智慧在嚴苛環境下延續血脈至今，相信陰謀論與奇蹟的人同樣通過日常生活的種種考驗，正常就業、育幼、有遮風避雨的屋頂和冰箱裡的食物。也因此川普陣營對於有人質疑他認知能力時最常提出的反駁就是：「如果他很笨，怎麼當上總統？」事實上，除非科學家和哲學家在我們心中真的高人一等，否則必須承認多數人類都有瞭解並接受理性的能力。想分析現代群眾的錯覺與瘋狂，得留意某些認知功能在特定情境與目的下可以正常運作，然而放大規模、置入新環境或者被有心人士利用之後就會產生偏差。

動機推理

理性公正無私舉世皆然，它有自己的方向與動力，但也因此在某些情境下成了麻煩、阻礙和困擾。蕾貝卡・紐伯格・戈德斯坦（Rebecca Newberger Goldstein）的小說《證明上帝存在的三十六個證據》（*36 Arguments for the Existence of God: A Work of Fiction*）中，一位地位很高的文學學者對研究生解釋為何自己厭惡演繹推理：（原注15）

這對想像力豐富的人是一種酷刑，一種思想上的極權主義，要求所有人規規矩矩排成一路縱隊筆直前進、永遠只能到達同一個不會偏差的結論。歐幾里得證明在我腦海裡有的不過就像是最高獨裁者面前踢正步的軍隊。我只有拒絕數學家給出的單一解釋才能找到愉悅。自以為精確的科學憑什麼就能定義我？杜斯妥也夫斯基那位住在地下室的人不也說得明白嗎：「上帝啊，我為什麼要在乎自然和算數的定律呢，難道我就沒有理由能討厭它們、討厭『二二得四』嗎？」杜斯妥也夫斯基都看不起邏輯霸權，我也一樣。

人不想坐上理性列車，最明顯的理由是不喜歡終點，因為結論可能對他們不利，常見的情況是金錢、權力、地位的分配雖然公正但只幫到別人。辛克萊・路易斯（Sinclair Lewis）指出：「如果一個人靠著不瞭解某件事情才領得到薪水，要他去瞭解就變得困難至極。」（原注16）

從古至今，想要讓他方無法以理性得出不利我方的結論，最直接的方法是訴諸暴力。但當然也可以利用議題本身的不確定之處，以話術、詭辯或其他手段引導別人的思考。譬如一對夫妻找房子，兩個人明明只是想要離自己工作近的地點，卻同時能找出所謂對雙方都好的客觀理由，像是空間大或價格低等等。類似的事情在日常生活中屢見不鮮。

利用言語將論點推向對自身有利的方向，稱作動機推理（motivated reasoning）。（原注17）動機推理的目的或許是追求雙方合意的結論，但也可能是炫耀自己聰明機靈、知識淵博、品德高尚之類，還有些人嘴上輸不得萬事皆要爭，寧可昧於事實也要將黑的說成白的。（原注18）

認知問題的清單上有很多偏誤都是動機推理的結果。第一章曾經提到確認偏誤，選擇任務中請受試者經由翻卡片來驗證「若P則Q」這條規則，許多人雖然選了正面為P的卡片完成證實，卻沒能選擇正面為非Q的卡片排除證偽。（原注19）但如果營造情境使受試者希望能夠證偽，大家的邏輯就忽然好了起來，比如某條規則說自己這種性格容易早死，多數人就知道正確檢驗（並讓自己安心）的方式是鎖定同樣性格卻很長壽的案例。（原注20）

人類傾向為資訊擬定菜單，透過偏見同化（又稱作選擇性接觸）的方式強化自身信念、迴避反對的聲音。（原注21）（每個人都喜歡讀政治立場相近的評論，看見另一邊的說法就氣呼呼的，不是嗎？）即使質疑傳進耳朵，我們的自我防衛機制仍會繼續運作，從有偏見的出發點進行評估，將分析能力用在鞏固己方陣營，對敵方論述逐字逐句細細反駁。第三章提到不少經典的非形式謬誤，如人身攻擊、訴諸權威、訴諸群眾、訴諸情感、起源謬誤等等。其實我們連看待自己的偏誤時都繼續犯下偏誤，心理學家艾蜜莉・普羅寧（Emily Pronin）發現一件很有趣的事情：頗高比例的美國人以為自己出身那個專出人上人的神奇小鎮[3]，覺得與一般人相比自己的認知偏誤較少，幾乎沒人願意承認思維有瑕疵。（原注22）

由於人類的許多推理能力像是設計來求勝的，部分認知科學家如丹・斯珀伯和胡戈・梅希爾認為這是推理能力的適應結果。（原注23）換言之，人類的直覺並非朝向科學

3　譯按：美國作家蓋瑞森・凱羅爾（Garrison Keillor）為廣播節目和著作虛構一個小鎮名為「烏比岡湖」（Lake Wobegon），那裡「所有女子都強壯、所有男子都英俊、所有兒童都比普通小孩優秀。」後來心理學研究發現大眾有高估自己能力與思考的傾向，也稱作「烏比岡湖效應」。

家演化，而是朝著律師發展，雖然常常以差勁論述維護自身，卻很擅長在別人論述裡挑毛病。所幸這種落差若好好加以運用便能使團隊合作比起單打獨鬥強上許多，老一輩曾流傳的說法是團體智商等於成員中最低的智商再除以團體規模大小，然而事實證明這是無稽之談。（原注24）小團體進行討論時需要的是默契：大家不必事事達成共識，但所有人都想追求真相。如此一來，成員會發現彼此的謬誤和盲點，導致最終結果是真理勝出。舉例而言，個人進行華生選擇任務時平均只有十分之一能選對卡片，但採取小團體形式卻能提升至十分之七，因為只要一個人看出正確答案就幾乎總是能說服其他成員。

我方偏見

每個人想塑造自己是萬事通的形象這件事只能解釋大眾非理性的一部分，其餘則可以透過一個以證據為本的政策制定來思考：槍枝管制究竟會造成什麼結果，是罪犯因此難以取得槍枝所以犯罪率下降，還是守法公民缺乏自保手段於是犯罪率上升？

下面數據來自假設性研究，橫向兩列分別代表禁止隱密持武與未禁止的城市，縱

	犯罪率降低	犯罪率上升
有管制	223	75
無管制	107	21

向兩欄列出犯罪增加與減少的都市數量。（原注25）從這些數據，讀者是否能判斷槍枝管制對犯罪的實際影響？

正確答案是這些資料（虛構的）指向槍枝管制會提高犯罪率。其實很容易弄錯，因為實行管制且犯罪下降的數字比較大，高達兩百二十三，特別容易入我們的眼。但這可能是全國犯罪率都下降，有無政策都一樣，只是槍枝管制成為政壇潮流，所以有更多的城市實施管制。此處該留意的是犯罪率降低與上升的比例，實行管制的都市大約三比一（兩百二十三對七十五），未實行者約為五比一（一百零七對二十一），整體來看數據呈現出不實施管制時犯罪率變化較佳。

正如同認知反射測驗（見第一章），想得出正解需要培養數感（numeracy），也就是不以第一印象做判斷，認真分析數字。識數能力平庸的人較容易受到大數字擾亂注意力，得出槍枝管制有效的結論。不過以法學家丹・卡韓（Dan Kahan）為首的研究團隊提出這個例子，最主要的目的反而是點出識數能力好的人會有什麼反應：調查中識數能力好的共和黨員較能正確作答，識數能力好的民主黨員則容易錯，原因出在民主黨員**一開始**就深信管制有效，未思索太多便相信數據證實了自己的意識形態。相對來說，共和黨員反對這種立場，選擇仔細檢核審查，搭配上識數能力自然能還原真相。

此時共和黨員會以為自己比起那些傾左自由派更加公正客觀，但研究人員當然也可以反過來做一份他們容易答錯的資料，只要將表格標籤對調就變成槍枝管制確實有效，能夠將犯罪率成長從五倍壓低到三倍。結果識數能力好的共和黨員沒能倖免，民主黨員則腦袋靈光起來。再換個模式，研究團隊挑了民主黨共和黨都不敏感的主題——乳霜是否真的能緩和濕疹。既然沒有成見，兩邊表現便不相上下。後來心理學家彼得．迪托（Peter Ditto）研究團隊收集五十份研究進行整合分析，證實上述規律確實存在：保守派和自由派對相同科學證據是接納或排斥，關鍵在於能否鞏固自身的意識形態，對政策的背書或批判則視提案者黨籍決定。（原注26）

除了政治立場影響數感，人類也在其他層面表現出評估偏誤，足見即使不涉及個人利益，只要結論影響自身政治、宗教、人種、文化群體的正確性或卓越性，我們就會受到好惡左右。這個現象叫做「我方偏見」（myside bias）十分名實相符，其影響範圍擴及所有理性認知，邏輯也不例外。（原注27）之前提過三段論有效性建立在形式而非內容上，可是很多人還是會帶入自己的觀念，知道或希望結論為真時就自動判斷論述成立。意識形態符合的時候也會產生同樣問題：

若大學招生公平，則不需要優惠性差別待遇。
↓大學招生並不公平。
↓因此優惠性差別待遇有其必要。

若較輕的刑法也能嚇阻犯罪，則不需要死刑。
↓較輕的刑罰不能嚇阻犯罪。
↓因此應當採用死刑。

如果找一群人，詢問他們對這兩套論述的邏輯有什麼想法，會發現自由派人士以為第一個推論正確，但能察覺第二個錯了；保守派則反過來發現一錯，但以為二就對了。實際上兩個都錯，犯了否定前件的形式謬誤。（原注28）

電影《鴨羹》（*Duck Soup*）[4]中，奇科．馬克思有個問題很著名：「你是要相信我，還是相信你自己的眼睛？」掉進我方偏見的人，很可能不會選擇眼見為證。曾有一份經典研究發現球迷眼中敵隊總是犯規更多，卡韓團隊做了個更新版的研究，以某建築物前的抗議影片做實驗。（原注29）如果聲稱建築物是診所，抗議人士反墮胎，保守派就會將之形容為和平抗議，自由派卻認為抗議者封鎖入口並威脅進出的人。但若聲稱建築物是徵兵中心，抗議人士反對軍方排除同性戀，保守派眼中忽然看到暴民，自由派眼中則是一群甘地。

一本雜誌報導槍枝管制研究時，下標為「有史以來，關於大腦最令人沮喪的發現」。確實有沮喪的理由。首先：違反科學共識的意見，如神創論或否認人為因素造成氣候變遷，其實與數學盲、科學盲不能畫上等號。卡韓發現無論是否接受那些意見，受試者對於科學事實同樣都懵懵懂懂（譬如許多相信人為氣候變遷的受試者，卻覺得事情與有毒廢棄物傾倒或者臭氧層破洞有關[5]）。反而政治傾向可以準確預測個人的意識形態，好比立場越右傾，對氣候變遷的抗拒就越強烈。（原注30）

值得沮喪的第二個原因是再現性在科學界成了危機，而我方偏見的再現性又太高了。心理學家齊斯．史坦諾維奇（Keith Stanovich）在《分化我們的偏見》（*The Bias*

4 譯按：一九三三年的黑白喜劇電影，後來得到影評的傑作評價，也是馬克思兄弟的巔峰之作。（馬克思兄弟〔Marx Brothers〕是由親兄弟五人組成的知名喜劇團隊。）

5 譯按：臭氧層破洞會導致地表增溫，但與溫室氣體無法相比，臭氧洞在全球暖化的成因中占比極小。

That Divides Us）一書中指出，我方偏見不分種族、性別、認知形態、教育程度、智商，連那些聰明到不會被其他認知偏誤如忽視基本比率、賭徒謬誤等等給限制的天才都無法倖免。（原注31）而且我方偏見並非常見的人格特徵，端看什麼話題會觸動當事人的認同神經。史坦諾維奇將這種現象連接到當前政治，他認為與其說我們活在「後真相」社會，不如說我們步入了我方偏見社會。這裡的我方就是左派和右派，兩邊都追求真理，卻在真理究竟為何這點上無法協調，反而讓偏見一點一滴深入侵蝕我們的思維。呼吸道流行病大爆發，口罩卻成為政治符號，但這不過是政治極化下最新一波的症狀。

很久以前我們就能觀察到人類喜歡分為不同群體且彼此競爭，但傳統上以宗教、種族、階級為區隔，轉變成左右派拉扯理性的原因並不清楚。左右之別與好幾項道德與意識形態的對抗有關：階級與平等，自由與共產，君權神權與啟蒙思想，部落與普世，悲觀與烏托邦式的展望，榮譽文化與尊嚴文化，著重規範與著重個體的道德觀。（原注32）然而近年來兩個陣營的支持目標時常翻轉，從移民、貿易、對俄羅斯的態度等可見一斑，反此種種皆指向政治傾向已經不是連貫的思想，反倒更接近社會文化層次的族群爭鬥。

不久前有一組社會科學家做了分析，認為左右之別的性質與實際上的部落有所不同。傳統的部落以親緣為主軸，但左與右更近似宗教派別，凝聚力來自道德優越感和鄙視對手陣營。（原注33）美國的政治衝突升高，常有人歸罪於社群媒體（什麼都要怪它們），可是根源位在更深層，包括傳播媒體的分化和極化，全國性媒體通路被帶有政黨色彩的廣播和電視新聞取代；政治影響力因選區劃分或其他地理因素而遭到扭曲，導致政治人物訴求派系集團而非整合結盟；政界和智庫依賴意識形態濃厚的資訊來源；受過良好教育的自由派專業人士彷彿與世隔絕，活在大都會的小圈圈中；以及跨階級公民社會組織如教會、服務性社團、志工團體等等逐漸沒落。（原注34）

我方偏見會不會也是理性的表現？就貝氏推論而言，面對新證據時**應該**考慮整體的事前資訊，而不是碰上新研究就照單全收。譬如自由主義已經證明自身正確，不能因為冒出一份研究支持保守立場就直接推翻過去種種。於是即使彼得．迪托的整合分析指出政黨政治牽動了政治成見，部分自由派學者不出所料無法認同。（原注35）他們認為左派與右派的主張在真理的論戰上並非勢均力敵平分秋色，儘管都是根據自身信念詮釋世界，信念得到印證的那邊才稱得上有理。於是他們更進一步說：從文獻來看，學術界一直傾左，或許這種偏好不違反理性，而是本著貝氏推論逐步校正事前資訊的結果——畢竟左派思想通常都是對的。

保守派的回應一言以蔽之（引用哈姆雷特）：「別在自我陶醉中尋求慰藉。」（原注36）縱使左翼立場確實較右翼獲得更多佐證（尤其無論原因為何，相較右派，左派就是與科學比較合得來），若是缺乏公正標準的情況，誰也說不準。歷史上當然有很多例子是左右都錯，有時候還錯得很離譜。（原注37）史坦諾維奇也提出以貝氏事前概念來討論動機推理的癥結——事前資訊常常只反映當事人希望何者為真，而非基於證據確信何者為真。

另一個解釋我方偏見的角度稍微反常，不從貝氏定理出發，而是從賽局理論找答案。卡韓稱之為「表達性理性」（experssive rationality），意指理性的目的並非追求完美理解世界，而是在乎團體同儕如何評價。人類透過表達宣告自己與誰站在一起，若將發言者的社交圈納入考慮，忠誠就像徽章必須佩戴誇耀。提出所屬群體排斥的論調，比如在民主黨圈子裡排斥槍枝管制，或者在共和黨圈子裡支持槍枝管制，都會被斥為叛徒內奸、「不明事理」進而導致社會性死亡（social death）[6]。論調越是偏頗極端，訊號越是明顯清晰，畢竟酒肉朋友也能同意地球是圓的，但無懼外界嘲笑願意附和地平論的話就是莫逆之交了。（原注38）

6 譯按：指人被社會忽視、孤立或隔離。

只可惜追求同儕認同是個人的事情，放在民主制度、社會整體正確理解世界的大方向下並不理性。目前我們正受困於理性層面的公地悲劇。（原注39）

兩種思維：現實與神話

前章結尾的漫畫裡，露西雙腿都埋進積雪裡了，卻還是堅稱雪是從地上長出來的，這樣的故事曝露一個問題：純粹以別有居心來解釋動機推理這種非理性現象終究有其局限。即使錯誤的信念能在一時間營造當事人聰慧或忠於團體的印象，假的就是假的，最後必定會受到世界冷酷無情的處置。小說家菲利普．狄克（Philip K. Dick）有句話說：「就算你不信，現實也不會消失。」那為何抱持荒謬信念的人並未遭到現實的懲罰或排拒，堅持和分享真理的人也同樣沒得到獎勵？

這裡的關鍵是「相信」到底什麼意思。胡戈．梅希爾指出，心存怪誕信念的人通常沒有與之相襯的勇氣。（原注40）表面上數百萬人相信希拉蕊．柯林頓在華盛頓的披薩店經營兒童色情人口販賣（此事件被稱作「披薩門陰謀論」，是匿名者Q的前身），但基本上沒有人採取行動阻止這麼嚴重的事情，連報警也不肯，其中倒是有個義正辭嚴的人透過Google給了披薩店一星評價。（評語是：「披薩根本沒烤熟，吧檯區幾個衣冠筆挺的男人似乎是常客，眼睛總盯著我兒子和店裡其他孩童看。」）一般人真的認為有小孩在地下室遭到強暴，怎麼可能是這種態度。雖然埃德加・韋爾奇（Edgar Welch）真的提起槍逞英雄硬闖披薩店說要救出小孩，但至少證明了他是認真看待這件事。其他好幾百萬自稱相信的人恐怕對「相信」有十分不同的定義。

梅希爾點出第二個矛盾：如九一一真相追求者以及化學尾跡陰謀論者（chemtrail theorist，他們認為噴射機的水分子凝結尾跡含有藥物，是祕密政府意圖毒害大眾）看似十分狂熱，還願意在公開場合聚會和發言，但他們的信念之一卻是有個無所不能的強大組織積極壓制他們這種敢說真話的人。反觀北韓與沙烏地阿拉伯，政府壓迫毋庸置疑，但當地人從未如此莽撞行事。梅希爾引述丹・斯珀伯的區別標準，主張陰謀論和其他怪異信念其實來自有意識地建立想法，是**思索**的結果，而非下意識的直覺。（原注41）這個區別很重要，但我個人想法稍微不同，更貼近社會心理學家羅勃・艾貝爾森（Robert Abelson）（以及喜劇演員喬治・卡林〔George Carlin〕）的觀點：一種信念是**縹緲**（distal）的；另一種信念則是**可測**（testable）的。（原注42）

人類將所處世界分為兩半，其中一半由身邊各種實質物體、面對面的人、彼此互動的記憶、主導生活的規範和標準組合而成。面對這一半，大家的認知多半正確，也能理性思考並明確分辨真假，因為別無選擇——無法融入的人，車子會沒油、帳戶會沒錢、孩子吃不飽穿不暖。這就是現實思維。

另一半世界則在身邊的經驗之外，包括渺茫的過去與未來、遙遠的地點與人物、觸碰不到的權力核心、顯微鏡下和大氣層外的宇宙、反事實和形上學的領域。縱使能夠想像那邊世界的樣貌，卻沒有辦法確切探知，更遑論為生活帶來顯著變化。於是相關的信念成為敘事，或愉悅、或振奮、或教化，拘泥字面上的「真」和「假」就問錯了問題，它們的功能是建構社會現實，從道德層次上凝聚族群或教派。可以稱作神話思維。

伯特蘭．羅素有句名言：「缺乏命題為真的根據，就沒有接受的理由。」想理解非理性為何蔓延，關鍵是認知到羅素這句話並非老生常談，反倒深具時代意義，因為無論歷史或史前史上都沒有任何根據可判斷縹緲世界的真假。然而與其相關的信念卻是靈感和意志的泉源，也因此人類有理由接受。

他的說法能夠成立，是因為社會的科技與科學、歷史與新聞研究都有了長足進展，且有追尋真相的基礎建設，如完備的文獻紀錄、數位資料庫、高科技儀器，負責編輯、查核、同儕審查的社群機制也已然成形。有了這些前提，我們開始認為所有信念都能融入現實思維，回頭確認創世神話、開國傳奇、看不見的細菌與自然力、對於權力地位和敵人的認識究竟是對是錯。一切的開端是人類終於有工具可以尋找答案，至少能得到一定信心水準的結論，而且還有理論上能務實運用種種知識的技術官僚國家體制。

但羅素說得再棒也沒用，因為人類對於信或不信的天生機制並非如此。尊崇現實思維、征服各種思想體系、將神話拒於門外的才是怪人——演化社會學家說「怪」這個字在英文是WEIRD，正好是「西方」、「受過教育」、「工業化」、「富裕」、「民主」這幾個詞的縮寫（Western, Educated, Industrialized, Rich, Democratic）。（原注43）至少受過高等教育的人表現正常時的確如此。然而人類心智早已適應以神話思維去理解渺遠的領域，原因不必追溯到更新世的狩獵採集社會，只要想想先人何時有機會接觸共相實在論（universal realism）這種啟蒙理念？將個人種種信念完全交給理性與證據決定不是自然狀態，識字與識數也不是，這些都需要後天的學習與培育。

何況儘管現實思維逐漸壯大，神話思維仍在主流思想中占有一席之地，宗教便是最顯著的例子。超過二十億人相信不接受耶穌為救主就會下地獄遭受永恆折磨，所幸他們並未採取合乎邏輯的下一步行動，拿起刀槍逼迫別人改宗還聲稱是為對方好，或者覺得誰是異端會妖言惑眾就加以嚴刑拷打。其實過去幾百年人類社會就是那麼做的：基督信仰被劃分在現實思維的領域，於是出現很多十字軍、審判官、征服者帶著士兵發動宗教戰爭。他們和殺進希拉蕊披薩店那位同胞一樣對自己的信念毫無保留。反觀許多自稱相信來世的人，似乎大都不急著離開淚谷[7]進入樂園享福。

還好西方宗教目前平穩停在神話思維的領域中，即便有非常多信徒誓死捍衛。新世紀頭一個十年，「新無神論者」山姆・哈里斯（Sam Harris）、丹尼爾・丹尼特、克里斯多福・希鈞斯（Christopher Hitchens）以及理查・道金斯（Richard Dawkins）成為謾罵的目標，不只手拿聖經的傳道者口出惡言，連主流知識分子也跳下去攪和。這群信仰主義者（生物學家傑里・科因〔Jerry Coyne〕的形容）或信仰信仰的人（丹尼特的形容）沒打算證明上帝的存在，反倒主張人去思索上帝存在的真偽就是不妥或粗鄙的表現。（原注44）換句話說，他們主張信仰上帝這個概念已經脫離人類可驗證的範疇。

同樣存活在主流文化的非現實思考是國家神話。大部分國家將其開國故事納入集體潛意識內，一度以《伊利亞德》、《艾尼亞斯記》、亞瑟王傳奇、華格納歌劇這些形式傳承，後來演變為獨立與反殖民抗爭。常見主軸有透過語言文化和鄉土定義的國族

7　譯按：淚谷是基督宗教用語，代指生命的磨難。

精神，經過漫長沉睡後驚天動地甦醒，經歷太多壓迫侵害，最後有個超人世代解放和建立國家。守護神話傳承的人從不認為有必要調查個水落石出，若有史學家將那些故事拖進現實範疇並揭穿歷史的膚淺、身分的錯亂、相鄰國家彼此挑釁、開國先人的黑暗面，可是會被深惡痛絕。

另一種半真半假的信念體系是歷史故事，或者說虛構歷史。其實亨利五世不像莎士比亞所言在聖克里斯賓節發表了慷慨激昂的演講，但追究這件事會被人當作吹毛求疵。問題是劇本聲稱是真實事件而非劇作家想像，否則觀眾也無法沉浸其中。更近代的戰事或抗爭活動也有虛構歷史，本質上是對一段時間前的事件製作假新聞。事件過於接近現在，或者虛構部分改寫了重要事實，史學家還有機會提出警告，例如奧利佛・史東（Oliver Stone）一九九一年的電影《誰殺了甘迺迪》（*JFK*）將謀殺案的陰謀論帶到檯面上。二〇二〇年，專欄作家賽門・詹金斯（Simon Jenkins）對劇集《王冠》（*The Crown*）提出抗議，那部戲描述伊麗莎白女王生平，但加入許多主觀詮釋：「想像一下，在家裡打開電視看新聞，結果不是主播報導講述，而是直接找人演給你看……演完以後，BBC還打上一份聲明說新聞內容『基於真實事件』，希望大家喜歡。」（原注45）可惜他就像一個人在荒野上大叫，沒別人理會。多數評論家與觀眾對於影視大量捏造事實的現象不以為意，Netflix 也拒絕為該劇加上虛構情節的警告標語（倒是對劇情設計暴食症做出所謂的創傷觸發預警）。（原注46）

現實與神話兩種思維領域會隨時代和文化而有不同界線。啟蒙運動後，西方現代思潮侵蝕神話範疇，社會學家馬克斯・韋伯（Max Weber）將這個歷史變遷稱作「世界的幻滅」。即便如此，兩個領域的邊境仍常互相推擠，川普政權下的後真相、明目張膽的謊言與陰謀論都是例子，意圖將政治論述從現實奪回，重新置於神話中。與各種傳說、經文、戲劇一樣，實質內涵是演出，而非辯論真偽。

對虛假資訊信以為真

明白人類可以保有信念卻不在乎其真實性以後，才能開始釐清理性層次的悖論，也就是為何身為有理智的動物，卻能接受這麼多莫名其妙的胡言亂語。提出陰謀論的人、轉傳假新聞的人、掏錢消費偽科學的人並不總是意識得到自己相信的事情不屬於現實世界，偶爾還會引發慘劇，除了披薩門、反疫苗，還有惡名昭彰的天堂之門（Heaven's Gate）邪教，一九九七年三十九位教徒以為有太空船隨海爾博普彗星來到地球，他們準備讓靈魂得到接引的方式就是集體自殺。人性本有的傾向若與神話思維結合，面對荒誕說法也容易信以為真，下面分析三種情況。

偽科學

偽科學、超自然、另類醫療涉及我們最深層的認知直覺。(原注47)人類是天生的二元論者，我們意識到心靈可以與肉體分開看待。(原注48)這種概念十分自然，一個原因是各種觀念和慾望背後其實是神經網路，但在自己與別人身上都看不見摸不著，同時生活經驗卻指向心靈真的不受到肉體拘束，所以才有夢境、冥想、靈魂出竅，以至於死亡。對人類而言，跳過物理媒介直接以心靈與世界和彼此聯繫，其實並非太誇張的邏輯跳躍，因此有人相信心電感應、透視能力、靈魂與鬼魂、輪迴轉世、來自彼岸的訊息等等。

同時人類也是天生的本質主義者，認為所有生命都蘊含看不見的某種東西，所以能夠有形體與活力。(原注49)這種與生俱來的認知催生我們對種子、藥材和毒物的研究，但同樣的思維也導向順勢療法、藥草偏方、放血與排毒，以及對外物如疫苗和基改食物的排斥。

最後，我們是天生的目的論者。（原注50）人類的計畫與製造物都有存在目的，於是我們不禁認為世界上各種生物與非生物如此繁複，背後應該也有某種意義，也因此我們很容易接受創造論、占星術、共時性以及宿命論。

科學教育的原始用意是抵消原始本能的影響，但好幾個因素導致效果有限。其一是像神創論、靈魂、天意之類信念在宗教或文化勢力中有著神聖不可侵犯的地位，是得到高規格保護的神話思維，要說服大眾放棄相當困難。再者，許多受過高等教育的知識分子其實科學觀念模糊，很少人能夠解釋為何天空是藍色、為何季節會交替，更別提族群遺傳學、病毒免疫學。教育良好的公民選擇信任以大學為主的科學界：只要學者們有共識，對我們就已足夠。（原注51）

問題是多數人心中對科學與偽科學的辨別一樣模糊，大家生活中最接近科學的場景是看醫生，偏偏很多醫生並非隨機臨床試驗的專家，與傳統的民俗醫者差距不大。比方說脫口秀節目就會請很多密醫，他們嘴裡那套根本就是新時代運動[8]。連主流電視臺的紀錄片和新聞節目也常分不清現實和幻想，煞有其事將遠古時代太空人、靈媒協助緝拿歹徒這類事情說得和真的一樣。（原注52）

部分責任得歸在真正的科學教育者身上。科學沒能在大眾腦袋裡扎穩根基，否則

8　譯按：New Age，一種去中心化的宗教或靈性運動，強調個人化並有排拒主流的傾向。

偽科學一看就會令人起疑了。然而學校或展覽館將科學當作另一種神奇魔法呈現，習慣將主題放在稀奇的生物、五顏六色的化學物質、令人目瞪口呆的錯覺等等，反而很少闡釋基本原則，例如宇宙不隨人類心思起舞、所有物理上的交互作用都來自幾種基本力、生命體其實是精細的分子機器、心靈是大腦處理資訊的活動過程。背後原因或許就是這些原則看來彷彿羞辱宗教，觸碰道德敏感帶。但既然如此，科學教育的成果也該是預料之中，多數人的認知依舊好比大雜燴，重力和電磁力能夠與超能力、業力、氣、水晶療癒同時存在。

假新聞

至於都市傳說、小報頭條與假新聞之流為何能夠盛行，首先得留意這些東西確實很有趣，糅合各式各樣主題如性愛、暴力、復仇、危機、名望、魔法、禁忌——藝術與創作的主題也不外如是，無論格調或高或低。假新聞標題像「懷疑希拉蕊電郵洩密的調查局探員死於明顯的偽造自殺」，作為懸疑小說情節豈不相當出色。前陣子一份針對假新聞的量化分析也得到結論：「造成都市傳說與小說，或者說任何敘事具有文化吸引力的特徵，都能運用在網路虛假資訊上。」（原注53）

娛樂效果也出現在笑料上，以鬧劇、諷刺、無厘頭的形式呈現：〈太平間工作人員打瞌睡導致自己被火化〉、〈川普下令封鎖校園以根絕校園槍擊事件〉、〈大腳怪囚禁伐木工人作為性愛奴隸〉。匿名者Q也一樣，成了多平臺上的另類現實遊戲，具有強烈的娛樂性質。(原注54)這個「Q」(自稱為政府吹哨人)三不五時拋出一些模稜兩可的神祕訊息，追隨者跟著在網路進行解密、提出假設、分享發現，還有可能因此成名。

人會找樂子這件事本身一點也不奇怪，奇怪的是明明虛構的東西卻都打著事實的幌子。然而並非所有人都會認真拿捏事實與虛構的界線，若主題脫離日常生活經驗、討論有錢有勢的圈子時尤其如此。宗教與國家神話能夠憑藉精神意義融入主流文化，假新聞亦然：散布者常常自認是在維護崇高價值，比方說凝聚所屬團體的向心力、提出敵人的奸詐狡猾作為示警。有時這些所謂價值甚至未必是脈絡清楚的政治策略，只是一種道德優越感，散布者敵視某個社會階級或自認被某種強大體制打壓，所以想揭發對手是何等腐敗墮落。

陰謀論

陰謀論會盛行是因為人類一直以來必須提防真正的陰謀。(原注55)採集社會的人類活得萬般小心，最可怕的不是正面激戰，而是暗處或黎明時分殺出的突襲者。（原注56）人類學家拿破崙・沙尼翁（Napoleon Chagnon）研究提到亞馬遜河流域的亞諾馬米人（Yanomamö）語言裡有個詞彙 *nomohori*，意思是「卑鄙無恥的手段」，用來描述暗算行為，例如邀請鄰人赴宴卻計畫屠殺。敵營的陰謀詭計與猛獸、閃電之類災害不同，是人類發揮才智突破對手的防禦並掩蓋自己留下的痕跡，能對抗的辦法就只有盤算得更快更準，於是演變為錯綜複雜的揣測想像，且不信任人事物的表面形象。若以信號檢測理論解釋，可以說若遺漏真正的陰謀，代價遠比杯弓蛇影的誤警高出太多，因此我們傾向將報告標準設定為寧枉勿縱，只要看到一丁點蛛絲馬跡就懷疑別人暗中搞鬼。（原注57）

即使到了現代，社會上確實仍有大大小小的陰謀存在。公司會有小圈圈背著不受歡迎的同事說要趕走人家，政府或叛亂組織依舊謀劃政變、侵略、破壞行動。陰謀論如同都市傳說和假新聞，首先滲透並變成謠言，然後被大家掛在嘴邊。針對謠言的研究發現內容以威脅和危機為主，並建立論點來自專業人士的氛圍，比較令人訝異的是當謠言在既得利益團體內流傳，譬如職場情境時，其實謠言常常都是對的。（原注58）

所以在日常生活中，我們確實有動機時時留意他人是否構成威脅，轉達友軍提出的警告。當前問題出在大眾傳播和社群媒體上的謠言無論對錯都不妨礙散布者的利益，他們的動機是娛樂消遣或同儕肯定而非自衛，於是也沒有追蹤後續的興趣與管道。同樣理由導致製造謠言、流傳謠言的人即使說錯了也不至於名聲受損。既然真假無所謂，社群媒體上的謠言與職場就有很大不同，錯誤比例非常高。梅希爾認為阻絕可疑消息散布最好的方式是施壓，要求散布者採取行動——如果認為是真的，就該去報警，而不是留個一星評價。

想瞭解怪異信念為何吸引人，最後一個關鍵是將信念放在顯微鏡底下好好觀察。演化並不只作用在身體和大腦，還會影響想法。理查．道金斯創造「迷因」（meme）這個詞的時候，意思並非加了註解的圖片在網路流傳，而是經過世世代代分享於是變得風行的觀念。（原注59）原本的例子是迴盪在大家腦海的旋律，或忍不住一直提起的故事。有機體經由演化避免被吃掉，想法經過演化避免被剔除，所以思想的生態體系內有很多強勢觀念。（原注60）譬如「上帝的心思凡人無法理解」、「否認是自我的防衛機制」、「心靈感應能力會受到懷疑者的干擾」、「不譴責種族歧視就是種族歧視的表現」、「助人會快樂，所以沒有不自私的人」，當然別忘了「找不到證據，更凸顯這個陰謀多恐怖」。經過適應演化的陰謀論本就具備易於散播的特性。

重申理性

理解不等於容許。我們已經明白為何人類理智傾向支持對自身或團體有利的結論，也理解人類能區分以真假為主的現實思維、以樂趣或鼓舞士氣為主的神話思維，然而這不代表我們就應該無條件認同。有些思考模式不是好事，我們採取動機推理、我方偏見、神話思維也無法改變真正的現實。疫苗、公衛、氣候變遷方面的虛假信念威脅到數十億人的生命福祉，陰謀論挑起恐怖主義、屠殺、戰爭與種族滅絕。何謂真相的標準若受到腐蝕會破壞民主根基，徒留回歸暴政統治的空間。

然而儘管人類理性有諸多弱點，我們的前景也不是就永遠被困在假新聞的轉貼裡。知識的發展源遠流長，最終仍會偏向理性，所以我們也無需過度悲觀。現在已發展國家的公民很少再相信狼人、動物獻祭、放血、瘴氣、君權神授，或者祖先從日蝕、彗星得到的預兆。幾百年前這些可都是主流文化。連川普那三萬個謊言都沒扯上神祕學或超自然，多數美國人也已經不太相信了。（原注61）雖有少數科學研究被捲進宗教或政治風暴，大部分情況還是各安其位，比如有人不信疫苗卻已經沒人質疑抗生素，有人不信氣候變遷但所有人都承認海岸侵蝕。（原注62）即使多數人都有政黨傾向，

對頭條可不可信通常仍能正確判斷，尤其得到清楚可靠的勘誤或事實查核後便會改變想法，不再拘泥自己的政治立場。（原注63）

現代社會已在理性搶下一座灘頭堡，是名為「主動式開放心態」（Active Open-Mindedness）的認知風格，其中「對證據的開放思考」這個子分類尤其重要。（原注64）其實也就是羅素強調的：信念應該基於完備基礎。接納證據便能抑制動機推理，將所有信念置於現實思維中確認，恰如一句或許出自約翰·梅納德·凱因斯（John Maynard Keynes）的名言：「事實改變了，所以我的想法跟著改變。你呢？」（原注65）心理學家戈登·彭尼庫克（Gordon Pennycook）率領研究團隊進行問卷調查，分析大眾對主動式開放心態的接受度，括號內的答案會提高評分：（原注66）

- 證據與自己相信的事情有出入時應該納入考慮。（同意）
- 無論反駁說詞多強而有力，有些信念太重要了不可以放棄。（反對）
- 信念應該隨新資訊和證據進行修正。（同意）
- 只要我確定是對的，別人說什麼都不可能動搖我。（反對）
- 我相信忠於理念和原則比起「開放心態」更重要。（反對）

美國網路使用者中，約五分之一受訪者表示自己會無視證據，但多數人至少願意保持開放心態。開放心態幫助我們對抗怪誕信念，避免陰謀論、巫術、占星、心電感應、卜卦、尼斯湖水怪，以至於有人格的神、神創論、年輕地球[9]這類論述的印象，也能破解疫苗引發自閉症的錯誤連結，且不會武斷否定人類活動與氣候變遷的關聯。（原注67）保持開放，便願意對政府和科學多一分信任，同時在墮胎、同性婚姻、死刑、反戰等議題的政治立場較傾向自由派，與世界整體趨勢相符。（原注68）（但研究作者特別提醒：這些現象與保守心態如何產生相關十分複雜。）

對證據的開放思考與認知反射有關（所謂認知反射就是三思而後行，不落入題目陷阱，可以回顧第一章的內容），也牽涉到是否能抵抗第三章到第九章介紹的認知錯覺、偏誤、謬誤等等。（原注69）史坦諾維奇將這些認知層面的好習慣稱為理性商數（Rationality Quotient，故意模仿智商這個詞），理性商數與先天智能有關但並非完美對應，有些人雖然聰明卻視野狹隘、性格衝動，也有人腦袋不算靈光卻懂得反思與接納新知。認知反射就像抗拒荒誕信念一樣，有助我們辨識假新聞與識破故弄玄虛的話語，例如「隱藏的含義轉化出無與倫比的抽象美」。（原注70）

倘若有種藥，摻進飲用水就能讓每個人變得心胸開放、懂得反思，非理性危機將

9 譯按：young earth，創造論的一種分支，主軸為地球及生命僅在不超過一萬年前由上帝直接創造出來。

立刻消弭無形中。既然沒有這種好事，我們就得從政策與風氣的大方向上切入，思考如何強化個人與社會的認知免疫系統。（原注71）

最有效的做法莫過於重新建立理性規範。我們已經脫離專制時代，文化改變需要建立在數百萬計的個人選擇上，刺青或口語就是明顯例子。但另一方面，社會規範本身時移世易，比方與人種有關的貶義詞、亂丟垃圾、以婦女為對象的笑話就變少了，多數人的好惡反應會逐漸滲透社群網路。因此我們能做的是對理性的舉止露出笑臉，對非理性的舉止蹙起眉頭。該獲得獎勵的是對自身信念有猶豫、對所屬政治教條提出疑問、隨事實證據改變立場的人，而不是維護派系的死忠者。對傳聞軼事過度詮釋、混淆相關性和因果關係，犯了罪惡關聯、訴諸權威這類非形式謬誤則應該被視為尷尬和失態。遵循這種規範的「理性社群」不該只是小社團的少數分子，而是社會的多數和中堅。（原注72）

人類社會就像巨大的航空母艦，沒那麼容易說轉就轉，不過某些制度仍有智者與運動人士能夠嘗試的施力點。立法機構內以法律人為主，然而律師這門行業追求的是勝訴而非彰顯真相。近年開始有科學家跨進立法領域，他們就是宣揚以實證解決問題的不二人選。同時我們也發現宣傳政策時最好避免具有派系色彩的象徵主義，比方說公元兩千年後艾爾·高爾一度成為氣候行動代言人，但有些氣候專家發現這樣一來弊大於利——大眾因此為氣候行動貼上左派理念的標籤，給了右派支持者反對的藉口。

政壇部分，美國兩大黨的我方偏見都達到工業規模了，但不代表雙方責任比例相同。早在川普熱潮之前，共和黨內較有遠見的大老就抨擊內部反智與仇視科學風氣會形成「笨蛋黨」（the party of stupid）。（原注73）後來也有許多共和黨人表示震驚，因為自家政黨竟然能默許川普的謊言與荒唐，譬如前任白宮策略長史蒂芬·班農讚譽有加地說他最喜歡的戰術就是「用大便淹過去」[10]。（原注74）川普敗選以後，右派若有理智，也應該致力於重建完善體制：兩黨的爭執點應該是政策內容，而不是事實與真相存在與否。

面對「後真相」虛假訊息肆虐，我們並非毫無反制能力。謊話的歷史和語言本身同樣久，這代表預防被騙的思考也一樣；梅希爾強調若缺乏自保機制，語言根本無法演化。（原注75）社會架構也不會讓自己真的在大便裡溺死，公然行騙的人不僅名譽受損還會吃上官司，只是這類反應措施往往動作較慢。二〇二一年初，被陰謀論點名的幾間投票機與計票軟體公司同一週內對川普陣營法律團隊提出誹謗訴訟；後來推特判定川普以言論煽動暴力，違反該公司政策故而禁用其帳號；一位以不實資訊推動「勝選

10 譯按：根據前後文，這句話意思應當是「以假訊息塞滿與川普政權作對的媒體」。

遭竊」陰謀論的國會議員丟了重要的出版合約；商業雜誌《富比士》公開表示：「請商業界注意——若聘僱川普麾下的造假者，本刊將預設貴單位言論不足採信。」(原注76)

由於沒人無所不知，多數人甚至所知甚少，理性的做法是委託專門探索和分享知識的機構，主要自然就是學術界、公家與私人研究單位以及傳播媒體。(原注77)來自大眾的信任極其寶貴，禁不起揮霍。雖然數十年來對科學的信心程度大致穩定，對大學的信任度卻逐步下降。(原注78)背後主因之一是大學內部受到左派壓制，營造出一股壓抑的氛圍，教授和學生若質疑有關性別、種族、文化、遺傳、殖民主義、性別認同與性傾向這些領域的教條就會遭受懲罰。此外，大學還因為攻擊民眾的常識而淪為笑柄（二〇二〇年，有位教授在課堂講解中文詞彙「那個」，卻被幾個學生認為是故意使用種族貶義詞提告，學校還將他停職）[11]。(原注79)好幾次有人寫信問我：我們為什麼要相信科學界對氣候變遷的共識，那些研究機構根本容不下別的聲音。由此可見大學確實該擔負起責任，維護社會對科學和學者的信任，實務做法就是鼓勵多元觀點、自由調查、批判性思維以及主動式開放心態。(原注80)

傳播媒體和國會一樣，長年盤踞最不受美國民眾信任的排行榜榜首，但它們在理性的基礎建設中具有特殊地位。(原注81)如同大學，新聞和意見網站應當是多元觀點和

11 譯按：「那個」若標註為羅馬字符為 ne ga（或者 nàgè），發音近似英語對黑人的歧視用語 nigger。此事件引來其他學生和民間質疑難道在美國不可以說中文，且確實發生過民眾在路邊說中文卻被黑人誤會是歧視而出手毆打的事件。

批判性思維的楷模。第四章已經提到：媒體應該更注重數據與資料，並留意譁眾取寵的敘事手法會在閱聽人心中製造統計錯覺。實際上越來越多記者察覺自己會遭到言論不實的政客利用，捲入所謂後真相的泥沼中，所以開始採取反制手法，例如事實查核、為錯誤資訊加上標註、避免重複假消息、以肯定句型而非否定句陳述事實、公開且迅速矯正錯誤、不自困於專家和狂熱分子間的平衡報導。（原注82）

從小學到大學的各級教育機構可以擴大統計學和批判性思維在授課中的比例。不能識字與識數就無法學習其他知識，所以兩者在課程中有其重要地位；同樣地，邏輯、機率、因果推理這些工具也是人類生活不可或缺，因此除了閱讀（reading）、寫作（writing）、算數（arithmetic）這傳統三R之外，我們應該加入第四R，也就是理性（rationality）。學過機率概念當然不代表一輩子不犯統計謬誤，通常考試結束、賣掉課本之後學生也將知識還給老師了，就算腦袋裡有模糊印象也很少人能將抽象規則拿進生活運用。（原注83）不過若能發揮創意好好設計教材與電腦遊戲，特別強調認知偏誤（如賭徒謬誤、沉沒成本、確認偏誤等等），請學生在近似生活的場景中找出癥結，以對人類心靈友善的形式呈現問題，並且在作答錯誤時給予即時回饋，應當就能提升他們在課堂外對認知偏誤的免疫力。（原注84）

理性是公共財，而公共財則是公地悲劇的舞臺。理性的公地悲劇在於動機推理為個人或所屬陣營帶來利益，大家自然而然希望能夠綁架集體思考。（原注85）每個人都有動機擁護主觀認知的真相，但以人類整體而言，客觀的真相才會帶來最大福祉。

普通的公地悲劇可以透過非正式規範加以緩和，例如社區成立警備隊監視牧草地或漁場、辨認善良民眾與意圖占便宜的人。（原注86）前面提出的幾項建議主要目的是鞏固理性在個人心中的價值，若想讓大眾將理性視為公地加以保護，則誘因必須更加明確，也就是促使思考者相信盡可能為理性背書才符合自身利益。顯而易見，社會無法採行「謬誤稅」之類的制度，但各個特定領域仍能建立規則，將所有人的動機都導向真理。

之前曾經提過：理性體制要成功，不能依賴個人的聰明才智，因為再理性的人類都會有偏誤。藉由交流和累積知識的管道集思廣益，群體智慧可以勝過團體中任何單一成員。（原注87）因此學術界實行同儕審查，科學講究驗證，新聞會做事實查核與內容編輯，政府單位的權責彼此制衡，司法系統也納入對抗式訴訟程序。

每個時代的新媒體最初都有真假難辨、抄襲剽竊的弊病，等到維護公理正義的措施開始實行才會好轉。（原注88）書本與報紙的歷史如此，現在的數位媒體亦然。媒體像個熔爐，可以煉出知識，卻也可能煮出糟粕，差異就在於誘因結構。網路時代之初，許多人喜迎新一波啟蒙，卻沒料到迎來的是機器人程式與惡意騷擾、小白和酸民、筆戰與假新聞，昨是今非令人汗顏。然而只要數位平臺脫離不了按讚、分享、點擊與流量，我們也無需期待它能孕育出理性或真相。相比之下，維基百科雖然並非完美無缺，卻在保持自由與去中心化的同時成為高度準確的資料來源，得力於高強度的糾錯與品質管控，並且以「支柱」作為規範以求我方偏見的最小化。（原注89）這些支柱包括驗證性、中立觀點、以禮相待相互尊重、以提供客觀知識為使命。網站特別聲明：「維基百科不是個人的臨時演說臺、宣傳工具和出版社，更不是無政府國度和民主的試驗場。」（原注90）

撰寫本書時，無政府和民主的巨大試驗，也就是社群媒體平臺，已經清醒過來，試圖解決理性的公地悲劇，主要原因是二〇二〇年的兩記響亮警鐘：首先是新冠疫情下猖獗的不實訊息，再者是美國總統選舉的完善性受到威脅。於是各平臺開始修改演算法，停止獎勵虛假信息、加入警示標籤與事實查核連結、縮限仇恨與極端思想的病毒式傳播動力，但什麼手段有效或無效現在還言之過早。（原注91）可以肯定的是必須加強力道，仔細監督並修正過去的病態誘因機制，避免大眾為求聲量昧於真相。

將政治亂象過度歸罪於社群媒體沒有意義，單憑它們調整演算法也無法徹底解決問題。我們應當發揮創意，改變其他場域的規則以幫助客觀真相突破我方偏見。以輿論新聞業為例，名嘴的價值應當來自預測準確與否，而不是散布恐懼或炒作族群對立。（原注92）在政策、醫療、警務等等專業上，證據評估應當是實務主流，而不是方便時才想到的工具。（原注93）行政與選舉是認知理解最容易受到干擾的層面，可以靠審議式民主加以補足，例如以公民座談的形式推薦政見。（原注94）審議式民主活用了社會科學研究結論：群體成員立場不同但願意交流時，通常勝出的會是真理。（原注95）

人類受到偏誤、偏見、神話思維影響，然而我們既理性又非理性並不是大腦認知軟體有臭蟲，本質在於自我與他人的二元性：理智受到個人動機左右，也受到主觀視野局限。第二章提到道德的核心是公正，是自身利益與他人利益相互妥協。其實理性的核心也是公正——在我們偏狹的認知與超越個人的真實之間取得平衡。由此觀之，理性不僅是認知能力，還是道德的表現。

第十一章

為何理性很重要

開始運用理性就好比乘著電扶梯往上，逐漸離開視野範圍。踏出第一步以後，究竟得走多遠不再由我們意志決定，也無法預測終點是何處。

——彼得・辛格 Peter Singer（原注1）

為理性的重要性尋找理由，就好像朝著船帆吹氣、拉著鞋帶想變高——沒有用的，因為決定孰輕孰重的就是理性。還好如同第二章已經說過的，人類願意討論而非暴力脅迫時，就已經或明言或默契地接受了理性的地位。因此現在話題要更進一步：有意識地運用理性是否真的能夠提升生活品質，創造美好世界？理論上這樣想應當沒錯，畢竟支撐現實世界的並非幻想與魔法，而是邏輯和物理法則。反過來問：人類真的因為認知謬誤受害嗎？若能察覺謬誤並克服會改善生活嗎？又或者直覺本能比起深思熟慮更適合指引人生方向，我們沒必要杞人憂天、錙銖必較？

我們可以將問題放大到世界全局來看。進步是哲學家、科學家、執政者尋找藥方解決困境的過程？還是被壓迫者起義推翻暴政的故事？（原注2）前面章節已經討論過很重要的觀念：我們應該迴避虛假兩難，也不應該以為現象背後只能有一個成因，所以答案並不是非此即彼。但接下來我會試圖解釋為何我相信人類不該讓媲美天神的理性「霉著不用」[1]，而是要靈活運用理性以求人生和世界變得更美好。

生活中的理性

前面幾章提到的謬誤和錯覺，其實只是數學不夠好？那些東西根本是腦筋急轉彎、陷阱題、刁難、只存在實驗室的怪異情境？又或者，理性不足會造成實質傷害，批判性思維能預防我們被自己的認知本能帶入歧途？

現實世界對非理性的信念不會網開一面，本書先前探討的很多偏誤本來就要人類付出代價。（原注3）我們沒遠見也無法阻止未來，求一時歡愉而犧牲的豐厚報酬屆時不會再來。為了沉沒成本，我們浪費時間在不良的投資、爛電影和注定失敗的關係。以可得性思維評估風險，於是我們捨棄明明比較安全的飛機，選擇事故率較高的汽車，而且還邊駕駛邊傳訊息聊天。不瞭解均值回歸的意義，我們白費許多功夫試圖為興衰流轉找出虛無縹緲的解釋。

處理金錢時，由於不習慣計算指數成長，很多人退休金存得不夠，信貸卻借得太

1　譯按：此處引用《哈姆雷特》的臺詞，呼應本書開頭引言。

多。沒能夠看穿別人先射箭再畫靶，又選擇信任專家而非精算公式，我們花了大筆管理費，基金表現卻比簡單的指數還要弱。對預期效用的概念不清楚，沉迷於賭博、購買有缺陷的保單，回頭一算發現什麼都別做還過得比較好。

健康和醫療也一樣，不懂貝氏機率導致大家過度看重陽性檢測，忘記某些疾病根本很罕見。無法好好評估風險與效益，思考被描述文字牽著走，連要不要動手術也是糊里糊塗做決定。因為相信所謂的生命本質，有些人排斥能救命的疫苗，卻相信原理不明的偏方。對相關性有錯覺，又混淆相關性和因果關係，於是尋求某些醫師與精神科的多餘診療。不懂權衡風險和報酬，等於拿自己的安全與幸福開玩笑。

司法層面上，機率概念不完整的法官和陪審團受到形象鮮明的敘事與事後機率影響，做出的判決並不公正，而且沒掌握命中和誤警的互換關係，造成寧可錯殺無辜不可錯放少數罪人的偏執。

上述情境裡，專業人士的表現並不比當事人或病患更理性；換言之，智能與專業知識無法阻擋認知誤差。醫護、律師、投資顧問、經紀人、體育記者、經濟學家、氣象學家……各種鎮日經手數字的行業都同樣受到典型的認知錯覺所囿。（原注4）

因此我們有理由認為理性功能不足確實影響了現實生活。這些損害能夠量化嗎？

推廣批判性思維的提姆・法利（Tim Farley）嘗試在自己的網站和推特回答一個常見問題：「有那麼嚴重嗎？」（原注5）當然法利無法精準回答這麼大的問題，但他列出所有能找到的真實案例，期盼喚醒大眾對缺乏批判性思維的危害有更深刻理解。一九七〇到二〇〇九，尤其範圍內的最後十年，他記錄到三十六萬八千三百七十九人死亡、超過三十萬人受傷、二十八億美元的經濟損失，全都源於批判性思維失靈。其中有抗拒正規醫療，改採草藥、順勢、整體或替代療法而害死自己或孩子的；有信仰末日輪邪教而集體自殺的；有被當成巫師、女巫或者被他們下咒而遭到殺害的，有傻傻相信靈媒、占星、其他騙術被坑了大筆金錢的；還有聽信陰謀論且無視律法動用私刑而遭到逮捕的，以及因迷信和謠言而起的經濟恐慌。法利在二〇一八到一九年發了些推文：

- 陰謀論有那麼嚴重嗎？美國聯邦調查局已經將「陰謀論導致的國內極端分子」視為最新的國內恐怖威脅。
- 相信草本醫學有那麼嚴重嗎？一個十三歲孩子因此不遵照醫囑施打胰島素，最後死亡，而該草本醫師已經進了監牢。

- 信仰治療有那麼嚴重嗎？一個叫吉妮佛的女孩痛苦掙扎四小時才死亡，這段期間內她父親崔維斯．米契爾帶著全家人行「按手禮」、輪流禱告，眼睜睜看著她呼吸困難、皮膚逐漸變色。「等她不再哭喊，我才明白她死了，」米契爾後來這樣說。
- 相信超自然生物有那麼嚴重嗎？蘇門答臘一個村落殺了瀕臨絕種的老虎，村民以為那是當地傳說中的變形怪「西魯曼」。
- 找通靈人有那麼嚴重嗎？馬里蘭州一個「通靈人」被指控詐騙客人總計達三十四萬美元。

法利率先指出：儘管有成千上萬現實事例，目前無法證明克服非理性偏誤的結果一定比較好。至少也需要對照組，也就是以理性為依歸的醫療、科學、民主政府。我們在下一節會切入這個主題。

不過已經有人開始研究理性決策對人生的影響。心理學家溫蒂．布魯茵．德布倫（Wändi Bruine de Bruin）、安德魯．帕克（Andrew Parker）以及巴魯克．費雪夫（Baruch Fischhoff）開發了一個量表，評估理性能力與決策的關係（類似史坦諾維奇的理商），做法是收集前面幾章提過針對謬誤偏誤的各種測試。（原注6）納入的項目包括過度自信、沉沒成本、風險評估前後矛盾、形式架構效應（將後果描述為正面或負面時對心理的影響）。結論並不意外，避免謬誤的能力與智力相關，但僅是部分；另一個因素是決策風格，也就是受試者面對問題傾向思考與建構，還是本能地採取行動並接受命運。

針對生活中的結果，三人則開發一個倒霉鬼量表（schlimazel scale），分析受試者遭遇大小禍事的頻率。比方說詢問受訪者過去十年內，未按照洗滌標籤指示而毀壞衣物、將鑰匙鎖在車內、搭錯火車或公車、意外骨折、車禍、酒駕、股票賠錢、捲入鬥毆、遭停學處分、一週內離職、無意間造成自己或伴侶懷孕等事件的次數。研究後發現，理性技能確實能預測生活概況：謬誤少的人，生活中的麻煩也少。

我們知道相關性不等於因果關係。現在我們也發現理性的能力和單純的智力有關，而在保持社經地位恆定的前提下，高智力確實有助人類避開疾病、意外、就業問題。（原注7）然而智力終究不等同於理性，很會計算的人未必知道拿什麼數據來算才有意義。理性還需要懂得反思、開放，並且能活用形式邏輯與機率數學等等認知工具。德布倫等人進行複回歸分析（第九章介紹過的統計方法），發現即使維持智力變數恆

定，理性較佳的人生活困境仍然較少。（原注8）

但生活過得好不好，社經地位會是個干擾因子。貧窮本身就是阻礙，容易造成失業、藥物濫用等等問題。但回歸分析也顯示，控制社經地位變項時，較理性的人會得到較好的結果。即便如此依舊不算因果關係，可是需要的關聯性已經建立完成：很高的事前可信度，兩個主要干擾因子得到控制，倒果為因的機率微乎其微（不會因為出車禍就犯下認知謬誤才對）。理性能力幫助人類迴避生活中諸多危難這個推論應當可以成立。

理性與物質生活的進步

儘管深陷可得性偏誤時無法察覺，但人類文明的進步已經得到實證。別看新聞頭條，拿出數據曲線圖，人類整體而言的確變得更健康、富裕、長壽、食物充足、教育提高，戰爭、謀殺、意外事故也遠比之前幾個世紀來得少。（原注9）

我在前兩本書中反覆提到這些變化，所以很多人詢問：我是不是「信仰進步」。答案是否定的，因為就像機智才女芙蘭・雷伯維茲（Fran Lebowitz）所言，人沒有非得信仰什麼不可。儘管多項人類福祉指標長期觀測下來結果很棒（但並非所有時期與地點皆然），背後並不是由什麼神奇力量、論證或演化法則的運作加以推動，自然始終對人類過得好不好沒有興趣，甚至就流行病與天災來看，自然更像是想要反撲。所謂「進步」是一種簡化說法，描述人類在嚴苛的環境中稍微取得喘息或勝利，而這種現象需要得到解釋。

那個解釋就是理性。人類設定了增進同胞福祉這樣的明確目標（相對於榮耀與救贖這種曖昧不明的追求），並透過能夠集中眾人才智的制度，最後偶爾能得到正面成績。長時間保持成績、矯正錯誤，效益一點一滴累積，最終呈現的全貌就是我們口中的進步。

從最寶貴的開始，首先看看生命方面的進步。人類歷史很長一段時間的平均預期壽命徘徊在三十歲左右，但從十九世紀後半突飛猛進，如今來到全球七十二點四歲，部分幸運國家為八十三歲的程度。（原注10）生命的延長並非憑空得來，而是公衛領域努力奮鬥的結果（公衛信念：「拯救生命，一次百萬人。」）[2]，尤其在微生物病原理論取代古人的瘴氣、靈擾、陰謀、天譴說法後有了長足進展。實際作為包括氯化消毒以及其他潔淨飲用水的做法、馬桶和下水道普及、抑制蚊蟲等傳染源、大規模接種疫

2 譯按：此為約翰霍普金斯大學彭博公衛學院座右銘：「一次守護百萬健康、拯救百萬性命。」（Protecting Health, Saving Lives-Millions at a Time.）

苗、推廣洗手、產前產後護理與乳腺按摩等等基本措施。真的遭遇傷病，醫學也有了進步，民俗醫者與理髮師外科手術的年代有很多治不好的問題，如今靠抗生素、消毒、麻醉、輸血、用藥、口服脫水療法（以加鹽和糖的溶液停止會致命的腹瀉）都能解決。

歷史上人類也長時間設法獲取足夠熱量和蛋白質以餵飽自己，畢竟一次收成不好就會鬧饑荒。但到了現代，多數地區已經不再擔心挨餓，營養和發育不良比例大幅下降，只有最偏遠或者戰火肆虐的地方才會遭遇饑荒問題，且原因並非食物不夠充裕，而是無法跨越阻礙將食物送達難民。（原注11）糧食不是上帝恩賜的嗎哪[3]，也不是羅馬神話豐饒女神給的豐裕之角，而是來自農業經濟學的發展，包括輪耕維持地力，播種、翻地、收割、輸送採用高通量的科技設備，化學合成肥料（估計拯救了二十七億人命），以鐵路、運河、卡車、糧倉、冷凍組合出能將食物送到餐桌的物流網路，國內與國際市場機制達成互通有無，還有一九六〇年代開始的綠色革命將高產量易栽培的農作品種遍及世界。

貧窮無需解釋，是人類的原始狀態；但富裕則不同，值得解釋。在歷史大多數的時代裡，九成人類的生活狀態在如今叫做赤貧。二〇二〇年，地球只剩下百分之九赤

3　譯按：聖經和古蘭經記載古以色列人出埃及時，曠野生活四十年得到上帝賜給神奇食物。文獻上嗎哪是「隨晨露出現，如白霜的小圓物」，學者推測可能是蚜蟲蜜露結晶、具致幻效果的菌類等等。

貧人口，而且我們還覺得過高，預期在接下來十年要清零。（原注12）物質進步始於十九世紀工業革命，最直接原因是人類學會利用煤炭、石油、風力與水力的能量，後來延伸到太陽能、地熱以及核分裂。熱能推動機器，工廠大量生產，搭配鐵路、運河、公路、貨櫃船四通八達。物質科技得到金融支撐，尤其是銀行、投資與保險。當然繁榮擴大還需要政府保障契約效力、阻絕暴力和詐欺，透過中央銀行和貨幣機制穩定經濟，投資基礎建設、基礎研究、全民教育這些方法才能創造財富的公共資源。

一九六〇年代美國民謠歌手們夢想沒有戰爭的世界，雖然美夢尚未成真，但狀況已經好轉很多，戰爭數量與傷亡都大大下降。一九五〇年，每十萬人就有二十一點九人因戰爭死亡，到了二〇一九年只剩下零點七。（原注13）彼得、保羅和瑪麗（Peter, Paul and Mary）[4]或有功勞，但只是一點點，最重要在於有制度遏制戰爭誘因，起自一七九五年康德提出的「永久和平」計畫。民主是其中一環，討論相關性和因果關係時也看到了：數據證明民主真的能夠降低戰爭機率，原因大概是人民不想當君主或將軍的炮灰。再來是國際貿易和投資，如果購買比起搶奪還便宜，各國就沒理由殺害消費者與債務人。（二〇一二年獲得諾貝爾和平獎的歐盟，前身其實是貿易組織「歐洲煤鋼共同體」。）最後是國際組織網路，以聯合國為首，世界各國形成共同體，聯手維持

4 譯按：一九六〇年代活躍美國歌壇的三重唱組合。

和平、鞏固國家地位和疆界、譴責並打壓戰爭，提供其他管道解決爭端。

人類善用創造力一再改寫歷史，我們在安全、勞逸、旅遊、接觸藝術和娛樂等層面都有很大進步。很多工具和體制都逐步演化，經過反覆試誤才趨於完善，但它們都不是意外，而是每個世代發揮邏輯、搜集證據、計算成本和效益、推論因果關係、在小我和大我間取得平衡的成果。接下來也得全力面對當前挑戰，最主要是碳排放公地悲劇（第八章已有敘述），重點項目應當是以科技降低潔淨能源的價格、以定價策略使非潔淨能源變得昂貴、透過政策避免特定勢力濫用資源、締結全球性條約規範得與失的平等。（原注14）

理性與道德的進步

進步並不限於生活安全或物質層面，也牽涉到我們是否更平等、和善對待彼此，尊重他人的權益。歷史上有許多殘酷不公的制度習俗，包括活人獻祭、奴隸、專制、血腥運動[5]、閹割、後宮、裹小腳、虐待式的體罰和死刑、迫害所謂異端和異議分子，壓迫女性以及宗教、種族、族裔、性別認同的少數族群。（原注15）此類行為尚未自

5 譯按：包括參與者自身流血的活動（如拳擊和古代鬥技場）以及獵殺動物。

地球根絕，然而縱觀歷史就會發現它們全都逐步下降，有些已經極為罕見。

人類為何能有這種進步？先是西奧多・帕克（Theodore Parker），過了一世紀則是馬丁・路德・金恩（Martin Luther King Jr.），兩人都有先見之明，相信道德會趨於公正。但道德進步的本質與影響人類行為的機制還有很多值得研究的部分。比較好想像的情況是風俗演變、社會譴責、訴諸人心、具規模的抗議、宗教或道德團體發起改革運動等等。另一種常見觀點是進步來自鬥爭，享有特權的人從不輕言放棄，只能透過人民團結的力量加以推翻。（原注16）

我個人回顧歷史文獻後深感訝異：許多的進步變革裡，第一張倒下的骨牌其實是出於理性的論述。（原注17）某位哲學家寫了篇短文，扼要敘述為何某種習俗毫無辯解餘地、違反理性，或者與所有人認同的價值相違背。那份小冊或宣言廣為流傳，翻譯成多種語言，酒吧、沙龍、咖啡廳裡眾人議論，觀點滲透了社會領袖、立法者以及輿論意見，最終化為正統與社會規範，大家也就逐漸淡忘過去的爭議。就像現在很少人認為有必要解釋為何奴隸制度、剜腹示眾、毆打孩童這些行為有錯，甚至以為自古皆然，卻說不出背後道理，實際上這些是前幾個世紀裡先人努力不懈的成果。

當年論述放到今日社會依舊成立，因為理性訴求超越時代、概念完整且符合現實。第二章曾經提到邏輯論證本身無法建立道德主張，然而經由論證可以檢視議題主張是否與既定觀念扞格或者衝擊生命與福祉，兩者不僅是多數人自身的期望，我們也認可他人同樣有所追求。從第三章的討論能發現前後扞格是推理的致命傷，自相矛盾的一組信念能夠導出不可思議卻也毫無意義的結論。

我反覆強調必須分辨相關性和因果關係，不要在錯綜複雜的關係中執著於單一成因，因此我也無法肯定地說優秀的論述就是道德進步的動力。畢竟隨機對照試驗不適用於歷史，沒辦法要一半國家採行某種道德制約，還捏造出看似崇高的安慰劑理念塞給另一半國家。同時人類並沒有足夠龐大的道德演變資料庫可從相關性的網路中抽絲剝繭找出因果結論。（我能想到最接近的是一些跨國研究的主題是某個時代下的教育和資訊普及狀態，兩者可視為對觀念變遷的預備程度，然後維持社經干擾因子恆定並預測下個時代的民主和自由價值。）（原注18）目前能舉出的例子仍舊是史料紀錄，學者指出某些過往論述在當年發揮巨大影響力，且時至今日無人能夠反駁。

首先從宗教迫害切入。人類真的需要知識分子發表論述，才能理解為什麼將異端綁在木樁燒死是不對的？確實需要。一五五三年法國神學家塞巴斯蒂安．卡斯特留（Sebastian Castellio）撰文反對宗教偏執，強調約翰．喀爾文（John Calvin）對正統與否的區別方式缺乏理性，並推論了長此以往會有的「邏輯後果」：

喀爾文覺得自己一定對，他們〔其他宗派〕也這樣覺得。喀爾文指責別人是錯的還要予以制裁，他們同樣有此打算。但該由誰論斷是非，誰賦予喀爾文最終決定的生殺大權？他遵奉上帝話語，別人也一樣。事情顯而易見是從誰的角度來看，不正是喀爾文嗎？但既然他覺得真相顯而易見，又為何需要不厭其煩一再著述？……其實我們無法確定誰對誰做，所謂異端只是與自己觀點不同，若每個人都自認正道且想消滅異端，結果就是兩敗俱傷相互滅絕，譬如喀爾文必須進攻法國與其他地區，敉平所有城市，居民兵刃相向，無論男女老幼都不得倖免，甚至嬰兒與牲畜都不能放過。（原注19）

同樣早在十六世紀，另一個野蠻風俗也受到質疑。現代人都明白戰爭對孩童、對所有生物都造成負面衝擊，然而歷史上很長一段時間裡，人類曾經視戰爭為崇高、神聖、刺激、榮耀，以及男子氣概的象徵。（原注20）儘管要到二十世紀遭逢劇變後戰爭才不再受到吹捧，實際上和平主義的種子是由「現代性之父」其一的哲學家德西德里烏斯・伊拉斯謨（Desiderius Erasmus）在一五七一年的文章〈理性、人性與宗教的反戰懇求〉中播下。他生動陳述了和平的美好、戰亂的恐怖，接著從理性選擇的角度進行分析，解釋了為何戰爭是零和遊戲且預期效用是負數：

除了前面提到的，還要考慮和平的好處能夠向外擴散、恩澤廣被，相反地戰亂即便帶來好結果……也只圖利了少數人，還是沒資格享受的那群人。戰爭創造的安全建立在毀滅別人之上，戰爭創造的繁榮奠基在剝奪別人之上，戰後若有人歡欣便代表有人悲慟，將不幸與遺憾的反面稱為好運不僅殘酷野蠻還心胸狹隘，以別人的痛苦為自身的快樂。更何況通常無論勝者敗者都同樣陷入哀愁，我從未聽聞任何戰爭是贏家一面倒毫無任何犧牲。若有心靈可以感受、有理智可以判斷，是人就應當對戰事感到悔不當初……

持平而論，認真計算會發現戰事成本過高，非常划不來。相較於戰爭，很可能只要十分之一的辛苦、勞動、困頓、危險、花費與血汗就能交換到和平……

戰爭的目標是以各種方式傷害敵軍。多麼不人道的想法！再想想是否真有可能只傷害對方，自己人卻無一絲一毫受損？不能未卜先知料定戰局與戰果，卻願

意行這種大惡，豈不是狂人才有的想法。（原注21）

十八世紀啟蒙運動時代，各種論述泉湧而出反對種種殘暴壓迫。一如宗教迫害，古時社會也對罪犯採用酷刑，例如車裂分屍、縛輪碎骨、腰斬或捆綁於木樁後焚燒，若問起這樣做有何不妥，現代很多人可能啞口無言不知如何解釋。但一七六四年，研究經濟和實用主義的哲學家切薩雷·貝卡里亞（Cesare Beccaria）便從懲罰手段的成本與效益切入表達反對立場。他認為刑罰的目的是嚇阻人民彼此侵犯，因此評估懲處做法的標準是作惡的預期效用。

> 人類的心思像液體隨著環境改變形狀。刑罰苛刻殘酷，人心也變得冷硬。我們對酷刑原本有強烈的情緒反應，但經過一百年酷刑也不比死牢可怕多少了。懲處要達到目的，只需要造成的傷害大於歹徒犯罪的利益，當然計算時還要確保勿枉勿縱並將惡行造成的損失也納入考量。除此之外都流於表面，也就只是暴政。（原注22）

切薩雷與後來的伏爾泰、孟德斯鳩等人的主張，最終導致美國憲法第八修正案的內容包含了「不得施加殘酷且異常的懲罰」，直到近年仍不斷得到援引，用於減輕美國境內各種刑罰。許多法律觀察家認為嚴刑峻法總有一天會在美國全屬違憲。（原注23）

啟蒙思想家針對野蠻風俗提出許多論點，其中很多放在現代社會依舊切中時弊。另一位十八世紀的實用主義者傑瑞米．邊沁（Jeremy Bentham）是系統性論述同性戀去罪化的第一人：

與其他明確的罪行相比，此事例顯然並不造成任何人受苦，反而創造歡愉……雙方本就合意，若有一方不合意時也就不在本文探討範圍，而是性質截然不同的犯罪——對人身的傷害或強暴。撇開痛苦，若還有危險則在於其習慣。此事例養成何種習慣？不過是呼朋引伴罷了，但如前所述，參與者依舊不對任何人造成任何類別的痛苦。（原注24）

邊沁還主張人類不應對動物施虐，他的觀點至今仍是動物保護運動的方針：

或許有一天，所有動物也能獲得應得的權利，不再被暴政剝奪。法國發現除了上位者的任性妄為，皮膚黑白不能決定人的價值。或許有一天，我們會明白無論幾隻腳、多少毛、尾椎骨位於何處，只要是有知覺的生命就同樣不該被捨棄。否則界線究竟在何處？理智，或者言語的能力嗎？但長大的馬或犬若與剛出生一天、一週，甚至一個月大的嬰兒相比，其實更理智也更能溝通，為何命運卻相反？所以問題並非他們是否有理智、是否能說話，而是他們會不會受苦？(原注25)

邊沁將看似無關的人種膚色、物種外形及認知能力並列不是單純作為譬喻，而是引導我們審視平時的直覺反應：以事物表面特徵作為判斷標準（也可以說是人腦系統一）是否合宜，對於何者應獲得權利及保護是否該有更縝密的推論。

將得到保護與處在弱勢的族群作為對照可以刺激認知反射，促使大眾放下偏誤和成見，是道德運動中常用的手法。繼承邊沁理念的哲學家、提倡動物權利的先鋒彼得．辛格則將這個過程稱作「圈的擴張」（the expanding circle）[6]。(原注26)

奴隸制度是常見的參照標準。啟蒙運動強烈主張廢除奴隸制，最早提出論述的是尚．布丹（Jean Bodin）、洛克和孟德斯鳩。(原注27)洛克與孟德斯鳩批判奴隸制同時也

6　譯按：此處的「圈」指平等權利的認知範圍，最初我們只在意自己，然後擴及家族、朋友、部落、國家、全人類，接下來或許會包括其他動物；也稱作「利他圈」。

批判了君主專制，並堅持政府統治的正當性來自被統治者的同意，出發點是推翻自然階級的預設立場：沒有天生的貴族和平民、君王與臣子、主人與奴隸之分。「我們生來自由，」洛克如是說：「亦生來即具備理性。」(原注28) 人類原本就有思考、感情和意志，沒有誰帶著統治權出生。他在《政府論兩篇》(*Two Treatises of Government*)中進一步闡述：

> 在政府之下的人們的自由，應有長期有效的規則作為生活的準繩，這種規則為社會一切成員所共同遵守，並為社會所建立的立法機關所制定。這是在規則未加規定的一切事情上能按照我自己的意志去做的自由，而不受另一人的反覆無常的、事前不知道的和武斷的意志的支配；如同自然的自由是除了自然法以外不受其他約束那樣。(原注29)

此處的關鍵概念是：平等為所有人的自然狀態。後來湯瑪斯·傑佛遜（Thomas Jefferson）也認同這是民主政府的基準，「我們認為下述真理是不言而喻的：人人被創造成平等，造物主賦予他們若干不可剝奪的的權利，其中包括生命、自由和追求幸福的權利。創建政府是為了保障權利，政府的統治權來自被統治者的同意授予。」

洛克或許預期到自己的文章會推動人類歷史跨出偉大一步，造就民主崛起，但另外一步應該出乎他的意料了。哲學家瑪麗·阿斯特爾（Mary Astell）在一七三〇年《婚姻中的一些反思》（*Some Reflections upon Marriage*）序文提到：

> 若國家無需絕對君權，家庭又為何需要？若家庭需要，國家怎可能不需要？一者有、一者無是什麼道理沒人說得清楚……如果人生而平等，為何女人會生而為奴？必須接受男性反覆無常、事前難料和武斷的意志，不就是完美的奴隸狀態嗎？（原注30）

是否覺得眼熟？阿斯特爾很聰明，引用洛克的論點（「完美的奴隸狀態」一詞也出自他）來批判社會對女性的壓迫，因此成了英語圈的第一個女性主義者。女性主義從論述開始，後來演變為組織化的社會運動。哲學家瑪麗·沃斯通克拉夫特（Mary Wollstonecraft）承襲阿斯特爾，寫下了《女權辯護》（*A Vindication of the Rights of Woman*，發表於一七九二年）擴充了女權思想內涵，指出僅男性享有人權卻排除女性根本是邏輯矛盾，還進而戳破女性天生智力或領導力較差這種舊時代成見是環境作為干擾因子所導致——男性得到教育和工作機會，女性卻沒有。《女權辯護》的開頭是她給法國主教塔列朗（Talleyrand）的一封信，雖然塔列朗在法國大革命中有重要地位，卻曾經說過 *égalité shmégalité* 這樣一句話，意思就是「女孩子不需要正式教育」。

我想請您以立法者身分思考一個問題：儘管您堅信自己立場經過深思熟慮，是為女性自身著想，但當男性爭取自由、自主與個人幸福時卻要求女性屈從，這難道不自相矛盾且破壞公平？女性同樣具有理智，那麼是誰指定男性為這件事情進行裁決？

從竊國者到所謂的一家之主，什麼地方都有人說自己掌握生殺大權是為所有人好，但他們都害怕對方深入思考。當您否定女性具有公民和政治權利，將她們困在家中暗自摸索，所作所為有何不同？相信您不至於認為義務無需道理便能成立才對，倘若女性確實該接受這種地位，那請您說出道理並獲得大眾認同，屆時女性明白自己該做什麼也就更能全心投入。若女性無法理解自己的責任，未能如男性以不可撼動的原則建立道德觀念，再大的權威也不可能叫她們心悅誠服；即

使將女性當作奴隸一時方便，奴隸制度終究有其後果，而且終究得由主人或依賴奴隸的人自己承擔。（原注31）

談到奴隸制度的可憎，最強而有力的論述來自作家、編輯、政治家弗雷德里克・道格拉斯（Frederick Douglass）。他出生在奴隸家庭，因此能令讀者和聽眾真切體會到遭到奴役的痛苦。同時他也是歷史上最偉大的演說家，透過言語的旋律和意象撼動人心。道格拉斯選擇將自己的天賦運用在導正道德論證上，最有名的演說〈七月四日對奴隸有何意義？〉（What to the Slave Is the Fourth of July?，發表於一八五二年）直接否定了反對奴隸制度還需要遵守「邏輯規則」這種前提，因為理由太明顯，但說完這番話他立刻提出證據。例如：

維吉尼亞州有七十二種罪名若犯案者為黑人時（無論知識程度）會被處死刑，其中卻只有兩種會對白人除以死刑。這點不是反過來證明了黑奴有道德、有智力，而且能夠為自己負起責任？結果他們卻不被當人看，證據就在南方各州法典上：到處都是條例禁止教授黑人讀書識字，違者重罰。各位能對野外的飛禽走

獸施行同樣的法律嗎？可以的話，我或許會考慮黑奴不算人這種說法。（原注32）

道格拉斯還沒說完：「像現在這種時候，我們需要的不是有力的論述，而是辛辣的反諷。」接著他提出大量質疑，要聽眾面對自己信念體系的種種矛盾：

各位鄙視俄羅斯和奧地利的暴君，以自己的民主制度為傲，實際上卻又服務與保護統治著維吉尼亞、卡羅萊納這些地方的暴君。你們歡迎受到壓迫流亡海外的難民，不僅隆重接待、打氣聲援，還提供庇護，在他們身上花錢毫不手軟，卻將自己土地上的難民當作商品、獵物、罪犯，可以隨便射殺……

為了三便士的茶葉稅，各位抬頭挺胸無懼英國船炮。碰上自己國家的黑皮膚老公，你們卻將人家辛苦掙來的錢搶到一毛不剩。

超過一世紀之後，馬丁・路德・金恩直指美國開國宣言：

美國人對著世界發出宣言，也讓全世界都聽見了，「我們認為下面這些真理是不證自明的：人人生而平等，造物主賦予他們若干不可剝奪的權利，其中包括生命權、自由權和追求幸福的權利。」甚至湯馬斯．傑弗遜曾說過奴隸制「比祖先起身反抗的年代更惡劣」，但你們不肯鬆手，讓這國家七分之一人口無法翻身。

其實傑弗遜有言行相悖的問題，某些角度來看是有道德瑕疵。[7]然而道格拉斯和金恩還是願意援引他的說法，這不但不減損反而更加凸顯他們的論述基於理性：若是交朋友就該在乎對方品行，除此之外則無需因人廢言。對於意見，我們注重的是真假、連貫性以及與人類福祉的關聯，而不在於出自誰的口中。具有知覺的生命一律平等，與「你」和「我」這種主觀區別在邏輯上並無相關，這個概念人類經過漫長歲月才重新體悟並進行傳承，彷彿道德的暗能量[8]推動同情心的膨脹，小圈圈變成大圈圈，囊括越來越多物種。

完善的論理要求人類行為與原則相符並追求發展繁榮，它並非改善世界的實際動力，但能夠也應該成為社會轉變的路標，為道德與暴力畫下分界線，於是群眾湧上街頭不是為了私刑而是正義，不是破壞而是建設。也唯有透過完善的論理找出道德的不足與可行的解決方案，我們才能保障道德持續進步，今日尚存的陋習到了後代就會嚴

7 譯按：文獻記載傑弗遜一生自雙親及妻方繼承或經由債權等等共擁有過逾六百五十名奴隸，情婦莎麗．海明斯也是女奴，因此遭人批評偽善。

8 譯按：科學尚無法解釋的能量形式，用於解釋觀測結果中宇宙正在加速膨脹的現象，此處作為比喻。

重得像焚燒異端與拍賣奴隸那般荒唐。

理性指引道德進步和理性指引物質文明、生活抉擇其實都是同樣的作用：人類發揮天賦，在無情宇宙間勉力維持自身幸福，並且超越天性弱點、經驗局限瞭解了公平原則，所以能夠對待其他生物如同對待自己。我們這個物種有幸具備基礎理性，再藉由開發的規則和制度擴大理性規模，最終推導出的概念與事實雖然時常違反直覺，卻千真萬確。

原文注釋

第一章：HOW RATIONAL AN ANIMAL?

1. Russell 1950/2009.
2. Spinoza 1677/2000, *Ethics*, III, preface.
3. Data on human progress: Pinker 2018.
4. Kalahari San: Lee & Daly 1999。桑人以前稱作布希曼，可細分為 Ju/ 'hoan （之前稱作 !Kung）、Tuu、Gana、Gwi、Khoi 幾個族群，拼寫方式尚未統一。
5. Hunter-gatherers: Marlowe 2010.
6. 參與路易斯．利本堡研究的是 !Xõ, /Gwi, Khomani 和 Ju/ 'hoan（之前的 !Kung）這幾個族群，此處範例來自 !Xõ。利本堡與桑人的相處經驗以及科學思維來自追蹤獵物的理論，都發表於 *The Origin of Science*（2013/2021）, *The Art of Tracking*（1990）, Liebenberg, //Ao, et al. 2021。其餘舉例取自 Liebenberg 2020。有關狩獵採集社會與理性關係的敘述，還可參考 Chagnon 1997; Kingdon 1993; Marlowe 2010。
7. 追逐狩獵的紀錄影片可在 https://youtu.be/826HMLoiE_o 觀看，由大衛．艾登堡（David Attenborough）擔任解說旁白。
8. Liebenberg 2013/2021, p. 57.
9. Personal communication from Louis Liebenberg, Aug. 11, 2020.
10. Liebenberg 2013/2021, p. 104.
11. Liebenberg 2020 and personal communication, May 27, 2020.
12. Moore 2005. See also Pew Forum on Religion and Public Life 2009, and note 8 to chapter 10 below.
13. Vosoughi, Roy, & Aral 2018.
14. Pinker 2010; Tooby & DeVore 1987.
15. 阿摩司．特沃斯和丹尼爾．康納曼開創認知錯覺與偏誤研究，詳見 Tversky & Kahneman 1974, Kahneman, Slovic, & Tversky 1982, Hastie & Dawes 2010 以及康納曼所著暢銷書《快思慢想》。此外麥可．路易士（Michael Lewis）著有《橡皮擦計畫》（*The Undoing Project*）描述兩人生活與共同研究的情況，康納曼於二〇〇二年獲得諾貝爾獎之後也有自傳式陳述（Kahneman 2002）。
16. Frederick 2005.
17. 心理學家菲利普．梅敏（Philip Maymin）和艾倫．蘭傑（Ellen Langer）研究顯示，只要請受試者以視覺留意周遭環境，即可降低認知心理學文獻內二十二個經典的推理錯誤中的十九個。

18. Frederick 2005.
19. Frederick 2005, p. 28. Actually, "A banana and a bagel cost 37 cents. The banana costs 13 cents more than the bagel. How much does the bagel cost?"
20. Wagenaar & Sagaria 1975; Wagenaar & Timmers 1979.
21. Goda, Levy, et al. 2015; Stango & Zinman 2009.
22. 避免兩位朋友的尷尬，此處就不引用原文了。
23. US deaths (7-day rolling average): Roser, Ritchie, et al. 2020, accessed Aug. 23, 2020. American lethal hazards: Ritchie 2018, accessed Aug. 23, 2020; data are from 2017.
24. Wason 1966; see also Cosmides 1989; Fiddick, Cosmides, & Tooby 2000; Mercier & Sperber 2011; Nickerson 1996; Sperber, Cara, & Girotto 1995.
25. van Benthem 2008, p. 11.
26. 邏輯而言，P 選項與非 Q 選項同樣容易證明規則有誤，因此確認偏誤的解釋要更複雜一些：受試者運用推理是為了證實自己最初的直覺選擇，無論其內容為何。詳 見 Nickerson 1998 and Mercier & Sperber 2011. Winning arguments: Dawson, Gilovich, & Regan 2002; Mercier & Sperber 2011。
27. Quoted in Grayling 2007, p. 102.
28. From *Novum Organum*, Bacon 1620/2017.
29. Popper 1983. Wason task vs. scientific hypothesis-testing: Nickerson 1996.
30. Peculiarity of the selection task: Nickerson 1996; Sperber, Cara, & Girotto 1995.
31. Cheng & Holyoak 1985; Cosmides 1989; Fiddick, Cosmides, & Tooby 2000; Stanovich & West 1998. A different take: Sperber, Cara, & Girotto 1995.
32. Ecological rationality: Gigerenzer 1998; Tooby & Cosmides 1993; see Pinker 1997/2009, pp. 302–6.
33. 這個問題最初出現在業餘數學家馬丁・加德納（Martin Gardner）的著作中（1959），當時命名為三囚問題。後來統計學家史提芬・瑟爾凡（Steven Selvin）改以蒙提・霍爾命名（1975）。
34. Granberg & Brown 1995; Saenen, Heyvaert, et al. 2018.
35. Crockett 2015; Granberg & Brown 1995; Tierney 1991; vos Savant 1990.
36. Crockett 2015.
37. Vazsonyi 1999。我個人的艾狄胥親等是三。感謝 Michel, Shen, Aiden, Veres, Gray, The Google Books Team, Pickett, Hoiberg, Clancy, Norvig, Orwant, Pinker, Nowak, & Lieberman-Aiden 2011。電腦專家彼得・諾維格（Peter Norvig）與同行瑪利亞・克勞威（Maria Klawe，也與艾狄胥合作過）共同論述過。
38. 對蒙提・霍爾問題進行的規範分析引導出大量意見與爭論，詳見 ttps://en.wikipedia.org/wiki/Monty_Hall_problem。
39. 線上版 Math Warehouse, "Monty Hall Simulation Online," https://www.mathwarehouse.com/monty-hall-simulationonline/。
40. 如這集《大衛深夜秀》: https://www.youtube.com/watch?v=EsGc3jC9yas。
41. Vazsonyi 1999.
42. Suggested by Granberg & Brown 1995.
43. Rules of conversation: Grice 1975; Pinker 2007, chap. 8.
44. History and concepts of probability: Gigerenzer, Swijtink, et al. 1989.

45. vos Savant 1990.
46. 感謝 Julian De Freitas 執行與分析本次研究。實驗設計與 Tversky & Kahneman 1983, pp.307-8 非正式的總結類似。項目事前經過測試，從規模更大的前導研究選出。差異出現在受試者直接給連言敘述或僅看過單一連言項的分數（不同受試者之間的比較）。若針對相同受試者觀察（相同受試者的前後比較），會發現連言謬誤只發生在提到俄羅斯與委內瑞拉的選項上。然而仍有多達百分之八十六的受試者犯下至少一個連言謬誤，且每個項目上多數受試者對連言機率的評估都大於或等於連言項。
47. Donaldson, Doubleday, et al. 2011; Tetlock & Gardner 2015.
48. Kaplan 1994.
49. Declines in war, crime, poverty, and disease: Pinker 2011; Pinker 2018.
50. Tversky & Kahneman 1983.
51. Gould 1988.
52. Quoted by Tversky & Kahneman 1983, p. 308.
53. Tversky & Kahneman 1983, p. 313.
54. Quoted in Hertwig & Gigerenzer 1999.
55. Hertwig & Gigerenzer 1999.
56. Hertwig & Gigerenzer 1999; Tversky & Kahneman 1983.
57. Kahneman & Tversky 1996.
58. Mellers, Hertwig, & Kahneman 2001.
59. Purves & Lotto 2003.
60. AI fails: Marcus & Davis 2019.
61. Pinker 1997/2009, chaps. 1, 4.
62. Pinker 2015.
63. Federal Aviation Administration 2016, chap. 17.

第二章：RATIONALITY AND IRRATIONALITY

1. Justified true belief, and counterexamples showing that it is necessary but not sufficient for knowledge: Gettier 1963; Ichikawa & Steup 2018.
2. James 1890/1950.
3. Carroll 1895.
4. Just do it: Fodor 1968; Pinker 1997/2009, chap. 2.
5. Nagel 1997.
6. Myers 2008.
7. 第十章注 79 的文獻內有許多例子。
8. Stoppard 1972.
9. Hume 1739/2000, book III, part III, section III, “Of the influencing motives of the will.”
10. Cohon 2018.
11. 原文以藝術和酒為例，但並非字面含義，詳見 Of the standard of taste（Gracyk 2020）。重點在於主觀是目標的固有性質。

12. Bob Dylan, *Mr. Tambourine Man.*
13. Pinker 1997/2009; Scott-Phillips, Dickins, & West 2011.
14. Ainslie 2001; Schelling 1984.
15. Mischel & Baker 1975.
16. Ainslie 2001; Laibson 1997; Schelling 1984. See also Pinker 2011, chap. 9, "Self-Control."
17. Frederick 2005.
18. Jeszeck, Collins, et al. 2015.
19. Dasgupta 2007; Nordhaus 2007; Varian 2006; Venkataraman 2019.
20. MacAskill 2015; Todd 2017.
21. Venkataraman 2019.
22. Ainslie 2001; Laibson 1997.
23. McClure, Laibson, et al. 2004.
24. Homer 700 BCE/2018, translation by Emily Wilson.
25. Baumeister & Tierney 2012.
26. Nudges and other behavioral insights: Hallsworth & Kirkman 2020; Thaler & Sunstein 2008. Nudge skeptics: Gigerenzer 2015; Kahan 2013.
27. Rational ignorance: Gigerenzer 2004; Gigerenzer & Garcia-Retamero 2017; Hertwig & Engel 2016; Williams 2020; see also Pinker 2007, pp. 422–25.
28. Schelling 1960.
29. Chicken: J. Goldstein 2010。電影裡的玩法有點不同，是青少年開車駛向懸崖，比誰忍得住不先跳車。
30. Hotheadedness as a paradoxical tactic: Frank 1988; see also Pinker 1997/2009, chap. 6.
31. Sagan & Suri 2003.
32. Crazy love as a paradoxical tactic: Frank 1988; Pinker 1997/2009, chap. 6, "Fools for Love."
33. Novel by Dashiell Hammett; screenplay by John Huston.
34. Tetlock 2003; Tetlock, Kristel, et al. 2000.
35. Satel 2008.
36. For example, Block 1976/2018.
37. Reframing taboo tradeoffs: Tetlock 2003; Tetlock, Kristel, et al. 2000; Zelizer 2005.
38. Hume 1739/2000, book II, part III, section III, "Of the influencing motives of the will." Hume's moral philosophy: Cohon 2018.
39. Rachels & Rachels 2010.
40. Stoppard 1972.
41. Gould 1999.
42. Plato 399–390 BCE/2002. Plato's moral philosophy brought to life: R. Goldstein 2013.
43. God commands child murder: Pinker 2011, chap. 1.
44. "'Tis as little contrary to reason to prefer even my own acknowledg'd lesser good to my greater, and have a more ardent affection for the former than the latter."

45. Morality as impartiality: de Lazari-Radek & Singer 2012; R. Goldstein 2006; Greene 2013; Nagel 1970; Railton 1986; Singer 1981/2011.
46. Terry 2008.
47. Self-interest, sociality, and rationality as sufficient conditions for morality: Pinker 2018, pp. 412–15. Morality as a strategy in positive-sum games: Pinker 2011, pp. 689–92.
48. Chomsky 1972/2006; Pinker 1994/2007, chap. 4.

第三章：LOGIC AND CRITICAL THINKING

1. *Essays*, Eliot 1883/2017, pp. 257–58.
2. Leibniz 1679/1989.
3. Accessible introductions to logic: McCawley 1993; Priest 2017; Warburton 2007.
4. Based on Carroll 1896/1977, book II, chap. III, §2, example (4), p. 72.
5. Donaldson, Doubleday, et al. 2011.
6. Logical words in logic versus conversation: Grice 1975; Pinker 2007, chaps. 2, 8.
7. Emerson 1841/1993.
8. Liberman 2004.
9. McCawley 1993.
10. From the *Yang 2020* website, retrieved Feb. 6, 2020: Yang 2020.
11. Curtis 2020; Richardson, Smith, et al. 2020; Warburton 2007; see also the *Wikipedia* article "List of fallacies," https://en.wikipedia.org/wiki/List_of_fallacies.
12. Mercier & Sperber 2011; see Norman 2016, for a critique.
13. Friedersdorf 2018.
14. Shackel 2014.
15. Russell 1969.
16. Basterfield, Lilienfeld, et al. 2020.
17. 這個常見說法源於亨里克・易卜生的劇作《人民公敵》（*Enemy of the People*）臺詞：「多數代表的從來就不是正確……多數代表的是力量。很可惜，和正確沒有關係。」
18. Proctor 2000.
19. 一例相關討論可見於 Paresky, Haidt, et al. 2020。
20. Haidt 2016.
21. 很多教科書提到這個故事，多半聲稱是培根在一五九二年說的，然而即使作為諷刺來考證，源頭始終不明，反而可能是二十世紀初的產物。詳見 Simanek 1999。
22. Ecological rationality: Gigerenzer 1998; Pinker 1997/2009, pp. 302–6; Tooby & Cosmides 1993.
23. Cosmides 1989; Fiddick, Cosmides, & Tooby 2000.
24. Weber 1922/2019.
25. Cole, Gay, et al. 1971, pp. 187–88; see also Scribner & Cole 1973.
26. Norenzayan, Smith, et al. 2002.

27. Wittgenstein 1953.
28. 並非所有哲學家都同意，例如 Bernard Suits（1978/2014）對遊戲的定義是「自發性嘗試克服不是一定得跨越的障礙」。另見 McGinn 2012, ch. 2。
29. Pinker 1997/2009, pp. 306–13; Pinker 1999/2011, chap. 10; Pinker & Prince 2013; Rosch 1978.
30. Armstrong, Gleitman, & Gleitman 1983; Pinker 1999/2011, chap 10; Pinker & Prince 2013.
31. Goodfellow, Bengio, & Courville 2016; Rumelhart, McClelland, & PDP Research Group 1986; Aggarwal 2018. For critical views, see Marcus & Davis 2019; Pearl & Mackenzie 2018; Pinker 1999/2011; Pinker & Mehler 1988.
32. Rumelhart, Hinton, & Williams 1986; Aggarwal 2018; Goodfellow, Bengio, & Courville 2016.
33. Lewis-Kraus 2016.
34. 「演算法」一詞原指數學公式，與「捷思法」或經驗法則相對。不過現在各種人工智慧都被稱作演算法，即便基礎為神經網路也一樣。
35. Marcus & Davis 2019.
36. Kissinger 2018.
37. Lake, Ullman, et al. 2017; Marcus 2018; Marcus & Davis 2019; Pearl & Mackenzie 2018.
38. Ashby, Alfonso-Reese, et al. 1998; Evans 2012; Kahneman 2011; Marcus 2000; Pinker 1999/2011; Pinker & Prince 2013; Sloman 1996.
39. Pinker 1999/2011, chap. 10; Pinker & Prince 2013.

第四章：PROBABILITY AND RANDOMNESS

1. Letter to Miss Sophia Thrale, 24 July 1783, in Johnson 1963.
2. 出自《巴特利常用名言佳句辭典》（*Bartlett's Familiar Quotation*），沒有確切附上來源，或許是一九二六年寫給馬克斯．玻恩（Max Born）的信。一個版本出現在他寫給蘭佐斯（Cornelius Lanczos）的信上，並在一九八一年被人引用。維基語錄上還有另外三種版本，詳見 https://en.wikiquote.org/wiki/Albert_Einstein。
3. Eagle 2019; randomness as incompressibility, usually called Kolmogorov complexity, is discussed in section 2.2.1.
4. Millenson 1965.
5. Gravity poster: http://www.mooneyart.com/gravity/historyof_01.html.
6. Gigerenzer, Hertwig, et al. 2005.
7. Quoted in Bell 1947.
8. Interpretations of probability: Gigerenzer 2008a; Gigerenzer, Swijtink, et al. 1989; Hájek 2019; Savage 1954.
9. Quoted in Gigerenzer 1991, p. 8.
10. Gigerenzer 2008a.
11. Tversky & Kahneman 1973.
12. Gigerenzer 2008a.
13. Combs & Slovic 1979; Ropeik 2010; Slovic 1987.

14. McCarthy 2019.
15. Duffy 2018; see also Ropeik 2010; Slovic 1987.
16. Figures from 2014–15, referenced in Pinker 2018, table 13-1, p. 192. See also Ritchie 2018; Roth, Abate, et al. 2018.
17. Savage 2013, table 2. The figure is for commercial aviation in the United States.
18. Gigerenzer 2006.
19. "Mack the Knife," lyrics by Bertolt Brecht, from *The Threepenny Opera.*
20. Cape Cod sharks: Sherman 2019. Cape Cod traffic deaths: Nolan, Bremer, et al. 2019.
21. Caldeira, Emanuel, et al. 2013. See also Goldstein & Qvist 2019; Goldstein, Qvist, & Pinker 2019.
22. Nuclear vs coal: Goldstein & Qvist 2019; Goldstein, Qvist, & Pinker 2019. Coal kills: Lockwood, Welker-Hood, et al. 2009. Nuclear replaced by coal: Jarvis, Deschenes, & Jha 2019。即使接受最近出現的一些說法，也就是政府掩蓋了車諾比爾事件死亡數千人的事實，核電問世以來六十年內總死亡人數仍然只等於一個月的煤炭相關死亡數。
23. Ropeik 2010; Slovic 1987.
24. Pinker 2018, Table 13-1, p. 192; Mueller 2006.
25. Walker, Petulla, et al. 2019.
26. Averages are for 2015–19. Number of police shootings: Tate, Jenkins, et al. 2020. Number of homicides: Federal Bureau of Investigation 2019, and previous years.
27. Schelling 1960, p. 90; see also Tooby, Cosmides, & Price 2006. Pearl Harbor and 9/11 as public outrages: Mueller 2006.
28. Chwe 2001; De Freitas, Thomas, et al. 2019; Schelling 1960.
29. Baumeister, Stillwell, & Wotman 1990.
30. Hostility to data on public outrages: Pearl Harbor and 9/11, Mueller 2006; George Floyd killing, Blackwell 2020.
31. 原文「Never let a crisis go to waste」，因歐巴馬任內白宮幕僚長拉姆·伊曼紐爾（Rahm Emanuel）廣為流傳，不過初次公開說出這句話的是人類學家盧瑟·格拉克（Luther Gerlach）。感謝耶魯名言年鑑編輯 Fred Shapiro。
32. 與此類恐怖主義相關論述可參考 Mueller 2006。
33. https://twitter.com/MaxCRoser/status/919921745464905728?s=20.
34. McCarthy 2015.
35. Rosling 2019.
36. Crisis-driven media and political cynicism: Bornstein & Rosenberg 2016.
37. Lankford & Madfis 2018.
38. www.ourworldindata.org.
39. From Paulos 1988.
40. Edwards 1996.
41. 許多相關書籍解釋了機率概念與誤解，包括 Paulos 1988; Hastie & Dawes 2010; Mlodinow 2009; Schneps & Colmez 2013。
42. Batt 2004; Schneps & Colmez 2013.

43. *Texas v. Pennsylvania* 2020. Motion: https://www.texasattorneygeneral.gov/sites/default/files/images/admin/2020/Press/SCOTUSFiling.pdf. Docket: https://www.supremecourt.gov/docket/docketfiles/html/public/22O155.html. Analysis: Bump 2020.
44. Gilovich, Vallone, & Tversky 1985.
45. Miller & Sanjurjo 2018; Gigerenzer 2018a.
46. Pinker 2011, pp. 202–7.
47. https://xkcd.com/795/.
48. Krämer & Gigerenzer 2005.
49. Krämer & Gigerenzer 2005; Miller & Sanjurjo 2018; Miller & Sanjurjo 2019.
50. https://www.youtube.com/watch?v=DBSAeqdcZAM.
51. Scarry's criticism is described in Rosen 1996; see also Good 1996.
52. Krämer & Gigerenzer 2005.
53. Krämer & Gigerenzer 2005; Schneps & Colmez 2013.
54. Paper: Johnson, Tress, et al. 2019. Critique: Knox & Mummolo 2020. Reply: Johnson & Cesario 2020. Retraction: Cesario & Johnson 2020.
55. Edwards 1996.
56. Mlodinow 2009; Paulos 1988.
57. Fabrikant 2008; Mlodinow 2009; Serwer 2006.
58. Gardner 1972.
59. Open Science Collaboration 2015; Gigerenzer 2018b; Ioannidis 2005; Pashler & Wagenmakers 2012.
60. Ioannidis 2005; Simmons, Nelson, & Simonsohn 2011. "The Garden of Forking Paths" was coined by the statistician Andrew Gelman (Gelman & Loken 2014).
61. 認知心理學家邁麥可・科貝利斯（Michael Corballis）。
62. For example, the Center for Open Science's OSF Registries, https://osf.io/prereg/.
63. Feller 1968; see Pinker 2011, pp. 202–7.
64. Kahneman & Tversky 1972. Originally shown by William Feller (1968).
65. Gould 1988.

第五章：BELIEFS AND EVIDENCE (BAYESIAN REASONING)

1. Rationality Community: Caplan 2017; Chivers 2019; Raemon 2017. Prominent members include Julia Galef of *Rationally Speaking* (https://juliagalef.com/), Scott Alexander of *Slate Star Codex* (https://slatestarcodex.com/), Scott Aaronson of *Shtetl-Optimized* (https://www.scottaaronson.com/blog/), Robin Hanson of *Overcoming Bias* (https://www.overcomingbias.com/), and Eliezer Yudkowsky, who started *Less Wrong* (https://www.lesswrong.com/).
2. Arbital 2020.
3. Gigerenzer 2011.
4. 更精確來說，**機率（數據｜假設）**與可能性成正比。「可能性」在統計學不同子社群內含義略有不同，此處以探討貝氏推論時常見定義為主。

5. Kahneman & Tversky 1972; Tversky & Kahneman 1974.
6. 原文 In his evaluation of evidence, man is apparently not a conservative Bayesian: he is not Bayesian at all.（評估證據時，人類顯然不是對貝氏推論有所保留，而是完全跳過。）Kahneman & Tversky 1972, p. 450。
7. Tversky & Kahneman 1982.
8. Hastie & Dawes 2010.
9. Tversky & Kahneman 1974.
10. 聽來的，沒能找到書面版本。
11. Hume, Bayes, and miracles: Earman 2002.
12. Hume 1748/1999, section X, "Of miracles," part 1, 90.
13. Hume 1748/1999, section X, "Of miracles," part 1, 91.
14. French 2012.
15. Carroll 2016. See also Stenger 1990.
16. Open Science Collaboration 2015; Pashler & Wagenmakers 2012.
17. Ineffectiveness of persuasion industries: Mercier 2020.
18. Ziman 1978, p. 40.
19. Tetlock & Gardner 2015.
20. Tetlock 2003; Tetlock, Kristel, et al. 2000.
21. Decline of bigotry: Pinker 2018, pp. 215–19; Charlesworth & Banaji 2019.
22. Politics of base rates in social science: Tetlock 1994.
23. Gigerenzer 1991, 2018a; Gigerenzer, Swijtink, et al. 1989; see also Cosmides & Tooby 1996.
24. Burns 2010; Maines 2007.
25. Bar-Hillel 1980; Tversky & Kahneman 1982; Gigerenzer 1991.
26. Gigerenzer 1991, 1996; Kahneman & Tversky 1996.
27. Cosmides & Tooby 1996; Gigerenzer 1991; Hoffrage, Lindsey, et al. 2000; Tversky & Kahneman 1983。康納曼與特沃斯基指出採用頻率格式可以降低，但無法完全克服忽略基本比率的問題。第一章提到康納曼與吉格亨澤團隊的雷夫・赫維希曾經採用對抗協作模式研究頻率格式是否可以解決合取謬誤，詳見 Kahneman & Tversky 1996; Mellers, Hertwig, & Kahneman 2001。
28. Gigerenzer 2015; Kahan 2013.

第六章：RISK AND REWARD
(EXPECTED UTILITY AND RATIONAL CHOICE)

1. 所有經濟學與政治學入門教科書都會解釋將人類視為理性行為者的研究模型，連結理性選擇與預期效用來自 von Neumann & Morgenstern 1953/2007，經 Savage 1954 完善。本書解釋相關理論時「理性選擇」和「預期效用」兩個詞彙可互通。詳見 Luce & Raiffa 1957 and Hastie & Dawes 2010 有更多討論。
2. Cohn, Maréchal, et al. 2019.
3. Glaeser 2004.
4. Contesting the axioms of rational choice: Arkes, Gigerenzer, & Hertwig 2016; Slovic & Tversky 1974.
5. Hastie & Dawes 2010; Savage 1954.

6. 常見用詞是「完整性」（Completeness）或「可比性」（Comparability）。
7. 也稱作不同選擇的機率分布、組合代數、組合彩券降級公理。
8. 其變體包括 Chernoff's condition, Sen's property, Arrow's Independence of Irrelevant Alternatives（IIA）, and Luce's choice axiom。
9. Liberman 2004.
10. 更常見說法是「連續性」或「可解性」。
11. Stevenson & Wolfers 2008.
12. Richardson 1960, p. 11; Slovic 2007; Wan & Shammas 2020.
13. Pinker 2011, pp. 219–20.
14. Tetlock 2003; Tetlock, Kristel, et al. 2000.
15. 全文是：「哇，一百萬嗎……或許哦。」「那一百塊妳願意嗎？」「你以為我是什麼樣的女人？」「這不就確定了嗎，現在只是價錢問題。」
16. Simon 1956.
17. Tversky 1972.
18. Savage 1954, cited in Tversky 1972, pp. 283–84.
19. Tversky 1969.
20. Arkes, Gigerenzer, & Hertwig 2016.
21. Tversky 1972, p. 298; Hastie & Dawes 2010, p. 251.
22. Called preference reversals: Lichtenstein & Slovic 1971.
23. 取整數會造成一分、兩分錢差異，但在此研究中賭金會抵消差距，而且也不影響結果。
24. No intransitive money pumps: Arkes, Gigerenzer, & Hertwig 2016, p. 23. Preference-reversing money pumps: Hastie & Dawes 2010, p. 76. Wise up: Arkes, Gigerenzer, & Hertwig 2016, pp. 23–24.
25. Allais 1953.
26. Kahneman & Tversky 1979, p. 267.
27. Kahneman & Tversky 1979.
28. Breyer 1993, p. 12.
29. Kahneman & Tversky 1979.
30. McNeil, Pauker, et al. 1982.
31. Tversky & Kahneman 1981.
32. Hastie & Dawes 2010, pp. 282–88.
33. Kahneman & Tversky 1979.
34. 此處抉擇權重圖與 Kahneman & Tversky 1979 圖四不同，根據 Hastie & Dawes 2010 圖 12.2 改編。我認為這張圖較能清楚呈現理論。
35. Based on Kahneman & Tversky 1979.
36. 這種無所不在的非對稱性又名「消極偏誤」，詳見 Tierney & Baumeister 2019。
37. Maurice Allais, Herbert Simon, Daniel Kahneman, Richard Thaler, George Akerlof.
38. Gigerenzer 2008b, p. 20.
39. Abito & Salant 2018; Braverman 2018.
40. Sydnor 2010.
41. Gigerenzer & Kolpatzik 2017; see also Gigerenzer 2014, for a similar argument on breast cancer screening.

第七章：HITS AND FALSE ALARMS

1. Twain 1897/1989.
2. Signal Detection Theory and expected utility theory: Lynn, Wormwood, et al. 2015.
3. 許多統計學和心理學入門書籍都有介紹統計分布概念。信號檢測理論詳見 Green & Swets 1966; Lynn, Wormwood, et al. 2015; Swets, Dawes, & Monahan 2000; Wolfe, Kluender, et al. 2020, chap. 1。信號檢測理論與統計分布理論的歷史與兩者的關聯，詳見 Gigerenzer, Krauss, & Vitouch 2004; Gigerenzer, Swijtink, et al. 1989。
4. Pinker 2011, pp. 210–20.
5. 稱為中央極限定理。
6. 此處所謂「機率」是討論貝氏定理時的狹義機率。
7. Lynn, Wormwood, et al. 2015.
8. Lynn, Wormwood, et al. 2015.
9. Lynn, Wormwood, et al. 2015.
10. 由於「敏感度」（sensitivity）在醫療文獻中指命中率，也就是某狀態確實存在的陽性率，所以時常造成誤解。與其相對的是「特異性」（specificity），代表否定比例，也就是症狀不存在的陰性率。
11. Loftus, Doyle, et al. 2019.
12. National Research Council 2009; President's Council of Advisors on Science and Technology 2016.
13. Contesting enhanced interrogation: Bankoff 2014.
14. Ali 2011.
15. Contesting sexual misconduct: Soave 2014; Young 2014a. Two surveys of false rape accusations have found rates between 5 and 10 percent: De Zutter, Horselenberg, & van Koppen 2017; Rumney 2006. See also Bazelon & Larimore 2009; Young 2014b.
16. Arkes & Mellers 2002.
17. 阿克斯與梅勒斯引用一九八一年研究得到數據為零點六至零點九。其餘有瑕疵的研究做出 *d'* 接近二點七。此處根據 National Research Council 2003, p. 122 的整合分析，相關敏感度指標的中位數是零點八六，低於 ROC 曲線。變方相等性常態分布假設下可以轉換數據，對應的 z 值乘以 $\sqrt{2}$ 得到 *d'* 為一點五三。
18. False accusations, convictions, and executions: National Research Council 2009; President's Council of Advisors on Science and Technology 2016. For rape in particular: Bazelon & Larimore 2009; De Zutter, Horselenberg, & van Koppen 2017; Rumney 2006; Young 2014b. For terrorism: Mueller 2006.
19. 所有統計學與心理學教科書都會解釋統計決策理論，尤其虛無假說顯著性的檢驗。其歷史遺跡和信號檢測理論的關聯詳見 Gigerenzer, Krauss, & Vitouch 2004; Gigerenzer, Swijtink, et al. 1989。
20. Gigerenzer, Krauss, & Vitouch 2004.
21. 如本章注 6，此處「機率」為貝氏定理討論下的狹義概念，也就是以假設為前提數據為真的可能性。
22. Gigerenzer 2018b; Open Science Collaboration 2015; Ioannidis 2005; Pashler & Wagenmakers 2012.

23. https://xkcd.com/882/.
24. *Nature* editors 2020b. "Nothing that is not there and the nothing that is" is from Wallace Stevens's "The Snow Man."
25. Henderson 2020; Hume 1748/1999.

第八章：SELF AND OTHERS (GAME THEORY)

1. Hume 1739/2000, 3.5.
2. von Neumann & Morgenstern 1953/2007. Semitechnical introductions: Binmore 1991; Luce & Raiffa 1957. Mostly nontechnical: Binmore 2007; Rosenthal 2011. Completely nontechnical: Poundstone 1992.
3. 本章作為舉例的賽局可見於注 2 內多數來源。
4. Clegg 2012; Dennett 2013, chap. 8.
5. Thomas, De Freitas, et al. 2016.
6. Chwe 2001; De Freitas, Thomas, et al. 2019; Schelling 1960; Thomas, DeScioli, et al. 2014.
7. Pinker 2007, chap. 8; Schelling 1960.
8. Lewis 1969. Skepticism that conventions require common knowledge: Binmore 1981.
9. 此例已經根據通貨膨脹調整過。
10. Schelling 1960, pp. 67, 71.
11. J. Goldstein 2010.
12. Frank 1988; Schelling 1960; see also Pinker 1997/2009, chap. 6.
13. Dollar auction: Poundstone 1992; Shubik 1971.
14. Dawkins 1976/2016; Maynard Smith 1982.
15. Pinker 2011, pp. 217–20.
16. Shermer 2008.
17. Dawkins 1976/2016; Maynard Smith 1982.
18. Trivers 1971.
19. Pinker 1997/2009, chap. 7; Pinker 2002/2016, chap. 14; Pinker 2011, chap. 8; Trivers 1971.
20. Ridley 1997.
21. Ellickson 1991; Ridley 1997.
22. Hobbes 1651/1957, chap. 14, p. 190.

第九章：CORRELATION AND CAUSATION

1. Sowell 1995.
2. Cohen 1997.
3. BBC News 2004.
4. Stevenson & Wolfers 2008, adapted with permission of the authors.
5. Hamilton 2018.
6. Chapman & Chapman 1967, 1969.

7. Thompson & Adams 1996.
8. *Spurious correlations*, https://www.tylervigen.com/spurious-correlations.
9. Galton 1886.
10. Tversky & Kahneman 1974.
11. Tversky & Kahneman 1974.
12. Tversky & Kahneman 1971, 1974.
13. 作者喬納・雷爾（Jonah Lehrer），其實文章引述了科學家對均值回歸與有問題研究行為的解釋，但他堅稱有學者不知道的其他原因。
14. Pinker 2007, pp. 208–33.
15. Hume 1739/2000.
16. Holland 1986; King, Keohane, & Verba 1994, chap. 3.
17. Kaba 2020，顯示警察與犯罪率因果關係且可取得的研究評論如 Yglesias 2020a, 2020b。
18. Pearl 2000.
19. Weissman 2020.
20. VanderWeele 2014.
21. 一九四一年的歌詞。聖經馬太福音二十五章二十九節：「因為凡有的，還要加給他，叫他有餘；沒有的，連他所有的，也要奪過來。」
22. Social Progress Imperative 2020; Welzel 2013.
23. Deary 2001; Temple 2015; Ritchie 2015.
24. Pearl & Mackenzie 2018.
25. 語出認知心理學家雷德・海斯蒂（Reid Hastie）。
26. Baron 2012; Bornstein 2012; Hallsworth & Kirkman 2020.
27. Levitt & Dubner 2009; https://freakonomics.com/.
28. DellaVigna & Kaplan 2007.
29. Martin & Yurukoglu 2017.
30. See Pinker 2011, pp. 278–84.
31. 此例修改自 Russett & Oneal 2001，在 Pinker 2011, pp. 278-84 亦有討論。
32. Stuart 2010.
33. Kendler, Kessler, et al. 2010.
34. Vaci, Edelsbrunner, et al. 2019.
35. Dawes, Faust, & Meehl 1989; Meehl 1954/2013。關於政治和經濟預測可參考 Tetlock 2009。
36. Polderman, Benyamin, et al. 2015; see Pinker 2002/2016, pp. 395–98, 450–51.
37. Salganik, Lundberg, et al. 2020.

第十章：WHAT'S WRONG WITH PEOPLE?

1. Shermer 2020a.
2. O'Keefe 2020.
3. Wolfe & Dale 2020.
4. Kessler, Rizzo, & Kelly 2020; *Nature* editors 2020a; Tollefson 2020.
5. Rauch 2021.
6. Gilbert 2019; Pennycook & Rand 2020a.

7. 前五個數據來自蓋洛普民調，Moore 2005。後五個數據取自 Pew Forum on Religion and Public Life 2009。
8. 根據一九九〇到二〇〇五或二〇〇九之間重複進行的幾次調查，相信靈療、鬼屋、鬼魂、與死者聯繫、女巫幾項的比例略微上升，相信惡魔附身、超感應、心電感應、輪迴轉世的比例略微下降，尋求靈媒或占卜協助、相信通靈和外星人來過地球的趨勢穩定（Moore 2005; Pew Forum on Religion and Public Life 2009）。根據美國國家科學基金會報告，一九七九到二〇一八間三十多到四十出頭年齡層認為占星「十分」或「算是」科學的比例稍有下降，可是二〇一八年十八到二十四歲的人有百分之五十八相信，二十五到三十四歲有百分之四十九相信（National Science Board 2014, 2020）。所有超自然信念都在年輕族群之間更為風行（Pew Forum on Religion and Public Life 2009）。占星部分的年齡梯度數十年來穩定，可見屬於年輕人的話題，許多人長大就不再接觸，與所謂 Z 世代、千禧世代等特定族群無關。
9. Shermer 1997, 2012, 2020b.
10. Mercier 2020; Shermer 2020c; Sunstein & Vermeule 2008; Uscinski & Parent 2014; van Prooijen & van Vugt 2018.
11. Horowitz 2001; Sunstein & Vermeule 2008.
12. Statista Research Department 2019; Uscinski & Parent 2014.
13. Brunvand 2014；小報標題是我個人平日的收集。
14. Nyhan 2018.
15. R. Goldstein 2010.
16. https://quoteinvestigator.com/2017/11/30/salary/.
17. Kunda 1990.
18. 感謝語言學家 Ann Farmer 提供個人信念，原文為 It isn't about being right. It's about getting it right.
19. 可參照第一章注 26。
20. Dawson, Gilovich, & Regan 2002.
21. Kahan, Peters, et al. 2017; Lord, Ross, & Lepper 1979; Taber & Lodge 2006; Dawson, Gilovich, & Regan 2002.
22. Pronin, Lin, & Ross 2002.
23. Mercier & Sperber 2011, 2017; Tetlock 2002. But see also Norman 2016.
24. Mercier & Sperber 2011, p. 63; Mercier, Trouche, et al. 2015.
25. Kahan, Peters, et al. 2017.
26. Ditto, Liu, et al. 2019. For replies, see Baron & Jost 2019; Ditto, Clark, et al. 2019.
27. Stanovich 2020, 2021.
28. Gampa, Wojcik, et al. 2019.
29. Kahan, Hoffman, et al. 2012.
30. Kahan et al. 2012.
31. Stanovich 2020, 2021.
32. Hierarchical vs. egalitarian and libertarian vs. communitarian: Kahan 2013 and other references in note 39 below. Throne-and-altar vs. Enlightenment, tribal vs. cosmopolitan: Pinker 2018, chaps. 21, 23. Tragic vs. Utopian: Pinker 2002/2016, chap. 16; Sowell 1987. Honor vs. dignity: Pinker 2011, chap. 3;

Campbell & Manning 2018; Pinker 2012. Binding vs. individualizing: Haidt 2012.
33. Finkel, Bail, et al. 2020.
34. Finkel, Bail, et al. 2020; Wilkinson 2019.
35. Baron & Jost 2019.
36. The epigraph to Sowell 1995.
37. Ditto, Clark, et al. 2019. Doozies from each side: Pinker 2018, pp. 363–66.
38. Mercier 2020, pp. 191–97.
39. Kahan 2013; Kahan, Peters, et al. 2017; Kahan, Wittlin, et al. 2011.
40. Mercier 2020, ch.10。二〇二〇年五月五日梅希爾在我課堂上擔任客座講師時提起 Google 評價一事。
41. Mercier 2020; Sperber 1997.
42. Abelson 1986.
43. Henrich, Heine, & Norenzayan 2010.
44. Coyne 2015; Dawkins 2006; Dennett 2006; Harris 2005. See R. Goldstein 2010 for a fictionalized debate.
45. Jenkins 2020.
46. BBC News 2020.
47. Baumard & Boyer 2013; Hood 2009; Pinker 1997/2009, chaps. 5, 8; Shermer 1997, 2012.
48. Bloom 2003.
49. Gelman 2005; Hood 2009.
50. Kelemen & Rosset 2009.
51. Rauch 2021; Shtulman 2017; Sloman & Fernbach 2017.
52. See the magazines *Skeptical Inquirer* (http://www.csicop.org/si) and *Skeptic* (http://www.skeptic.com/), and the Center for Inquiry (https://centerforinquiry.org/) for regular updates on pseudoscience in mainstream media.
53. Acerbi 2019.
54. Thompson 2020.
55. Mercier 2020; Shermer 2020c; van Prooijen & van Vugt 2018.
56. Pinker 2011, chap. 2; Chagnon 1992.
57. van Prooijen & van Vugt 2018.
58. Mercier 2020, chap. 10.
59. Dawkins 1976/2016.
60. Friesen, Campbell, & Kay 2015.
61. Moore 2005; Pew Forum on Religion and Public Life 2009.
62. Kahan 2015; Kahan, Wittlin, et al. 2011.
63. Nyhan & Reifler 2019; Pennycook & Rand 2020a; Wood & Porter 2019.
64. Baron 2019; Pennycook, Cheyne, et al. 2020; Sá, West, & Stanovich 1999; Tetlock & Gardner 2015.
65. 與許多看似精闢的引述一樣，恐怕來源有誤。此例確切來源可能是另一位經濟學家保羅・薩繆森（Paul Samuelson）：https://quoteinvestigator.com/2011/07/22/keynes-change-mind/.

66. Pennycook, Cheyne, et al. 2020. The first three items were added to the Active Open-Mindedness test by Sá, West, & Stanovich 1999.
67. Pennycook, Cheyne, et al. 2020。類似研究發現見於 Erceg, Galić, & Bubić 2019; Stanovich 2012. Pennycook, Cheyne, et al. 2020, Stanovich, West, & Toplak 2016，此外 Stanovich & Toplak 2019 指出部分關聯性或許因為調查時在開放心態問卷採用了「信念」一詞導致數據膨脹，因為作答者容易將之詮釋為「宗教信念」。若改為「意見」則相關性下降，但依舊顯著。
68. Global trends in political and social beliefs: Welzel 2013; Pinker 2018, chap. 15.
69. Pennycook, Cheyne, et al. 2012; Stanovich 2012; Stanovich, West, & Toplak 2016. Cognitive Reflection Test: Frederick 2005. See also Maymin & Langer 2021, in which it is connected to mindfulness.
70. Pennycook, Cheyne, et al. 2012; Pennycook & Rand 2020b.
71. Cognitive immune system: Norman 2021.
72. Caplan 2017; Chivers 2019; Raemon 2017.
73. 「笨蛋黨」（Party of stupid）一詞通常認為起於前共和黨路易斯安那州長鮑比・金達爾（Bobby Jindal），但其實他說的是「很笨的政黨」（stupid party）。保守派內的評論，川普任前有 M. K. Lewis 2016; Mann & Ornstein 2012/2016; Sykes 2017。川普任後則是 Saldin & Teles 2020。此外可參考「林肯計畫」：The Lincoln Project, https://lincolnproject.us/.
74. Quoted in Rauch 2018.
75. Mercier 2020.
76. Lane 2021.
77. Rauch 2018, 2021; Sloman & Fernbach 2017.
78. Trust in science steady: American Academy of Arts and Sciences 2018. Trust in academia sinking: Jones 2018.
79. Flaherty 2020. For other examples, see Kors & Silverglate 1998; Lukianoff 2012; Lukianoff & Haidt 2018; and the Heterodox Academy (https://heterodoxacademy.org/), the Foundation for Individual Rights in Education (https://www.thefire.org/), and *Quillette* magazine (https://quillette.com/).
80. Haidt 2016.
81. American Academy of Arts and Sciences 2018.
82. Nyhan 2013; Nyhan & Reifler 2012.
83. Willingham 2007.
84. Bond 2009; Hoffrage, Lindsey, et al. 2000; Lilienfeld, Ammirati, & Landfield 2009; Mellers, Ungar, et al. 2014; Morewedge, Yoon, et al. 2015; Willingham 2007.
85. Kahan, Wittlin, et al. 2011; Stanovich 2021.
86. Ellickson 1991; Ridley 1997.
87. Rauch 2021; Sloman & Fernbach 2017.
88. Eisenstein 2012.
89. Kräenbring, Monzon Penza, et al. 2014.
90. See "Wikipedia: List of policies and guidelines," https://en.wikipedia.org/wiki/Wikipedia:List_of_policies_and_guidelines, and "Wikipedia: Five pillars," https://en.wikipedia.org/wiki/Wikipedia:Five_pillars.

91. Social media reform: Fox 2020; Lyttleton 2020. Some early analyses: Pennycook, Cannon, & Rand 2018; Pennycook & Rand 2020a.
92. Joyner 2011; Tetlock 2015.
93. Pinker 2018, pp. 380–81.
94. Elster 1998; Fishkin 2011.
95. Mercier & Sperber 2011.

第十一章：WHY RATIONALITY MATTERS

1. Singer 1981/2011, pp. 88.
2. 有關「衝突 vs 錯誤」作為人類進步動力的討論可參考 Alexander 2018。
3. 第四章到第九章討論過很多例子，也可參考 Stanovich 2018; Stanovich, West, & Toplak 2016。
4. Stanovich 2018.
5. http://whatstheharm.net/index.html。他舉出的許多例子有科學報告佐證，表列於 http://whatstheharm.net/scientificstudies.html。大約二〇〇九年起法利停止維護網站，不過推特 @WhatsTheHarm 仍偶有更新。
6. Bruine de Bruin, Parker, & Fischhoff 2007.
7. Ritchie 2015.
8. Bruine de Bruin, Parker, & Fischhoff 2007。亦可參考 Parker, Bruine de Bruin, et al. 2018 十一年的長期研究，以及 Toplak, West, & Stanovich 2017 得出類似結論。二〇二〇年，經濟學家麥提・托馬（Mattie Toma）與我以一百五十七位選修我理性課程的哈佛學生重現了相同結果（Toma 2020）。

9. Pinker 2011; Pinker 2018. Related conclusions: Kenny 2011; Norberg 2016; Ridley 2010; and the websites *Our World in Data* (https://ourworldindata.org/) and *Human Progress* (https://www.humanprogress.org/).
10. Roser, Ortiz-Ospina, & Ritchie 2013, accessed Dec. 8, 2020; Pinker 2018, chaps. 5, 6.
11. Pinker 2018, chap. 7.
12. Roser 2016, accessed Dec. 8, 2020; Pinker 2018, chap. 8.
13. Pinker 2011, chaps. 5, 6; Pinker 2018, chap. 11. Related conclusions: R. Goldstein 2011; Mueller 2021; Payne 2004.
14. Road map to solving the climate crisis: Goldstein-Rose 2020.
15. Pinker 2011, chaps. 4, 7; Pinker 2018, chap. 15. Related conclusions: Appiah 2010; Grayling 2007; Hunt 2007; Payne 2004; Shermer 2015; Singer 1981/2011.
16. Alexander 2018.
17. Pinker 2011, chap. 4; see also Appiah 2010; Grayling 2007; Hunt 2007; Payne 2004.
18. Welzel 2013, p. 122; see Pinker 2018, p. 228 and note 45, and pp. 233–35 and note 8.
19. *Concerning Heretics, Whether They Are to Be Persecuted*, quoted in Grayling 2007, pp. 53–54.

20. Mueller 2021.
21. Erasmus 1517/2017.
22. Beccaria 1763/2010；此處英文為兩個翻譯版本的綜合。
23. Pinker 2018, pp. 211–13.
24. Bentham & Crompton 1785/1978.
25. Bentham 1789, chap. 19.
26. Singer 1981/2011.
27. Davis 1984.
28. Locke 1689/2015, 2nd treatise, chap. VI, sect. 61.
29. Locke 1689/2015, 2nd treatise, chap. IV, sect 22.
30. Astell 1730/2010.
31. Wollstonecraft 1792/1995.
32. Douglass 1852/1999.

參考資料

Abelson, R. P. 1986. Beliefs are like possessions. *Journal for the Theory of Social Behaviour*, *16*, 223–50. https://doi.org/10.1111/j.1468-5914.1986.tb00078.x.

Abito, J. M., & Salant, Y. 2018. The effect of product misperception on economic outcomes: Evidence from the extended warranty market. *Review of Economic Studies*, *86*, 2285–2318. https://doi.org/10.1093/restud/rdy045.

Acerbi, A. 2019. Cognitive attraction and online misinformation. *Palgrave Communications*, *5*, 1–7. https://doi.org/10.1057/s41599-019-0224-y.

Aggarwal, C. C. 2018. *Neural networks and deep learning*. New York: Springer.

Ainslie, G. 2001. *Breakdown of will*. New York: Cambridge University Press.

Alexander, S. 2018. Conflict vs. mistake. *Slate Star Codex*. https://slatestarcodex.com/2018/01/24/conflict-vs-mistake/.

Ali, R. 2011. *Dear colleague letter* (policy guidance from the assistant secretary for civil rights). US Department of Education. https://www2.ed.gov/about/offices/list/ocr/letters/colleague-201104.html.

Allais, M. 1953. Le comportement de l'homme rationnel devant le risque: Critique des postulats et axiomes de l'école Americaine. *Econometrica*, *21*, 503–46. https://doi.org/10.2307/1907921.

American Academy of Arts and Sciences. 2018. *Perceptions of science in America*. Cambridge, MA: American Academy of Arts and Sciences. https://www.amacad.org/publication/perceptions-science-america.

Appiah, K. A. 2010. *The honor code: How moral revolutions happen*. New York: W. W. Norton.

Arbital. 2020. Bayes' rule. https://arbital.com/p/bayes_rule/?l=1zq.

Arkes, H. R., Gigerenzer, G., & Hertwig, R. 2016. How bad is incoherence? *Decision*, *3*, 20–39. https://doi.org/10.1037/dec0000043.

Arkes, H. R., & Mellers, B. A. 2002. Do juries meet our expectations? *Law and Human Behavior*, *26*, 625–39. https://doi.org/10.1023/A:1020929517312.

Armstrong, S. L., Gleitman, L. R., & Gleitman, H. 1983. What some concepts might not be. *Cognition*, *13*, 263–308. https://doi.org/10.1016/0010-0277(83)90012-4.

Ashby, F. G., Alfonso-Reese, L. A., Turken, A. U., & Waldron, E. M. 1998. A neuropsychological theory of multiple systems in category learning. *Psychological Review*, *105*, 442–81. https://doi.org/10.1037/0033-295X.105.3.442.

Astell, M. 1730/2010. *Some reflections upon marriage. To which is added a preface, in answer to some objections*. Farmington Hills, MI: Gale ECCO.

Bacon, F. 1620/2017. *Novum organum*. Seattle, WA: CreateSpace.

Bankoff, C. 2014. Dick Cheney simply does not care that the CIA tortured innocent people. *New York Magazine*, Dec. 14. https://nymag.com/intelligencer/2014/12/cheney-alright-with-torture-of-innocent-people.html.

Bar-Hillel, M. 1980. The base-rate fallacy in probability judgments. *Acta Psychologica*, *44*, 211–33. https://doi.org/10.1016/0001-6918(80)90046-3.

Baron, J. 2012. Applying evidence to social programs. *New York Times*, Nov. 29. https://economix.blogs.nytimes.com/2012/11/29/applying-evidence-to-social-programs/.

Baron, J. 2019. Actively open-minded thinking in politics. *Cognition*, *188*, 8–18. https://doi.org/10.1016/j.cognition.2018.10.004.

Baron, J., & Jost, J. T. 2019. False equivalence: Are liberals and conservatives in the United States equally biased? *Perspectives on Psychological Science*, *14*, 292–303. https://doi.org/10.1177/1745691618788876.

Basterfield, C., Lilienfeld, S. O., Bowes, S. M., & Costello, T. H. 2020. The Nobel disease: When intelligence fails to protect against irrationality. *Skeptical Inquirer*, May. https://skepticalinquirer.org/2020/05/the-nobel-disease-when-intelligence-fails-to-protect-against-irrationality/.

Batt, J. 2004. *Stolen innocence: A mother's fight for justice—the authorised story of Sally Clark*. London: Ebury Press.

Baumard, N., & Boyer, P. 2013. Religious beliefs as reflective elaborations on intuitions: A modified dual-process model. *Current Directions in Psychological Science*, *22*, 295–300. https://doi.org/10.1177/0963721413478610.

Baumeister, R. F., Stillwell, A., & Wotman, S. R. 1990. Victim and perpetrator accounts of interpersonal conflict: Autobiographical narratives about anger. *Journal of Personality and Social Psychology*, *59*, 994–1005. https://doi.org/10.1037/0022-3514.59.5.994.

Baumeister, R. F., & Tierney, J. 2012. *Willpower: Rediscovering the greatest human strength*. London: Penguin.

Bazelon, E., & Larimore, R. 2009. How often do women falsely cry rape? *Slate*, Oct. 1. https://slate.com/news-and-politics/2009/10/why-it-s-so-hard-to-quantify-false-rape-charges.html.

BBC News. 2004. Avoid gold teeth, says Turkmen leader. Apr. 7. http://news.bbc.co.uk/2/hi/asia-pacific/3607467.stm.

BBC News. 2020. The Crown: Netflix has "no plans" for a fiction warning. *BBC News*. https://www.bbc.com/news/entertainment-arts-55207871.

Beccaria, C. 1763/2010. *On crimes and punishments and other writings* (R. Davies, trans.; R. Bellamy, ed.). New York: Cambridge University Press.

Bell, E. T. 1947. *The development of mathematics* (2nd ed.). New York: McGraw-Hill.

Bentham, J. 1789. An introduction to the principles of morals and legislation. https://www.econlib.org/library/Bentham/bnthPML.html.

Bentham, J., & Crompton, L. 1785/1978. Offences against one's self: Paederasty (part I). *Journal of Homosexuality*, *3*, 389–405. https://doi.org/10.1300/J082v03n04_07.

Binmore, K. 1981. Do conventions need to be common knowledge? *Topoi*, *27*, 17–27. https://doi-org.ezp-prod1.hul.harvard.edu/10.1007/s11245-008-9033-4.

Binmore, K. 1991. *Fun and games: A text on game theory*. Boston: Houghton Mifflin.

Binmore, K. 2007. *Game theory: A very short introduction*. New York: Oxford University Press.

Blackwell, M. 2020. Black Lives Matter and the mechanics of conformity. *Quillette*, Sept. 17. https://quillette.com/2020/09/17/black-lives-matter-and-the-mechanics-of-conformity/.

Block, W. 1976/2018. *Defending the undefendable*. Auburn, AL: Ludwig von Mises Institute.

Bloom, P. 2003. *Descartes' baby: How the science of child development explains what makes us human*. New York: Basic Books.

Bond, M. 2009. Risk school. *Nature*, *461*, 1189–92, Oct. 28.

Bornstein, D. 2012. The dawn of the evidence-based budget. *New York Times*, May 30. https://opinionator.blogs.nytimes.com/2012/05/30/worthy-of-government-funding-prove-it.

Bornstein, D., & Rosenberg, T. 2016. When reportage turns to cynicism. *New York Times*, Nov. 14. https://www.nytimes.com/2016/11/15/opinion/when-reportage-turns-to-cynicism.html.

Braverman, B. 2018. Why you should steer clear of extended warranties. *Consumer Reports*, Dec. 22. https://www.consumerreports.org/extended-warranties/steer-clear-extended-warranties/.

Breyer, S. 1993. *Breaking the vicious circle: Toward effective risk regulation*. Cambridge, MA: Harvard University Press.

Bruine de Bruin, W., Parker, A. M., & Fischhoff, B. 2007. Individual differences in adult decision-making competence. *Journal of Personality and Social Psychology*, *92*, 938–56. https://doi.org/10.1037/0022-3514.92.5.938.

Brunvand, J. H. 2014. *Too good to be true: The colossal book of urban legends* (rev. ed.). New York: W. W. Norton.

Bump, P. 2020. Trump's effort to steal the election comes down to some utterly ridiculous statistical claims. *Washington Post*, Dec. 9. https://www.washingtonpost.com/politics/2020/12/09/trumps-effort-steal-election-comes-down-some-utterly-ridiculous-statistical-claims/.

Burns, K. 2010. At veterinary colleges, male students are in the minority. *American Veterinary Medical Association*, Feb. 15. https://www.avma.org/javma-news/2010-02-15/veterinary-colleges-male-students-are-minority.
Caldeira, K., Emanuel, K., Hansen, J., & Wigley, T. 2013. Top climate change scientists' letter to policy influencers. *CNN*, Nov. 3. https://www.cnn.com/2013/11/03/world/nuclear-energy-climate-change-scientists-letter/index.html.
Campbell, B., & Manning, J. 2018. *The rise of victimhood culture: Microaggressions, safe spaces, and the new culture wars*. London: Palgrave Macmillan.
Caplan, B. 2017. What's wrong with the rationality community. *EconLog*, Apr. 4. https://www.econlib.org/archives/2017/04/whats_wrong_wit_22.html.
Carroll, L. 1895. What the tortoise said to Achilles. *Mind*, *4*, 178–80.
Carroll, L. 1896/1977. Symbolic logic. In W. W. Bartley, ed., *Lewis Carroll's Symbolic Logic*. New York: Clarkson Potter.
Carroll, S. M. 2016. *The big picture: On the origins of life, meaning, and the universe itself*. New York: Penguin Random House.
Cesario, J., & Johnson, D. J. 2020. Statement on the retraction of "Officer characteristics and racial disparities in fatal officer-involved shootings." https://doi.org/10.31234/osf.io/dj57k.
Chagnon, N. A. 1992. *Yanomamö: The last days of Eden*. New York: Harcourt Brace.
Chagnon, N. A. 1997. *Yanomamö* (5th ed.). Fort Worth, TX: Harcourt Brace.
Chapman, L. J., & Chapman, J. P. 1967. Genesis of popular but erroneous psychodiagnostic observations. *Journal of Abnormal Psychology*, *72*, 193–204. https://doi.org/10.1037/h0024670.
Chapman, L. J., & Chapman, J. P. 1969. Illusory correlation as an obstacle to the use of valid psychodiagnostic signs. *Journal of Abnormal Psychology*, *74*, 271–80. https://doi.org/10.1037/h0027592.
Charlesworth, T. E. S., & Banaji, M. R. 2019. Patterns of implicit and explicit attitudes: I. Long-term change and stability from 2007 to 2016. *Psychological Science*, *30*, 174–92. https://doi.org/10.1177/0956797618813087.
Cheng, P. W., & Holyoak, K. J. 1985. Pragmatic reasoning schemas. *Cognitive Psychology*, *17*, 391–416. https://doi.org/10.1016/0010-0285(85)90014-3.
Chivers, T. 2019. *The AI does not hate you: Superintelligence, rationality and the race to save the world*. London: Weidenfeld & Nicolson.
Chomsky, N. 1972/2006. *Language and mind* (extended ed.). New York: Cambridge University Press.
Chwe, M. S.-Y. 2001. *Rational ritual: Culture, coordination, and common knowledge*. Princeton, NJ: Princeton University Press.
Clegg, L. F. 2012. Protean free will. Unpublished manuscript, California Institute of Technology. https://resolver.caltech.edu/CaltechAUTHORS:20120328-152031480.
Cohen, I. B. 1997. *Science and the Founding Fathers: Science in the political thought of Thomas Jefferson, Benjamin Franklin, John Adams, and James Madison*. New York: W. W. Norton.
Cohn, A., Maréchal, M. A., Tannenbaum, D., & Zünd, C. L. 2019. Civic honesty around the globe. *Science*, *365*, 70–73. https://doi.org/10.1126/science.aau8712.

Cohon, R. 2018. Hume's moral philosophy. In E. N. Zalta, ed., *The Stanford Encyclopedia of Philosophy*. https://plato.stanford.edu/entries/hume-moral/.

Cole, M., Gay, J., Glick, J., & Sharp, D. W. 1971. *The cultural context of learning and thinking*. New York: Basic Books.

Combs, B., & Slovic, P. 1979. Newspaper coverage of causes of death. *Journalism Quarterly, 56*, 837–43.

Cosmides, L. 1989. The logic of social exchange: Has natural selection shaped how humans reason? Studies with the Wason selection task. *Cognition, 31*, 187–276. https://doi.org/10.1016/0010-0277(89)90023-1.

Cosmides, L., & Tooby, J. 1996. Are humans good intuitive statisticians after all? Rethinking some conclusions from the literature on judgment under uncertainty. *Cognition, 58*, 1–73. https://doi.org/10.1016/0010-0277(95)00664-8.

Coyne, J. A. 2015. *Faith versus fact: Why science and religion are incompatible*. New York: Penguin.

Crockett, Z. 2015. The time everyone "corrected" the world's smartest woman. *Priceonomics*, Feb. 19. https://priceonomics.com/the-time-everyone-corrected-the-worlds-smartest/.

Curtis, G. N. 2020. The *Fallacy Files* taxonomy of logical fallacies. https://www.fallacyfiles.org/taxonnew.htm.

Dasgupta, P. 2007. The Stern Review's economics of climate change. *National Institute Economic Review, 199*, 4–7. https://doi.org/10.1177/0027950107077111.

Davis, D. B. 1984. *Slavery and human progress*. New York: Oxford University Press.

Dawes, R. M., Faust, D., & Meehl, P. E. 1989. Clinical versus actuarial judgment. *Science, 243*, 1668–74. https://doi.org/10.1126/science.2648573.

Dawkins, R. 1976/2016. *The selfish gene* (40th anniv. ed.). New York: Oxford University Press.

Dawkins, R. 2006. *The God delusion*. New York: Houghton Mifflin.

Dawson, E., Gilovich, T., & Regan, D. T. 2002. Motivated reasoning and performance on the Wason selection task. *Personality and Social Psychology Bulletin, 28*, 1379–87. https://doi.org/10.1177/014616702236869.

De Freitas, J., Thomas, K., DeScioli, P., & Pinker, S. 2019. Common knowledge, coordination, and strategic mentalizing in human social life. *Proceedings of the National Academy of Sciences, 116*, 13751–58. https://doi.org/10.1073/pnas.1905518116.

de Lazari-Radek, K., & Singer, P. 2012. The objectivity of ethics and the unity of practical reason. *Ethics, 123*, 9–31. https://doi.org/10.1086/667837.

De Zutter, A., Horselenberg, R., & van Koppen, P. J. 2017. The prevalence of false allegations of rape in the United States from 2006–2010. *Journal of Forensic Psychology, 2*. https://doi.org/10.4172/2475-319X.1000119.

Deary, I. J. 2001. *Intelligence: A very short introduction*. New York: Oxford University Press.

DellaVigna, S., & Kaplan, E. 2007. The Fox News effect: Media bias and voting. *Quarterly Journal of Economics, 122*, 1187–234. https://doi.org/10.1162/qjec.122.3.1187.

Dennett, D. C. 2006. *Breaking the spell: Religion as a natural phenomenon*. New York: Penguin.
Dennett, D. C. 2013. *Intuition pumps and other tools for thinking*. New York: W. W. Norton.
Ditto, P. H., Clark, C. J., Liu, B. S., Wojcik, S. P., Chen, E. E., et al. 2019. Partisan bias and its discontents. *Perspectives on Psychological Science, 14*, 304–16. https://doi.org/10.1177/1745691618817753.
Ditto, P. H., Liu, B. S., Clark, C. J., Wojcik, S. P., Chen, E. E., et al. 2019. At least bias is bipartisan: A meta-analytic comparison of partisan bias in liberals and conservatives. *Perspectives on Psychological Science, 14*, 273–91. https://doi.org/10.1177/1745691617746796.
Donaldson, H., Doubleday, R., Hefferman, S., Klondar, E., & Tummarello, K. 2011. Are talking heads blowing hot air? An analysis of the accuracy of forecasts in the political media. Hamilton College. https://www.hamilton.edu/documents/Analysis-of-Forcast-Accuracy-in-the-Political-Media.pdf.
Douglass, F. 1852/1999. What to the slave is the Fourth of July? In P. S. Foner, ed., *Frederick Douglass: Selected speeches and writings*. Chicago: Lawrence Hill.
Duffy, B. 2018. *The perils of perception: Why we're wrong about nearly everything*. London: Atlantic Books.
Eagle, A. 2019. Chance versus randomness. In E. N. Zalta, ed., *The Stanford Encyclopedia of Philosophy*. https://plato.stanford.edu/entries/chance-randomness/.
Earman, J. 2002. Bayes, Hume, Price, and miracles. *Proceedings of the British Academy, 113*, 91–109.
Edwards, A. W. F. 1996. Is the Pope an alien? *Nature, 382*, 202. https://doi.org/10.1038/382202b0.
Einstein, A. 1981. *Albert Einstein, the human side: New glimpses from his archives* (H. Dukas & B. Hoffman, eds.). Princeton, NJ: Princeton University Press.
Eisenstein, E. L. 2012. *The printing revolution in early modern Europe* (2nd ed.). New York: Cambridge University Press.
Eliot, G. 1883/2017. *Essays of George Eliot* (T. Pinney, ed.). Philadelphia: Routledge.
Ellickson, R. C. 1991. *Order without law: How neighbors settle disputes*. Cambridge, MA: Harvard University Press.
Elster, J., ed. 1998. *Deliberative democracy*. New York: Cambridge University Press.
Emerson, R. W. 1841/1993. *Self-reliance and other essays*. New York: Dover.
Erasmus, D. 1517/2017. *The complaint of peace: To which is added, Antipolemus; Or, the plea of reason, religion, and humanity, against war*. Miami, FL: HardPress.
Erceg, N., Galić, Z., & Bubić, A. 2019. "Dysrationalia" among university students: The role of cognitive abilities, different aspects of rational thought and self-control in explaining epistemically suspect beliefs. *Europe's Journal of Psychology, 15*, 159–75. https://doi.org/10.5964/ejop.v15i1.1696.
Evans, J. S. B. T. 2012. Dual-process theories of deductive reasoning: Facts and fallacies. In K. J. Holyoak & R. G. Morrison, eds., *The Oxford Handbook of Thinking and Reasoning*. Oxford: Oxford University Press.

Fabrikant, G. 2008. Humbler, after a streak of magic. *New York Times*, May 11. https://www.nytimes.com/2008/05/11/business/11bill.html.
Federal Aviation Administration. 2016. *Pilot's handbook of aeronautical knowledge*. Oklahoma City: US Department of Transportation. https://www.faa.gov/regulations_policies/handbooks_manuals/aviation/phak/media/pilot_handbook.pdf.
Federal Bureau of Investigation. 2019. Crime in the United States, expanded homicide data table 1. https://ucr.fbi.gov/crime-in-the-u.s/2019/crime-in-the-u.s.-2019/tables/expanded-homicide-data-table-1.xls.
Feller, W. 1968. *An introduction to probability theory and its applications*. New York: Wiley.
Fiddick, L., Cosmides, L., & Tooby, J. 2000. No interpretation without representation: The role of domain-specific representations and inferences in the Wason selection task. *Cognition*, 77, 1–79. https://doi.org/10.1016/S0010-0277(00)00085-8.
Finkel, E. J., Bail, C. A., Cikara, M., Ditto, P. H., Iyengar, S., et al. 2020. Political sectarianism in America. *Science*, *370*, 533–36. https://doi.org/10.1126/science.abe1715.
Fishkin, J. S. 2011. *When the people speak: Deliberative democracy and public consultation*. New York: Oxford University Press.
Flaherty, C. 2020. Failure to communicate: Professor suspended for saying a Chinese word that sounds like a racial slur in English. *Inside Higher Ed*. https://www.insidehighered.com/news/2020/09/08/professor-suspended-saying-chinese-word-sounds-english-slur.
Fodor, J. A. 1968. *Psychological explanation: An introduction to the philosophy of psychology*. New York: Random House.
Fox, C. 2020. Social media: How might it be regulated? *BBC News*, Nov. 12. https://www.bbc.com/news/technology-54901083.
Frank, R. H. 1988. *Passions within reason: The strategic role of the emotions*. New York: W. W. Norton.
Frederick, S. 2005. Cognitive reflection and decision making. *Journal of Economic Perspectives*, *19*, 25–42. https://doi.org/10.1257/089533005775196732.
French, C. 2012. Precognition studies and the curse of the failed replications. *The Guardian*, Mar. 15. http://www.theguardian.com/science/2012/mar/15/precognition-studies-curse-failed-replications.
Friedersdorf, C. 2018. Why can't people hear what Jordan Peterson is actually saying? *The Atlantic*, Jan. 22. https://www.theatlantic.com/politics/archive/2018/01/putting-monsterpaint-onjordan-peterson/550859/.
Friesen, J. P., Campbell, T. H., & Kay, A. C. 2015. The psychological advantage of unfalsifiability: The appeal of untestable religious and political ideologies. *Journal of Personality and Social Psychology*, *108*, 515–29. https://doi.org/10.1037/pspp0000018.
Galton, F. 1886. Regression toward mediocrity in hereditary stature. *Journal of the Anthropological Institute of Great Britain and Ireland*, *15*, 246–63.

Gampa, A., Wojcik, S. P., Motyl, M., Nosek, B. A., & Ditto, P. H. 2019. (Ideo) logical reasoning: Ideology impairs sound reasoning. *Social Psychological and Personality Science, 10*, 1075–83. https://doi.org/10.1177/1948550619829059.
Gardner, M. 1959. Problems involving questions of probability and ambiguity. *Scientific American, 201*, 174–82.
Gardner, M. 1972. Why the long arm of coincidence is usually not as long as it seems. *Scientific American, 227*.
Gelman, A., & Loken, E. 2014. The statistical crisis in science. *American Scientist, 102*, 460–65.
Gelman, S. A. 2005. *The essential child: Origins of essentialism in everyday thought*. New York: Oxford University Press.
Gettier, E. L. 1963. Is justified true belief knowledge? *Analysis, 23*, 121–23.
Gigerenzer, G. 1991. How to make cognitive illusions disappear: Beyond "heuristics and biases." *European Review of Social Psychology, 2*, 83–115. https://doi.org/10.1080/14792779143000033.
Gigerenzer, G. 1996. On narrow norms and vague heuristics: A reply to Kahneman and Tversky. *Psychological Review, 103*, 592–96. https://doi.org/10.1037/0033-295X.103.3.592.
Gigerenzer, G. 1998. Ecological intelligence: An adaptation for frequencies. In D. D. Cummins & C. Allen, eds., *The evolution of mind*. New York: Oxford University Press.
Gigerenzer, G. 2004. Gigerenzer's Law of Indispensable Ignorance. *Edge*. https://www.edge.org/response-detail/10224.
Gigerenzer, G. 2006. Out of the frying pan into the fire: Behavioral reactions to terrorist attacks. *Risk Analysis, 26*, 347–51. https://doi.org/10.1111/j.1539-6924.2006.00753.x.
Gigerenzer, G. 2008a. The evolution of statistical thinking. In G. Gigerenzer, ed., *Rationality for mortals: How people cope with uncertainty*. New York: Oxford University Press.
Gigerenzer, G. 2008b. *Rationality for mortals: How people cope with uncertainty*. New York: Oxford University Press.
Gigerenzer, G. 2011. What are natural frequencies? *BMJ, 343*, d6386. https://doi.org/10.1136/bmj.d6386.
Gigerenzer, G. 2014. Breast cancer screening pamphlets mislead women. *BMJ, 348*, g2636. https://doi.org/10.1136/bmj.g2636.
Gigerenzer, G. 2015. On the supposed evidence for libertarian paternalism. *Review of Philosophy and Psychology, 6*, 361–83. https://doi.org/10.1007/s13164-015-0248-1.
Gigerenzer, G. 2018a. The Bias Bias in behavioral economics. *Review of Behavioral Economics, 5*, 303–36. https://doi.org/10.1561/105.00000092.
Gigerenzer, G. 2018b. Statistical rituals: The replication delusion and how we got there. *Advances in Methods and Practices in Psychological Science, 1*, 198–218. https://doi.org/10.1177/2515245918771329.
Gigerenzer, G., & Garcia-Retamero, R. 2017. Cassandra's regret: The psychology of not wanting to know. *Psychological Review, 124*, 179–96.

Gigerenzer, G., Hertwig, R., Van Den Broek, E., Fasolo, B., & Katsikopoulos, K. V. 2005. "A 30% chance of rain tomorrow": How does the public understand probabilistic weather forecasts? *Risk Analysis: An International Journal, 25*, 623–29. https://doi.org/10.1111/j.1539-6924.2005.00608.x.
Gigerenzer, G., & Kolpatzik, K. 2017. How new fact boxes are explaining medical risk to millions. *BMJ, 357*, j2460. https://doi.org/10.1136/bmj.j2460.
Gigerenzer, G., Krauss, S., & Vitouch, O. 2004. The null ritual: What you always wanted to know about significance testing but were afraid to ask. In D. Kaplan, ed., *The Sage Handbook of Quantitative Methodology for the Social Sciences*. Thousand Oaks, CA: Sage.
Gigerenzer, G., Swijtink, Z., Porter, T., Daston, L., Beatty, J., et al. 1989. *The empire of chance: How probability changed science and everyday life*. New York: Cambridge University Press.
Gilbert, B. 2019. The 10 most-viewed fake-news stories on Facebook in 2019 were just revealed in a new report. *Business Insider*, Nov. 6. https://www.businessinsider.com/most-viewed-fake-news-stories-shared-on-facebook-2019-2019-11.
Gilovich, T., Vallone, R., & Tversky, A. 1985. The hot hand in basketball: On the misperception of random sequences. *Cognitive Psychology, 17*, 295–314. https://doi.org/10.1016/0010-0285(85)90010-6.
Glaeser, E. L. 2004. Psychology and the market. *American Economic Review, 94*, 408–13. http://www.jstor.org/stable/3592919.
Goda, G. S., Levy, M. R., Manchester, C. F., Sojourner, A., & Tasoff, J. 2015. The role of time preferences and exponential-growth bias in retirement savings. *National Bureau of Economic Research Working Paper Series*, no. 21482. https://doi.org/10.3386/w21482.
Goldstein-Rose, S. 2020. *The 100% solution: A plan for solving climate change*. New York: Melville House.
Goldstein, J. S. 2010. Chicken dilemmas: Crossing the road to cooperation. In I. W. Zartman & S. Touval, eds., *International cooperation: The extents and limits of multilateralism*. New York: Cambridge University Press.
Goldstein, J. S. 2011. *Winning the war on war: The decline of armed conflict worldwide*. New York: Penguin.
Goldstein, J. S., & Qvist, S. A. 2019. *A bright future: How some countries have solved climate change and the rest can follow*. New York: PublicAffairs.
Goldstein, J. S., Qvist, S. A., & Pinker, S. 2019. Nuclear power can save the world. *New York Times*, Apr. 6. https://www.nytimes.com/2019/04/06/opinion/sunday/climate-change-nuclear-power.html.
Goldstein, R. N. 2006. *Betraying Spinoza: The renegade Jew who gave us modernity*. New York: Nextbook/Schocken.
Goldstein, R. N. 2010. *36 arguments for the existence of God: A work of fiction*. New York: Pantheon.
Goldstein, R. N. 2013. *Plato at the Googleplex: Why philosophy won't go away*. New York: Pantheon.
Good, I. 1996. When batterer becomes murderer. *Nature, 381*, 481. https://doi.org/10.1038/381481a0.

Goodfellow, I., Bengio, Y., & Courville, A. 2016. *Deep learning*. Cambridge, MA: MIT Press.

Gould, S. J. 1988. The streak of streaks. *New York Review of Books*. https://www.nybooks.com/articles/1988/08/18/the-streak-of-streaks/.

Gould, S. J. 1999. *Rocks of ages: Science and religion in the fullness of life*. New York: Ballantine.

Gracyk, T. 2020. Hume's aesthetics. In E. N. Zalta, ed., *Stanford Encyclopedia of Philosophy*. https://plato.stanford.edu/archives/sum2020/entries/hume-aesthetics/.

Granberg, D., & Brown, T. A. 1995. The Monty Hall dilemma. *Personality & Social Psychology Bulletin, 21*, 711–23. https://doi.org/10.1177/0146167295217006.

Grayling, A. C. 2007. *Toward the light of liberty: The struggles for freedom and rights that made the modern Western world*. New York: Walker.

Green, D. M., & Swets, J. A. 1966. *Signal detection theory and psychophysics*. New York: Wiley.

Greene, J. 2013. *Moral tribes: Emotion, reason, and the gap between us and them*. New York: Penguin.

Grice, H. P. 1975. Logic and conversation. In P. Cole & J. L. Morgan, eds., *Syntax and semantics*, vol. 3, *Speech acts*. New York: Academic Press.

Haidt, J. 2012. *The righteous mind: Why good people are divided by politics and religion*. New York: Pantheon.

Haidt, J. 2016. Why universities must choose one telos: truth or social justice. *Heterodox Academy*, Oct. 16. https://heterodoxacademy.org/blog/one-telos-truth-or-social-justice-2/.

Hájek, A. 2019. Interpretations of probability. In E. N. Zalta, ed., *The Stanford Encyclopedia of Philosophy*. https://plato.stanford.edu/archives/fall2019/entries/probability-interpret/.

Hallsworth, M., & Kirkman, E. 2020. *Behavioral insights*. Cambridge, MA: MIT Press.

Hamilton, I. A. 2018. Jeff Bezos explains why his best decisions were based off intuition, not analysis. *Inc.*, Sept. 14. https://www.inc.com/business-insider/amazon-ceo-jeff-bezos-says-his-best-decision-were-made-when-he-followed-his-gut.html.

Harris, S. 2005. *The end of faith: Religion, terror, and the future of reason*. New York: W. W. Norton.

Hastie, R., & Dawes, R. M. 2010. *Rational choice in an uncertain world: The psychology of judgment and decision making* (2nd ed.). Los Angeles: Sage.

Henderson, L. 2020. The problem of induction. In E. N. Zalta, ed., *The Stanford Encyclopedia of Philosophy*. https://plato.stanford.edu/archives/spr2020/entries/induction-problem/.

Henrich, J., Heine, S. J., & Norenzayan, A. 2010. The weirdest people in the world? *Behavioral and Brain Sciences, 33*, 61–83. https://doi.org/10.1017/S0140525X0999152X.

Hertwig, R., & Engel, C. 2016. Homo ignorans: Deliberately choosing not to know. *Perspectives on Psychological Science, 11*, 359–72.

Hertwig, R., & Gigerenzer, G. 1999. The "conjunction fallacy" revisited: How intelligent inferences look like reasoning errors. *Journal of Behavioral Decision Making, 12*, 275–305. https://doi.org/10.1002/(SICI)1099-0771(199912)12:4<275::AID-BDM323>3.0.CO;2-M.

Hobbes, T. 1651/1957. *Leviathan*. New York: Oxford University Press.

Hoffrage, U., Lindsey, S., Hertwig, R., & Gigerenzer, G. 2000. Communicating statistical information. *Science, 290*, 2261–62. https://doi.org/10.1126/science.290.5500.2261.

Holland, P. W. 1986. Statistics and causal inference. *Journal of the American Statistical Association, 81*, 945–60. https://doi.org/10.2307/2289064.

Homer. 700 BCE/2018. *The Odyssey* (E. Wilson, trans.). New York: W. W. Norton.

Hood, B. 2009. *Supersense: Why we believe in the unbelievable*. New York: HarperCollins.

Horowitz, D. L. 2001. *The deadly ethnic riot*. Berkeley: University of California Press.

Hume, D. 1739/2000. *A treatise of human nature*. New York: Oxford University Press.

Hume, D. 1748/1999. *An enquiry concerning human understanding*. New York: Oxford University Press.

Hunt, L. 2007. *Inventing human rights: A history*. New York: W. W. Norton.

Ichikawa, J. J., & Steup, M. 2018. The analysis of knowledge. In E. N. Zalta, ed., *The Stanford Encyclopedia of Philosophy*. https://plato.stanford.edu/entries/knowledge-analysis/.

Ioannidis, J. P. A. 2005. Why most published research findings are false. *PLoS Medicine, 2*, e124. https://doi.org/10.1371/journal.pmed.0020124.

James, W. 1890/1950. *The principles of psychology*. New York: Dover.

Jarvis, S., Deschenes, O., & Jha, A. 2019. *The private and external costs of Germany's nuclear phase-out*. https://haas.berkeley.edu/wp-content/uploads/WP304.pdf.

Jenkins, S. 2020. The Crown's fake history is as corrosive as fake news. *The Guardian*, Nov. 16. http://www.theguardian.com/commentisfree/2020/nov/16/the-crown-fake-history-news-tv-series-royal-family-artistic-licence.

Jeszeck, C. A., Collins, M. J., Glickman, M., Hoffrey, L., & Grover, S. 2015. Retirement security: Most households approaching retirement have low savings. *United States Government Accountability Office*. https://www.gao.gov/assets/680/670153.pdf.

Johnson, D. J., & Cesario, J. 2020. Reply to Knox and Mummolo and Schimmack and Carlsson: Controlling for crime and population rates. *Proceedings of the National Academy of Sciences, 117*, 1264–65. https://doi.org/10.1073/pnas.1920184117.

Johnson, D. J., Tress, T., Burkel, N., Taylor, C., & Cesario, J. 2019. Officer characteristics and racial disparities in fatal officer-involved shootings. *Proceedings of the National Academy of Sciences, 116*, 15877–82. https://doi.org/10.1073/pnas.1903856116.

Johnson, S. 1963. *The letters of Samuel Johnson with Mrs. Thrale's genuine letters to him* (R. W. Chapman, ed.). New York: Oxford University Press.
Jones, J. M. 2018. Confidence in higher education down since 2015. *Gallup Blog*, Oct. 9. https://news.gallup.com/opinion/gallup/242441/confidence-higher-education-down-2015.aspx.
Joyner, J. 2011. Ranking the pundits: A study shows that most national columnists and talking heads are about as accurate as a coin flip. *Outside the Beltway*, May 3. https://www.outsidethebeltway.com/ranking-the-pundits/.
Kaba, M. 2020. Yes, we mean literally abolish the police. *New York Times*, June 12. https://www.nytimes.com/2020/06/12/opinion/sunday/floyd-abolish-defund-police.html.
Kahan, D. M. 2013. Ideology, motivated reasoning, and cognitive reflection. *Judgment and Decision Making*, *8*, 407–24. http://dx.doi.org/10.2139/ssrn.2182588.
Kahan, D. M. 2015. Climate-science communication and the measurement problem. *Political Psychology*, *36*, 1–43. https://doi.org/10.1111/pops.12244.
Kahan, D. M., Hoffman, D. A., Braman, D., Evans, D., & Rachlinski, J., J. 2012. "They saw a protest": Cognitive illiberalism and the speech-conduct distinction. *Stanford Law Review*, *64*, 851–906.
Kahan, D. M., Peters, E., Dawson, E. C., & Slovic, P. 2017. Motivated numeracy and enlightened self-government. *Behavioural Public Policy*, *1*, 54–86. 10.1017/bpp.2016.2.
Kahan, D. M., Peters, E., Wittlin, M., Slovic, P., Ouellette, L. L., et al. 2012. The polarizing impact of science literacy and numeracy on perceived climate change risks. *Nature Climate Change*, *2*, 732–35. https://doi.org/10.1038/nclimate1547.
Kahan, D. M., Wittlin, M., Peters, E., Slovic, P., Ouellette, L. L., et al. 2011. The tragedy of the risk-perception commons: Culture conflict, rationality conflict, and climate change. *Yale Law & Economics Research Paper*, *435*. http://dx.doi.org/10.2139/ssrn.1871503.
Kahneman, D. 2002. Daniel Kahneman—facts. *The Nobel Prize*. https://www.nobelprize.org/prizes/economic-sciences/2002/kahneman/facts/.
Kahneman, D. 2011. *Thinking, fast and slow*. New York: Farrar, Straus and Giroux.
Kahneman, D., Slovic, P., & Tversky, A. 1982. *Judgment under uncertainty: Heuristics and biases*. New York: Cambridge University Press.
Kahneman, D., & Tversky, A. 1972. Subjective probability: A judgment of representativeness. *Cognitive Psychology*, *3*, 430–54. https://doi.org/10.1016/0010-0285(72)90016-3.
Kahneman, D., & Tversky, A. 1979. Prospect theory: An analysis of decisions under risk. *Econometrica*, *47*, 313–27. https://doi.org/10.1142/9789814417358_0006.
Kahneman, D., & Tversky, A. 1996. On the reality of cognitive illusions. *Psychological Review*, *103*, 582–91. https://doi.org/10.1037/0033-295X.103.3.582.
Kaplan, R. D. 1994. The coming anarchy. *The Atlantic*. https://www.theatlantic.com/magazine/archive/1994/02/the-coming-anarchy/304670/.
Kelemen, D., & Rosset, E. 2009. The human function compunction: teleological explanation in adults. *Cognition*, *111*, 138–43. 10.1016/j.cognition.2009.01.001.

Kendler, K. S., Kessler, R. C., Walters, E. E., MacLean, C., Neale, M. C., et al. 2010. Stressful life events, genetic liability, and onset of an episode of major depression in women. *Focus*, *8*, 459–70. https://doi.org/10.1176/foc.8.3.foc459.
Kenny, C. 2011. *Getting better: Why global development is succeeding—and how we can improve the world even more*. New York: Basic Books.
Kessler, G., Rizzo, S., & Kelly, M. 2020. Trump is averaging more than 50 false or misleading claims a day. *Washington Post*, Oct. 22. https://www.washingtonpost.com/politics/2020/10/22/president-trump-is-averaging-more-than-50-false-or-misleading-claims-day/.
King, G., Keohane, R. O., & Verba, S. 1994. *Designing social inquiry: Scientific inference in qualitative research*. Princeton, NJ: Princeton University Press.
Kingdon, J. 1993. *Self-made man: Human evolution from Eden to extinction?* New York: Wiley.
Kissinger, H. 2018. How the Enlightenment ends. *The Atlantic*, June. https://www.theatlantic.com/magazine/archive/2018/06/henry-kissinger-ai-could-mean-the-end-of-human-history/559124/.
Knox, D., & Mummolo, J. 2020. Making inferences about racial disparities in police violence. *Proceedings of the National Academy of Sciences*, *117*, 1261–62. https://doi.org/10.1073/pnas.1919418117.
Kors, A. C., & Silverglate, H. A. 1998. *The shadow university: The betrayal of liberty on America's campuses*. New York: Free Press.
Kräenbring, J., Monzon Penza, T., Gutmann, J., Muehlich, S., Zolk, O., et al. 2014. Accuracy and completeness of drug information in Wikipedia: A comparison with standard textbooks of pharmacology. *PLoS ONE*, *9*, e106930. https://doi.org/10.1371/journal.pone.0106930.
Krämer, W., & Gigerenzer, G. 2005. How to confuse with statistics, or: The use and misuse of conditional probabilities. *Statistical Science*, *20*, 223–30. https://doi.org/10.1214/088342305000000029.
Kunda, Z. 1990. The case for motivated reasoning. *Psychological Bulletin*, *108*, 480–98. https://doi.org/10.1037/0033-2909.108.3.480.
Laibson, D. 1997. Golden eggs and hyperbolic discounting. *Quarterly Journal of Economics*, *112*, 443–77. https://doi.org/10.1162/003355397555253.
Lake, B. M., Ullman, T. D., Tenenbaum, J. B., & Gershman, S. J. 2017. Building machines that learn and think like people. *Behavioral and Brain Sciences*, *39*, 1–101. https://doi.org/10.1017/S0140525X16001837.
Lane, R. 2021. A truth reckoning: Why we're holding those who lied for Trump accountable. *Forbes*, Jan. 7. https://www.forbes.com/sites/randalllane/2021/01/07/a-truth-reckoning-why-were-holding-those-who-lied-for-trump-accountable/?sh=5fedd2605710.
Lankford, A., & Madfis, E. 2018. Don't name them, don't show them, but report everything else: A pragmatic proposal for denying mass killers the attention they seek and deterring future offenders. *American Behavioral Scientist*, *62*, 260–79. https://doi.org/10.1177/0002764217730854.
Lee, R. B., & Daly, R., eds. 1999. *The Cambridge Encyclopedia of Hunters and Gatherers*. Cambridge, UK: Cambridge University Press.

Lehrer, J. 2010. The truth wears off. *New Yorker*, Dec. 6. https://www.newyorker.com/magazine/2010/12/13/the-truth-wears-off.

Leibniz, G. W. 1679/1989. On universal synthesis and analysis, or the art of discovery and judgment. In L. E. Loemker, ed., *Philosophical papers and letters*. New York: Springer.

Levitt, S. D., & Dubner, S. J. 2009. *Freakonomics: A rogue economist explores the hidden side of everything*. New York: William Morrow.

Lewis-Kraus, G. 2016. The great A.I. awakening. *New York Times Magazine*, Dec. 14, p. 12. https://www.nytimes.com/2016/12/14/magazine/the-great-ai-awakening.html.

Lewis, D. K. 1969. *Convention: A philosophical study*. Cambridge, MA: Harvard University Press.

Lewis, M. 2016. *The undoing project: A friendship that changed our minds*. New York: W. W. Norton.

Lewis, M. K. 2016. *Too dumb to fail: How the GOP betrayed the Reagan revolution to win elections (and how it can reclaim its conservative roots)*. New York: Hachette.

Liberman, M. Y. 2004. If P, so why not Q? *Language Log*, Aug. 5. http://itre.cis.upenn.edu/~myl/languagelog/archives/001314.html.

Lichtenstein, S., & Slovic, P. 1971. Reversals of preference between bids and choices in gambling decisions. *Journal of Experimental Psychology*, *89*, 46–55. https://doi.org/10.1037/h0031207.

Liebenberg, L. 1990. *The art of tracking: The origin of science*. Cape Town: David Philip.

Liebenberg, L. 2013/2021. *The origin of science: The evolutionary roots of scientific reasoning and its implications for tracking science* (2nd ed.). Cape Town: CyberTracker.

Liebenberg, L. 2020. Notes on tracking and trapping: Examples of hunter-gatherer ingenuity. Unpublished manuscript.

Liebenberg, L., //Ao, /A., Lombard, M., Shermer, M., Xhukwe, /U., et al. 2021. Tracking science: An alternative for those excluded by citizen science. *Citizen science: Theory and practice*. In press.

Lilienfeld, S. O., Ammirati, R., & Landfield, K. 2009. Giving debiasing away: Can psychological research on correcting cognitive errors promote human welfare? *Perspectives on Psychological Science*, *4*, 390–98. https://doi.org/10.1111/j.1745-6924.2009.01144.x.

Locke, J. 1689/2015. *The second treatise of civil government*. Peterborough, Ont.: Broadview Press.

Lockwood, A. H., Welker-Hood, K., Rauch, M., & Gottlieb, B. 2009. *Coal's assault on human health: A report from Physicians for Social Responsibility*. https://www.psr.org/blog/resource/coals-assault-on-human-health/.

Loftus, E. F., Doyle, J. M., Dysart, J. E., & Newirth, K. A. 2019. *Eyewitness testimony: Civil and criminal* (6th ed.). Dayton, OH: LexisNexis.

Lord, C. G., Ross, L., & Lepper, M. R. 1979. Biased assimilation and attitude polarization: The effects of prior theories on subsequently considered evidence. *Journal of Personality and Social Psychology, 37*, 2098–2109. https://doi.org/10.1037/0022-3514.37.11.2098.

Luce, R. D., & Raiffa, H. 1957. *Games and decisions: Introduction and critical survey.* New York: Dover.

Lukianoff, G. 2012. *Unlearning liberty: Campus censorship and the end of American debate.* New York: Encounter Books.

Lukianoff, G., & Haidt, J. 2018. *The coddling of the American mind: How good intentions and bad ideas are setting up a generation for failure.* New York: Penguin.

Lynn, S. K., Wormwood, J. B., Barrett, L. F., & Quigley, K. S. 2015. Decision making from economic and signal detection perspectives: Development of an integrated framework. *Frontiers in Psychology, 6.* https://doi.org/10.3389/fpsyg.2015.00952.

Lyttleton, J. 2020. Social media is determined to slow the spread of conspiracy theories like QAnon. Can they? *Millennial Source*, Oct. 28. https://themilsource.com/2020/10/28/social-media-determined-to-slow-spread-conspiracy-theories-like-qanon-can-they/.

MacAskill, W. 2015. *Doing good better: Effective altruism and how you can make a difference.* New York: Penguin.

Maines, R. 2007. Why are women crowding into schools of veterinary medicine but are not lining up to become engineers? *Cornell Chronicle*, June 12. https://news.cornell.edu/stories/2007/06/why-women-become-veterinarians-not-engineers.

Mann, T. E., & Ornstein, N. J. 2012/2016. *It's even worse than it looks: How the American Constitutional system collided with the new politics of extremism* (new ed.). New York: Basic Books.

Marcus, G. F. 2000. Two kinds of representation. In E. Dietrich & A. B. Markman, eds., *Cognitive dynamics: Conceptual and representational change in humans and machines.* Mahwah, NJ: Erlbaum.

Marcus, G. F. 2018. The deepest problem with deep learning. *Medium*, Dec. 1. https://medium.com/@GaryMarcus/the-deepest-problem-with-deep-learning-91c5991f5695.

Marcus, G. F., & Davis, E. 2019. *Rebooting AI: Building artificial intelligence we can trust.* New York: Penguin Random House.

Marlowe, F. 2010. *The Hadza: Hunter-gatherers of Tanzania.* Berkeley: University of California Press.

Martin, G. J., & Yurukoglu, A. 2017. Bias in cable news: Persuasion and polarization. *American Economic Review, 107*, 2565–99. https://doi.org/10.1257/aer.20160812.

Maymin, P. Z., & Langer, E. J. 2021. Cognitive biases and mindfulness. *Humanities and Social Sciences Communications, 8*, 40. https://doi.org/10.1057/s41599-021-00712-1.

Maynard Smith, J. 1982. *Evolution and the theory of games.* New York: Cambridge University Press.

McCarthy, J. 2015. More Americans say crime is rising in U.S. *Gallup*, Oct. 22. https://news.gallup.com/poll/186308/americans-say-crime-rising.aspx.

McCarthy, J. 2019. Americans still greatly overestimate U.S. gay population. *Gallup*. https://news.gallup.com/poll/259571/americans-greatly-overestimate-gay-population.aspx.

McCawley, J. D. 1993. *Everything that linguists have always wanted to know about logic—but were ashamed to ask* (2nd ed.). Chicago: University of Chicago Press.

McClure, S. M., Laibson, D., Loewenstein, G., & Cohen, J. D. 2004. Separate neural systems value immediate and delayed monetary rewards. *Science, 306*, 503–7. https://doi.org/10.1126/science.1100907.

McGinn, C. 2012. *Truth by analysis: Games, names, and philosophy*. New York: Oxford University Press.

McNeil, B. J., Pauker, S. G., Sox, H. C., Jr., & Tversky, A. 1982. On the elicitation of preferences for alternative therapies. *New England Journal of Medicine, 306*, 1259–62. https://doi.org/10.1056/NEJM198205273062103.

Meehl, P. E. 1954/2013. *Clinical versus statistical prediction: A theoretical analysis and a review of the evidence*. Brattleboro, VT: Echo Point Books.

Mellers, B. A., Hertwig, R., & Kahneman, D. 2001. Do frequency representations eliminate conjunction effects? An exercise in adversarial collaboration. *Psychological Science, 12*, 269–75. https://doi.org/10.1111/1467-9280.00350.

Mellers, B. A., Ungar, L., Baron, J., Ramos, J., Gurcay, B., et al. 2014. Psychological strategies for winning a geopolitical forecasting tournament. *Psychological Science, 25*, 1106–15. https://doi.org/10.1177/0956797614524255.

Mercier, H. 2020. *Not born yesterday: The science of who we trust and what we believe*. Princeton, NJ: Princeton University Press.

Mercier, H., & Sperber, D. 2011. Why do humans reason? Arguments for an argumentative theory. *Behavioral and Brain Sciences, 34*, 57–111. https://doi.org/10.1017/S0140525X10000968.

Mercier, H., & Sperber, D. 2017. *The enigma of reason*. Cambridge, MA: Harvard University Press.

Mercier, H., Trouche, E., Yama, H., Heintz, C., & Girotto, V. 2015. Experts and laymen grossly underestimate the benefits of argumentation for reasoning. *Thinking & Reasoning, 21*, 341–55. https://doi.org/10.1080/13546783.2014.981582.

Michel, J.-B., Shen, Y. K., Aiden, A. P., Veres, A., Gray, M. K., The Google Books Team, Pickett, J. P., Hoiberg, D., Clancy, D. , Norvig, P., Orwant, J., Pinker, S., Nowak, M., & Lieberman-Aiden, E. 2011. Quantitative analysis of culture using millions of digitized books. *Science*, 331, 176–82.

Millenson, J. R. 1965. An inexpensive Geiger gate for controlling probabilities of events. *Journal of the Experimental Analysis of Behavior, 8*, 345–46.

Miller, J. B., & Sanjurjo, A. 2018. Surprised by the hot hand fallacy? A truth in the law of small numbers. *Econometrica, 86*, 2019–47. https://doi.org/10.3982/ECTA14943.

Miller, J. B., & Sanjurjo, A. 2019. A bridge from Monty Hall to the hot hand: The principle of restricted choice. *Journal of Economic Perspectives, 33*, 144–62. https://doi.org/10.1257/jep.33.3.144.

Mischel, W., & Baker, N. 1975. Cognitive appraisals and transformations in delay behavior. *Journal of Personality and Social Psychology, 31*, 254–61. https://doi.org/10.1037/h0076272.

Mlodinow, L. 2009. *The drunkard's walk: How randomness rules our lives.* New York: Vintage.

Moore, D. W. 2005. Three in four Americans believe in paranormal. *Gallup*, Jun. 16. https://news.gallup.com/poll/16915/three-four-americans-believe-paranormal.aspx.

Morewedge, C. K., Yoon, H., Scopelliti, I., Symborski, C. W., Korris, J. H., et al. 2015. Debiasing decisions: Improved decision making with a single training intervention. *Policy Insights from the Behavioral and Brain Sciences, 2*, 129–40. https://doi.org/10.1177/2372732215600886.

Mueller, J. 2006. *Overblown: How politicians and the terrorism industry inflate national security threats, and why we believe them.* New York: Free Press.

Mueller, J. 2021. *The stupidity of war: American foreign policy and the case for complacency.* New York: Cambridge University Press.

Myers, D. G. 2008. *A friendly letter to skeptics and atheists.* New York: Wiley.

Nagel, T. 1970. *The possibility of altruism.* Princeton, NJ: Princeton University Press.

Nagel, T. 1997. *The last word.* New York: Oxford University Press.

National Research Council. 2003. The polygraph and lie detection. Washington, DC: National Academies Press.

National Research Council. 2009. *Strengthening forensic science in the United States: A path forward.* Washington, DC: National Academies Press.

National Science Board. 2014. *Science and Engineering Indicators 2014.* Alexandria, VA: National Science Foundation. https://www.nsf.gov/statistics/seind14/index.cfm/home.

National Science Board. 2020. *The State of U.S. Science and Engineering 2020.* Alexandria, VA: National Science Foundation. https://ncses.nsf.gov/pubs/nsb20201/.

Nature editors. 2020a. A four-year timeline of Trump's impact on science. *Nature*, Oct. 5. https://doi.org/10.1038/d41586-020-02814-3.

Nature editors. 2020b. In praise of replication studies and null results. *Nature, 578*, 489–90. https://doi.org/10.1038/d41586-020-00530-6.

Nickerson, R. S. 1996. Hempel's paradox and Wason's selection task: Logical and psychological puzzles of confirmation. *Thinking & Reasoning, 2*, 1–31. https://doi.org/10.1080/135467896394546

Nickerson, R. S. 1998. Confirmation bias: A ubiquitous phenomenon in many guises. *Review of General Psychology, 2*, 175–220. https://doi.org/10.1037/1089-2680.2.2.175.

Nolan, D., Bremer, M., Tupper, S., Malakhoff, L., & Medeiros, C. 2019. *Barnstable County high crash locations: Cape Cod Commission.* https://www.capecodcommission.org/resource-library/file/?url=/dept/commission/team/tr/Reference/Safety-General/Top50CrashLocs_2018Final.pdf.

Norberg, J. 2016. *Progress: Ten reasons to look forward to the future*. London: Oneworld.
Nordhaus, W. 2007. Critical assumptions in the Stern Review on climate change. *Science*, *317*, 201–2. https://doi.org/10.1126/science.1137316.
Norenzayan, A., Smith, E. E., Kim, B., & Nisbett, R. E. 2002. Cultural preferences for formal versus intuitive reasoning. *Cognitive Science*, *26*, 653–84.
Norman, A. 2016. Why we reason: Intention-alignment and the genesis of human rationality. *Biology and Philosophy*, *31*, 685–704. https://doi.org/10.1007/s10539-016-9532-4.
Norman, A. 2021. *Mental immunity: Infectious ideas, mind parasites, and the search for a better way to think*. New York: HarperCollins.
Nyhan, B. 2013. Building a better correction: Three lessons from new research on how to counter misinformation. *Columbia Journalism Review*. http://archives.cjr.org/united_states_project/building_a_better_correction_nyhan_new_misperception_research.php.
Nyhan, B. 2018. Fake news and bots may be worrisome, but their political power is overblown. *New York Times*, Feb. 13. https://www.nytimes.com/2018/02/13/upshot/fake-news-and-bots-may-be-worrisome-but-their-political-power-is-overblown.html.
Nyhan, B., & Reifler, J. 2012. *Misinformation and fact-checking: Research findings from social science*. Washington, DC: New America Foundation.
Nyhan, B., & Reifler, J. 2019. The roles of information deficits and identity threat in the prevalence of misperceptions. *Journal of Elections, Public Opinion and Parties*, *29*, 222–44. https://doi.org/10.1080/17457289.2018.1465061.
O'Keefe, S. M. 2020. One in three Americans would not get COVID-19 vaccine. *Gallup*, Aug. 7. https://news.gallup.com/poll/317018/one-three-americans-not-covid-vaccine.aspx.
Open Science Collaboration. 2015. Estimating the reproducibility of psychological science. *Science*, *349*. https://doi.org/10.1126/science.aac4716.
Paresky, P., Haidt, J., Strossen, N., & Pinker, S. 2020. The New York Times surrendered to an outrage mob. Journalism will suffer for it. *Politico*, May 14. https://www.politico.com/news/magazine/2020/05/14/bret-stephens-new-york-times-outrage-backlash-256494.
Parker, A. M., Bruine de Bruin, W., Fischhoff, B., & Weller, J. 2018. Robustness of decision-making competence: Evidence from two measures and an 11-year longitudinal study. *Journal of Behavioral Decision Making*, *31*, 380–91. https://doi.org/10.1002/bdm.2059.
Pashler, H., & Wagenmakers, E. J. 2012. Editors' introduction to the special section on replicability in psychological science: A crisis of confidence? *Perspectives on Psychological Science*, 7, 528–30. https://doi.org/10.1177/1745691612465253.
Paulos, J. A. 1988. *Innumeracy: Mathematical illiteracy and its consequences*. New York: Macmillan.
Payne, J. L. 2004. *A history of force: Exploring the worldwide movement against habits of coercion, bloodshed, and mayhem*. Sandpoint, ID: Lytton.

Pearl, J. 2000. *Causality: Models, reasoning, and inference.* New York: Cambridge University Press.
Pearl, J., & Mackenzie, D. 2018. *The book of why: The new science of cause and effect.* New York: Basic Books.
Pennycook, G., Cannon, T. D., & Rand, D. G. 2018. Prior exposure increases perceived accuracy of fake news. *Journal of Experimental Psychology: General, 147*, 1865–80. https://doi.org/10.1037/xge0000465.
Pennycook, G., Cheyne, J. A., Koehler, D. J., & Fugelsang, J. A. 2020. On the belief that beliefs should change according to evidence: Implications for conspiratorial, moral, paranormal, political, religious, and science beliefs. *Judgment and Decision Making, 15*, 476–98. https://doi.org/10.31234/osf.io/a7k96.
Pennycook, G., Cheyne, J. A., Seli, P., Koehler, D. J., & Fugelsang, J. A. 2012. Analytic cognitive style predicts religious and paranormal belief. *Cognition, 123*, 335–46. https://doi.org/10.1016/j.cognition.2012.03.003.
Pennycook, G., & Rand, D. G. 2020a. The cognitive science of fake news. https://psyarxiv.com/ar96c.
Pennycook, G., & Rand, D. G. 2020b. Who falls for fake news? The roles of bullshit receptivity, overclaiming, familiarity, and analytic thinking. *Journal of Personality, 88*, 185–200. https://doi.org/10.1111/jopy.12476.
Pew Forum on Religion and Public Life. 2009. *Many Americans mix multiple faiths.* Washington: Pew Research Center. https://www.pewforum.org/2009/12/09/many-americans-mix-multiple-faiths/.
Pinker, S. 1994/2007. *The language instinct.* New York: HarperCollins.
Pinker, S. 1997/2009. *How the mind works.* New York: W. W. Norton.
Pinker, S. 1999/2011. *Words and rules: The ingredients of language.* New York: HarperCollins.
Pinker, S. 2002/2016. *The blank slate: The modern denial of human nature.* New York: Penguin.
Pinker, S. 2007. *The stuff of thought: Language as a window into human nature.* New York: Viking.
Pinker, S. 2010. The cognitive niche: Coevolution of intelligence, sociality, and language. *Proceedings of the National Academy of Sciences, 107*, 8993–99. https://doi.org/10.1073/pnas.0914630107.
Pinker, S. 2011. *The better angels of our nature: Why violence has declined.* New York: Viking.
Pinker, S. 2012. Why are states so red and blue? *New York Times*, Oct. 24. http://opinionator.blogs.nytimes.com/2012/10/24/why-are-states-so-red-and-blue/?_r=0.
Pinker, S. 2015. Rock star psychologist Steven Pinker explains why #thedress looked white, not blue. *Forbes*, Feb. 28. https://www.forbes.com/sites/matthewherper/2015/02/28/psychologist-and-author-stephen-pinker-explains-thedress/.
Pinker, S. 2018. *Enlightenment now: The case for reason, science, humanism, and progress.* New York: Viking.
Pinker, S., & Mehler, J., eds. 1988. *Connections and symbols.* Cambridge, MA: MIT Press.

Pinker, S., & Prince, A. 2013. The nature of human concepts: Evidence from an unusual source. In S. Pinker, ed., *Language, cognition, and human nature: Selected articles*. New York: Oxford University Press.

Plato. 399–390 BCE/2002. Euthyphro (G. M. A. Grube, trans.). In J. M. Cooper, ed., *Plato: Five dialogues—Euthyphro, Apology, Crito, Meno, Phaedo* (2nd ed.). Indianapolis: Hackett.

Polderman, T. J. C., Benyamin, B., de Leeuw, C. A., Sullivan, P. F., van Bochoven, A., et al. 2015. Meta-analysis of the heritability of human traits based on fifty years of twin studies. *Nature Genetics*, *47*, 702–9. https://doi.org/10.1038/ng.3285.

Popper, K. R. 1983. *Realism and the aim of science*. London: Routledge.

Poundstone, W. 1992. *Prisoner's dilemma: John von Neumann, game theory, and the puzzle of the bomb*. New York: Anchor.

President's Council of Advisors on Science and Technology. 2016. *Report to the President: Forensic science in criminal courts: ensuring scientific validity of feature-comparison methods*. https://obamawhitehouse.archives.gov/sites/default/files/microsites/ostp/PCAST/pcast_forensic_science_report_final.pdf.

Priest, G. 2017. *Logic: A very short introduction* (2nd ed.). New York: Oxford University Press.

Proctor, R. N. 2000. *The Nazi war on cancer*. Princeton, NJ: Princeton University Press.

Pronin, E., Lin, D. Y., & Ross, L. 2002. The bias blind spot: Perceptions of bias in self versus others. *Personality and Social Psychology Bulletin*, *28*, 369–81. https://doi.org/10.1177/0146167202286008.

Purves, D., & Lotto, R. B. 2003. *Why we see what we do: An empirical theory of vision*. Sunderland, MA: Sinauer.

Rachels, J., & Rachels, S. 2010. *The elements of moral philosophy* (6th ed.). Columbus, OH: McGraw-Hill.

Raemon. 2017. What exactly is the "Rationality Community?" *LessWrong*, Apr. 9. https://www.lesswrong.com/posts/s8yvtCbbZW2S4WnhE/what-exactly-is-the-rationality-community.

Railton, P. 1986. Moral realism. *Philosophical Review*, *95*, 163–207. https://doi.org/10.2307/2185589.

Rauch, J. 2018. The constitution of knowledge. *National Affairs*, Fall 2018. https://www.nationalaffairs.com/publications/detail/the-constitution-of-knowledge.

Rauch, J. 2021. *The constitution of knowledge: A defense of truth*. Washington, DC: Brookings Institution Press.

Richardson, J., Smith, A., Meaden, S., & Flip Creative. 2020. Thou shalt not commit logical fallacies. https://yourlogicalfallacyis.com/.

Richardson, L. F. 1960. *Statistics of deadly quarrels*. Pittsburgh: Boxwood Press.

Ridley, M. 1997. *The origins of virtue: Human instincts and the evolution of cooperation*. New York: Viking.

Ridley, M. 2010. *The rational optimist: How prosperity evolves*. New York: HarperCollins.

Ritchie, H. 2018. Causes of death. *Our World in Data*. https://ourworldindata.org/causes-of-death.

Ritchie, S. 2015. *Intelligence: All that matters*. London: Hodder & Stoughton.
Ropeik, D. 2010. *How risky is it, really? Why our fears don't always match the facts*. New York: McGraw-Hill.
Rosch, E. 1978. Principles of categorization. In E. Rosch & B. B. Lloyd, eds., *Cognition and categorization*. Hillsdale, NJ: Erlbaum.
Rosen, J. 1996. The bloods and the crits. *New Republic*, Dec. 9. https://newrepublic.com/article/74070/the-bloods-and-the-crits.
Rosenthal, E. C. 2011. *The complete idiot's guide to game theory*. New York: Penguin.
Roser, M. 2016. Economic growth. *Our World in Data*. https://ourworldindata.org/economic-growth.
Roser, M., Ortiz-Ospina, E., & Ritchie, H. 2013. Life expectancy. *Our World in Data*. https://ourworldindata.org/life-expectancy.
Roser, M., Ritchie, H., Ortiz-Ospina, E., & Hasell, J. 2020. Coronavirus pandemic (COVID-19). *Our World in Data*. https://ourworldindata.org/coronavirus.
Rosling, H. 2019. *Factfulness: Ten reasons we're wrong about the world—and why things are better than you think*. New York: Flatiron.
Roth, G. A., Abate, D., Abate, K. H., Abay, S. M., Abbafati, C., et al. 2018. Global, regional, and national age-sex-specific mortality for 282 causes of death in 195 countries and territories, 1980–2017: A systematic analysis for the Global Burden of Disease Study 2017. *The Lancet*, *392*, 1736–88. https://doi.org/10.1016/S0140-6736(18)32203-7.
Rumelhart, D. E., Hinton, G. E., & Williams, R. J. 1986. Learning representations by back-propagating errors. *Nature*, *323*, 533–36. https://doi.org/10.1038/323533a0.
Rumelhart, D. E., McClelland, J. L., & PDP Research Group. 1986. *Parallel distributed processing: Explorations in the microstructure of cognition*, vol. 1, *Foundations*. Cambridge, MA: MIT Press.
Rumney, P. N. S. 2006. False allegations of rape. *Cambridge Law Journal*, *65*, 128–58. https://doi.org/10.1017/S0008197306007069.
Russell, B. 1950/2009. *Unpopular essays*. Philadelphia: Routledge.
Russell, B. 1969. Letter to Mr. Major. In B. Feinberg & R. Kasrils, eds., *Dear Bertrand Russell: A selection of his correspondence with the general public, 1950–1968*. London: Allen & Unwin.
Russett, B., & Oneal, J. R. 2001. *Triangulating peace: Democracy, interdependence, and international organizations*. New York: W. W. Norton.
Sá, W., West, R. F., & Stanovich, K. E. 1999. The domain specificity and generality of belief bias: Searching for a generalizable critical thinking skill. *Journal of Educational Psychology*, *91*, 497–510. https://doi.org/10.1037/0022-0663.91.3.497.
Saenen, L., Heyvaert, M., Van Dooren, W., Schaeken, W., & Onghena, P. 2018. Why humans fail in solving the Monty Hall dilemma: A systematic review. *Psychologica Belgica*, *58*, 128–58. https://doi.org/10.5334/pb.274.
Sagan, S. D., & Suri, J. 2003. The madman nuclear alert: Secrecy, signaling, and safety in October 1969. *International Security*, *27*, 150–83.

Saldin, R. P. & Teles, S. M. 2020. *Never Trump: The revolt of the conservative elites.* New York: Oxford University Press.
Salganik, M. J., Lundberg, I., Kindel, A. T., Ahearn, C. E., Al-Ghoneim, K., et al. 2020. Measuring the predictability of life outcomes with a scientific mass collaboration. *Proceedings of the National Academy of Sciences, 117*, 8398–403. https://doi.org/10.1073/pnas.1915006117.
Satel, S. 2008. *When altruism isn't enough: The case for compensating kidney donors.* Washington, DC: AEI Press.
Savage, I. 2013. Comparing the fatality risks in United States transportation across modes and over time. *Research in Transportation Economics, 43*, 9–22. https://doi.org/10.1016/j.retrec.2012.12.011.
Savage, L. J. 1954. *The foundations of statistics.* New York: Wiley.
Schelling, T. C. 1960. *The strategy of conflict.* Cambridge, MA: Harvard University Press.
Schelling, T. C. 1984. The intimate contest for self-command. In T. C. Schelling, ed., *Choice and consequence: Perspectives of an errant economist.* Cambridge, MA: Harvard University Press.
Schneps, L., & Colmez, C. 2013. *Math on trial: How numbers get used and abused in the courtroom.* New York: Basic Books.
Scott-Phillips, T. C., Dickins, T. E., & West, S. A. 2011. Evolutionary theory and the ultimate–proximate distinction in the human behavioral sciences. *Perspectives on Psychological Science, 6*, 38–47. https://doi.org/10.1177/1745691610393528.
Scribner, S., & Cole, M. 1973. Cognitive consequences of formal and informal education. *Science, 182*, 553–59. https://doi.org/10.1126/science.182.4112.553.
Seebach, L. 1994. The fixation with the last 10 percent of risk. *Baltimore Sun*, Apr. 13. https://www.baltimoresun.com/news/bs-xpm-1994-04-13-1994103157-story.html.
Selvin, S. 1975. A problem in probability. *American Statistician, 29*, 67. https://www.jstor.org/stable/2683689.
Serwer, A. 2006. The greatest money manager of our time. *CNN Money*, Nov. 15. https://money.cnn.com/magazines/fortune/fortune_archive/2006/11/27/8394343/index.htm.
Shackel, N. 2014. Motte and bailey doctrines. https://blog.practicalethics.ox.ac.uk/2014/09/motte-and-bailey-doctrines/.
Sherman, C. 2019. The shark attack that changed Cape Cod forever. *Boston Magazine*, May 14. https://www.bostonmagazine.com/news/2019/05/14/cape-cod-sharks/.
Shermer, M. 1997. *Why people believe weird things.* New York: Freeman.
Shermer, M. 2008. The doping dilemma: Game theory helps to explain the pervasive abuse of drugs in cycling, baseball, and other sports. *Scientific American*, 32–39, Apr.
Shermer, M. 2012. *The believing brain: From ghosts and gods to politics and conspiracies.* New York: St. Martin's Press.
Shermer, M. 2015. *The moral arc: How science and reason lead humanity toward truth, justice, and freedom.* New York: Henry Holt.

Shermer, M. 2020a. COVID-19 conspiracists and their discontents. *Quillette*, May 7. https://quillette.com/2020/05/07/covid-19-conspiracists-and-their-discontents/.
Shermer, M. 2020b. The top ten weirdest things countdown. *Skeptic*. https://www.skeptic.com/reading_room/the-top-10-weirdest-things/.
Shermer, M. 2020c. Why people believe conspiracy theories. *Skeptic*, *25*, 12–17.
Shtulman, A. 2017. *Scienceblind: Why our intuitive theories about the world are so often wrong*. New York: Basic Books.
Shubik, M. 1971. The dollar auction game: A paradox in noncooperative behavior and escalation. *Journal of Conflict Resolution*, *15*, 109–11. https://doi.org/10.1177/002200277101500111.
Simanek, D. 1999. Horse's teeth. https://www.lockhaven.edu/~dsimanek/horse.htm.
Simmons, J. P., Nelson, L. D., & Simonsohn, U. 2011. False-positive psychology: Undisclosed flexibility in data collection and analysis allows presenting anything as significant. *Psychological Science*, *22*, 1359–66. https://doi.org/10.1177/0956797611417632.
Simon, H. A. 1956. Rational choice and the structure of the environment. *Psychological Review*, *63*, 129–38. https://doi.org/10.1037/h0042769.
Singer, P. 1981/2011. *The expanding circle: Ethics and sociobiology*. Princeton, NJ: Princeton University Press.
Sloman, S. A. 1996. The empirical case for two systems of reasoning. *Psychological Bulletin*, *119*, 3–22. https://doi.org/10.1037/0033-2909.119.1.3.
Sloman, S. A., & Fernbach, P. 2017. *The knowledge illusion: Why we never think alone*. New York: Penguin.
Slovic, P. 1987. Perception of risk. *Science*, *236*, 280–85. https://doi.org/10.1126/science.3563507.
Slovic, P. 2007. "If I look at the mass I will never act": Psychic numbing and genocide. *Judgment and Decision Making*, *2*, 79–95. https://doi.org/10.1007/978-90-481-8647-1_3.
Slovic, P., & Tversky, A. 1974. Who accepts Savage's axiom? *Behavioral Science*, *19*, 368–73. https://doi.org/10.1002/bs.3830190603.
Soave, R. 2014. Ezra Klein "completely supports" "terrible" Yes Means Yes law. *Reason*, Oct. 13. https://reason.com/2014/10/13/ezra-klein-completely-supports-terrible/.
Social Progress Imperative. 2020. 2020 Social Progress Index. https://www.socialprogress.org/.
Sowell, T. 1987. *A conflict of visions: Ideological origins of political struggles*. New York: Quill.
Sowell, T. 1995. *The vision of the anointed: Self-congratulation as a basis for social policy*. New York: Basic Books.
Sperber, D. 1997. Intuitive and reflective beliefs. *Mind & Language*, *12*, 67–83. https://doi.org/10.1111/j.1468-0017.1997.tb00062.x.
Sperber, D., Cara, F., & Girotto, V. 1995. Relevance theory explains the selection task. *Cognition*, *57*, 31–95. https://doi.org/10.1016/0010-0277(95)00666-M.

Spinoza, B. 1677/2000. *Ethics* (G. H. R. Parkinson, trans.). New York: Oxford University Press.
Stango, V., & Zinman, J. 2009. Exponential growth bias and household finance. *Journal of Finance, 64*, 2807–49. https://doi.org/10.1111/j.1540-6261.2009.01518.x.
Stanovich, K. E. 2012. On the distinction between rationality and intelligence: Implications for understanding individual differences in reasoning. In K. J. Holyoak & R. G. Morrison, eds., *The Oxford Handbook of Thinking and Reasoning*. New York: Oxford University Press.
Stanovich, K. E. 2018. How to think rationally about world problems. *Journal of Intelligence, 6*(2). https://doi.org/10.3390/jintelligence6020025.
Stanovich, K. E. 2020. The bias that divides us. *Quillette*, Sept. 26. https://quillette.com/2020/09/26/the-bias-that-divides-us/.
Stanovich, K. E. 2021. *The bias that divides us: The science and politics of myside thinking*. Cambridge, MA: MIT Press.
Stanovich, K. E., & Toplak, M. E. 2019. The need for intellectual diversity in psychological science: Our own studies of actively open-minded thinking as a case study. *Cognition, 187*. https://doi.org/10.1016/j.cognition.2019.03.006.
Stanovich, K. E., West, R. F., & Toplak, M. E. 2016. *The rationality quotient: Toward a test of rational thinking*. Cambridge, MA: MIT Press.
Stanovich, K. E., & West, R. F. 1998. Cognitive ability and variation in selection task performance. *Thinking and Reasoning, 4*, 193–230.
Statista Research Department. 2019. Beliefs and conspiracy theories in the U.S.—Statistics & Facts. Aug. 13. https://www.statista.com/topics/5103/beliefs-and-superstition-in-the-us/#dossierSummary__chapter5.
Stenger, V. J. 1990. *Physics and psychics: The search for a world beyond the senses*. Buffalo, NY: Prometheus.
Stevenson, B., & Wolfers, J. 2008. Economic growth and subjective well-being: Reassessing the Easterlin Paradox. *Brookings Papers on Economic Activity, 1*. https://doi.org/10.3386/w14282.
Stoppard, T. 1972. *Jumpers: A play*. New York: Grove Press.
Stuart, E. A. 2010. Matching methods for causal inference: A review and a look forward. *Statistical Science, 25*, 1–21. https://doi.org/10.1214/09-STS313.
Suits, B. 1978/2014. *The grasshopper: Games, life, and utopia* (3rd ed.). Peterborough, Ont.: Broadview Press.
Sunstein, C. R., & Vermeule, A. 2008. Conspiracy theories. *John M. Olin Program in Law and Economics Working Papers, 387*. https://dx.doi.org/10.2139/ssrn.1084585.
Swets, J. A., Dawes, R. M., & Monahan, J. 2000. Better decisions through science. *Scientific American, 283*, 82–87.
Sydnor, J. 2010. (Over)insuring modest risks. *American Economic Journal: Applied Economics, 2*, 177–99. https://doi.org/10.2307/25760237.
Sykes, C. J. 2017. *How the right lost its mind*. New York: St. Martin's Press.
Taber, C. S., & Lodge, M. 2006. Motivated skepticism in the evaluation of political beliefs. *American Journal of Political Science, 50*, 755–69. https://doi.org/10.1111/j.1540-5907.2006.00214.x.

Talwalkar, P. 2013. The taxi-cab problem. *Mind Your Decisions*, Sept. 5. https://mindyourdecisions.com/blog/2013/09/05/the-taxi-cab-problem/.

Tate, J., Jenkins, J., Rich, S., Muyskens, J., Fox, J., et al. 2020. Fatal force. https://www.washingtonpost.com/graphics/investigations/police-shootings-database/, retrieved Oct. 14, 2020.

Temple, N. 2015. The possible importance of income and education as covariates in cohort studies that investigate the relationship between diet and disease. *F1000Research*, *4*, 690. https://doi.org/10.12688/f1000research.6929.2.

Terry, Q. C. 2008. *Golden Rules and Silver Rules of humanity: Universal wisdom of civilization*. Berkeley, CA: AuthorHouse.

Tetlock, P. E. 1994. Political psychology or politicized psychology: Is the road to scientific hell paved with good moral intentions? *Political Psychology*, *15*, 509–29. https://doi.org/10.2307/3791569.

Tetlock, P. E. 2002. Social functionalist frameworks for judgment and choice: Intuitive politicians, theologians, and prosecutors. *Psychological Review*, *109*, 451–71. https://doi.org/10.1037/0033-295X.109.3.451.

Tetlock, P. E. 2003. Thinking the unthinkable: Sacred values and taboo cognitions. *Trends in Cognitive Sciences*, *7*, 320–24. https://doi.org/10.1016/S1364-6613(03)00135-9.

Tetlock, P. E. 2009. *Expert political judgment: How good is it? How can we know?* Princeton, NJ: Princeton University Press.

Tetlock, P. E. 2015. All it takes to improve forecasting is keep score. Paper presented at the Seminars About Long-Term Thinking, San Francisco, Nov. 23.

Tetlock, P. E., & Gardner, D. 2015. *Superforecasting: The art and science of prediction*. New York: Crown.

Tetlock, P. E., Kristel, O. V., Elson, S. B., Green, M. C., & Lerner, J. S. 2000. The psychology of the unthinkable: Taboo trade-offs, forbidden base rates, and heretical counterfactuals. *Journal of Personality and Social Psychology*, *78*, 853–70. https://doi.org/10.1037/0022-3514.78.5.853.

Thaler, R. H., & Sunstein, C. R. 2008. *Nudge: Improving decisions about health, wealth, and happiness*. New Haven: Yale University Press.

Thomas, K. A., De Freitas, J., DeScioli, P., & Pinker, S. 2016. Recursive mentalizing and common knowledge in the bystander effect. *Journal of Experimental Psychology: General*, *145*, 621–29. https://doi.org/10.1037/xge0000153.

Thomas, K. A., DeScioli, P., Haque, O. S., & Pinker, S. 2014. The psychology of coordination and common knowledge. *Journal of Personality and Social Psychology*, *107*, 657–76. https://doi.org/10.1037/a0037037.

Thompson, C. 2020. QAnon is like a game—a most dangerous game. *WIRED Magazine*, Sept. 22. https://www.wired.com/story/qanon-most-dangerous-multiplatform-game/.

Thompson, D. A., & Adams, S. L. 1996. The full moon and ED patient volumes: Unearthing a myth. *American Journal of Emergency Medicine*, *14*, 161–64. https://doi.org/10.1016/S0735-6757(96)90124-2.

Tierney, J. 1991. Behind Monty Hall's doors: Puzzle, debate, and answer. *New York Times*, July 21. https://www.nytimes.com/1991/07/21/us/behind-monty-hall-s-doors-puzzle-debate-and-answer.html.

Tierney, J., & Baumeister, R. F. 2019. *The power of bad: How the negativity effect rules us and how we can rule it*. New York: Penguin.

Todd, B. 2017. Introducing longtermism. https://80000hours.org/articles/future-generations/.

Tollefson, J. 2020. How Trump damaged science—and why it could take decades to recover. *Nature, 586*, 190–94, Oct. 5. https://www.nature.com/articles/d41586-020-02800-9.

Toma, M. 2020. Gen Ed 1066 decision-making competence survey. Harvard University.

Tooby, J., & Cosmides, L. 1993. Ecological rationality and the multimodular mind: Grounding normative theories in adaptive problems. In K. I. Manktelow & D. E. Over, eds., *Rationality: Psychological and philosophical perspectives*. London: Routledge.

Tooby, J., Cosmides, L., & Price, M. E. 2006. Cognitive adaptations for *n*-person exchange: The evolutionary roots of organizational behavior. *Managerial and Decision Economics, 27*, 103–29. https://doi.org/10.1002/mde.1287.

Tooby, J., & DeVore, I. 1987. The reconstruction of hominid behavioral evolution through strategic modeling. In W. G. Kinzey, ed., *The evolution of human behavior: Primate models*. Albany, NY: SUNY Press.

Toplak, M. E., West, R. F., & Stanovich, K. E. 2017. Real-world correlates of performance on heuristics and biases tasks in a community sample. *Journal of Behavioral Decision Making, 30*, 541–54. https://doi.org/10.1002/bdm.1973.

Trivers, R. L. 1971. The evolution of reciprocal altruism. *Quarterly Review of Biology, 46*, 35–57. https://doi.org/10.1086/406755.

Tversky, A. 1969. Intransitivity of preferences. *Psychological Review, 76*, 31–48. https://doi.org/10.1037/h0026750.

Tversky, A. 1972. Elimination by aspects: A theory of choice. *Psychological Review, 79*, 281–99. https://doi.org/10.1037/h0032955.

Tversky, A., & Kahneman, D. 1971. Belief in the law of small numbers. *Psychological Bulletin, 76*, 105–10. https://doi.org/10.1037/h0031322.

Tversky, A., & Kahneman, D. 1973. Availability: A heuristic for judging frequency and probability. *Cognitive Psychology, 5*, 207–32. https://doi.org/10.1016/0010-0285(73)90033-9.

Tversky, A., & Kahneman, D. 1974. Judgment under uncertainty: Heuristics and biases. *Science, 185*, 1124–31. https://doi.org/10.1126/science.185.4157.1124.

Tversky, A., & Kahneman, D. 1981. The framing of decisions and the psychology of choice. *Science, 211*, 453–58. https://doi.org/10.1126/science.7455683.

Tversky, A., & Kahneman, D. 1982. Evidential impact of base rates. In D. Kahneman, P. Slovic, & A. Tversky, eds., *Judgment under uncertainty: Heuristics and biases*. New York: Cambridge University Press.

Tversky, A., & Kahneman, D. 1983. Extensions versus intuitive reasoning: The conjunction fallacy in probability judgment. *Psychological Review, 90*, 293–315.

Twain, M. 1897/1989. *Following the equator.* New York: Dover.
Uscinski, J. E., & Parent, J. M. 2014. *American conspiracy theories.* New York: Oxford University Press.
Vaci, N., Edelsbrunner, P., Stern, E., Neubauer, A., Bilalić, M., et al. 2019. The joint influence of intelligence and practice on skill development throughout the life span. *Proceedings of the National Academy of Sciences, 116*, 18363–69. https://doi.org/10.1073/pnas.1819086116.
van Benthem, J. 2008. Logic and reasoning: Do the facts matter? *Studia Logica, 88*, 67–84. https://doi.org/10.1007/s11225-008-9101-1.
van Prooijen, J.-W., & van Vugt, M. 2018. Conspiracy theories: Evolved functions and psychological mechanisms. *Perspectives on Psychological Science, 13*, 770–88. https://doi.org/10.1177/1745691618774270.
VanderWeele, T. J. 2014. Commentary: Resolutions of the birthweight paradox: competing explanations and analytical insights. *International Journal of Epidemiology, 43*, 1368–73. https://doi.org/10.1093/ije/dyu162.
Varian, H. 2006. Recalculating the costs of global climate change. *New York Times*, Dec. 14. https://www.nytimes.com/2006/12/14/business/14scene.html.
Vazsonyi, A. 1999. Which door has the Cadillac? *Decision Line*, 17–19. https://web.archive.org/web/20140413131827/http://www.decisionsciences.org/DecisionLine/Vol30/30_1/vazs30_1.pdf.
Venkataraman, B. 2019. *The optimist's telescope: Thinking ahead in a reckless age.* New York: Riverhead Books.
von Neumann, J., & Morgenstern, O. 1953/2007. *Theory of games and economic behavior* (60th anniversary commemorative ed.). Princeton, NJ: Princeton University Press.
vos Savant, M. 1990. Game show problem. *Parade*, Sept. 9. https://web.archive.org/web/20130121183432/http://marilynvossavant.com/game-show-problem/.
Vosoughi, S., Roy, D., & Aral, S. 2018. The spread of true and false news online. *Science, 359*, 1146–51. https://doi.org/10.1126/science.aap9559.
Wagenaar, W. A., & Sagaria, S. D. 1975. Misperception of exponential growth. *Perception & Psychophysics, 18*, 416–22. https://doi.org/10.3758/BF03204114.
Wagenaar, W. A., & Timmers, H. 1979. The pond-and-duckweed problem: Three experiments on the misperception of exponential growth. *Acta Psychologica, 43*, 239–51. https://doi.org/10.1016/0001-6918(79)90028-3.
Walker, C., Petulla, S., Fowler, K., Mier, A., Lou, M., et al. 2019. 10 years. 180 school shootings. 356 victims. *CNN*, Jul. https://www.cnn.com/interactive/2019/07/us/ten-years-of-school-shootings-trnd/.
Wan, W., & Shammas, B. 2020. Why Americans are numb to the staggering coronavirus death toll. *Washington Post*, Dec. 21. https://www.washingtonpost.com/health/2020/12/21/covid-why-we-ignore-deaths/.
Warburton, N. 2007. *Thinking from A to Z* (3rd ed.). New York: Routledge.
Wason, P. C. 1966. Reasoning. In B. M. Foss, ed., *New horizons in psychology.* London: Penguin.
Weber, M. 1922/2019. *Economy and society: A new translation* (K. Tribe, Trans.). Cambridge, MA: Harvard University Press.

Weissman, M. B. 2020. Do GRE scores help predict getting a physics Ph.D.? A comment on a paper by Miller et al. *Science Advances, 6*, eaax3787. https://doi.org/10.1126/sciadv.aax3787.
Welzel, C. 2013. *Freedom rising: Human empowerment and the quest for emancipation*. New York: Cambridge University Press.
Wilkinson, W. 2019. *The density divide: Urbanization, polarization, and populist backlash*. Washington, DC: Niskanen Center. https://www.niskanencenter.org/the-density-divide-urbanization-polarization-and-populist-backlash/.
Williams, D. 2020. Motivated ignorance, rationality, and democratic politics. *Synthese*, 1–21.
Willingham, D. T. 2007. Critical thinking: Why is it so hard to teach? *American Educator, 31*, 8–19. https://doi.org/10.3200/AEPR.109.4.21-32.
Wittgenstein, L. 1953. *Philosophical investigations*. New York: Macmillan.
Wolfe, D., & Dale, D. 2020. "It's going to disappear": A timeline of Trump's claims that Covid-19 will vanish. Oct. 31. https://www.cnn.com/interactive/2020/10/politics/covid-disappearing-trump-comment-tracker/.
Wolfe, J. M., Kluender, K. R., Levi, D. M., Bartoshuk, L. M., Herz, R. S., et al. 2020. *Sensation & perception* (6th ed.). Sunderland, MA: Sinauer.
Wollstonecraft, M. 1792/1995. *A Vindication of the rights of woman: With strictures on political and moral subjects*. New York: Cambridge University Press.
Wood, T., & Porter, E. 2019. The elusive backfire effect: Mass attitudes' steadfast factual adherence. *Political Behavior, 41*, 135–63. https://doi.org/10.1007/s11109-018-9443-y.
Yang, A. 2020. The official website for the Yang 2020 campaign. www.yang2020.com.
Yglesias, M. 2020a. Defund police is a bad idea, not a bad slogan. *Slow Boring*, Dec. 7. https://www.slowboring.com/p/defund-police-is-a-bad-idea-not-a.
Yglesias, M. 2020b. The End of Policing left me convinced we still need policing. *Vox*, June 18. https://www.vox.com/2020/6/18/21293784/alex-vitale-end-of-policing-review.
Young, C. 2014a. The argument against affirmative consent laws gets Voxjacked. *Reason*, Oct. 15. https://reason.com/2014/10/15/the-argument-against-affirmative-consent/.
Young, C. 2014b. Crying rape. *Slate*, Sept. 18. https://slate.com/human-interest/2014/09/false-rape-accusations-why-must-we-pretend-they-never-happen.html.
Zelizer, V. A. 2005. *The purchase of intimacy*. Princeton, NJ: Princeton University Press.
Ziman, J. M. 1978. *Reliable Knowledge: An Exploration of the Grounds for Belief in Science*. New York: Cambridge University Press.

國家圖書館出版品預行編目資料

理性：人類最有效的認知工具，讓我們做出更好的選擇，採取更正確的行動 / 史迪芬・平克（Steven Pinker）著；陳岳辰 譯. -- 初版. -- 臺北市：商周出版：家庭傳媒城邦分公司發行, 2022.01
面： 公分
譯自：Rationality: What It Is, Why It Seems Scarce, Why It Matters
ISBN 978-626-318-096-3（平裝）
1. 理性心理學 2.認知心理學
170 110019871

理性

原著書名 / Rationality: What It Is, Why It Seems Scarce, Why It Matters
作者 / 史迪芬・平克 Steven Pinker
譯者 / 陳岳辰
責任編輯 / 陳玳妮

版權 / 黃淑敏、林易萱
行銷業務 / 周丹蘋、賴正祐
總編輯 / 楊如玉
總經理 / 彭之琬
事業群總經理 / 黃淑貞
發行人 / 何飛鵬
法律顧問 / 元禾法律事務所王子文律師
出版 / 商周出版
城邦文化事業股份有限公司
臺北市中山區民生東路二段141號9樓
電話：(02) 2500-7008 傳眞：(02) 2500-7759
E-mail：bwp.service@cite.com.tw
發行 / 英屬蓋曼群島商家庭傳媒股份有限公司城邦分公司
臺北市中山區民生東路二段141號2樓
書虫客服服務專線：(02) 2500-7718・(02) 2500-7719
24小時傳眞服務：(02) 2500-1990・(02) 2500-1991
服務時間：週一至週五09:30-12:00・13:30-17:00
郵撥帳號：19863813 戶名：書虫股份有限公司
E-mail：service@readingclub.com.tw
歡迎光臨城邦讀書花園 網址：www.cite.com.tw
香港發行所 / 城邦（香港）出版集團有限公司
香港灣仔駱克道193號東超商業中心1樓
電話：(852) 2508-6231 傳眞：(852) 2578-9337
E-mail：hkcite@biznetvigator.com
馬新發行所 / 城邦（馬新）出版集團 Cité (M) Sdn. Bhd.
41, Jalan Radin Anum, Bandar Baru Sri Petaling,
57000 Kuala Lumpur, Malaysia
電話：(603) 9057-8822 傳眞：(603) 9057-6622
E-mail：cite@cite.com.my

封面設計 / 萬勝安
排版 / 新鑫電腦排版工作室
印刷 / 卡樂彩色製版印刷有限公司
經銷商 / 聯合發行股份有限公司
電話：(02) 2917-8022 傳眞：(02) 2911-0053
地址：新北市231新店區寶橋路235巷6弄6號2樓

■2022年（民111）01月22日初版
■2022年（民111）12月22日初版3刷
定價 600 元

Printed in Taiwan
城邦讀書花園
www.cite.com.tw

ISBN 978-626-318-096-3